U0154388

美國政府與政治：
比較與批判的觀點

邱師儀 ★ 著

五南圖書出版公司 印行

致謝詞

　　寫這本書歷時四年，是從2016年那一場跌破全球專家眼鏡的大選後即開始籌劃，這當中也歷經了不少年的拖稿，有一部分原因是教學、研究的工作壓得我喘不過氣來，寫教科書對於教職升等鮮有直接幫助，但教科書卻是對於社會最具有貢獻的書籍類型之一。而作為研究美國政治與享受談論美國政治的我來說，這輩子沒有寫一本這樣的教科書實在太對不起自己了。然而這本書如果沒有許多人的協助，是不可能完成的。本書有太多要感謝的人，首先是五南出版社副總編輯靜芬給我的建議與鞭策，再來是責任編輯佳瑩很細心的校稿與抓錯。在內容的部分，所有的資料雖然都由自己蒐集，不過還是要提到東海政治系的學生也協助我不少，尤其是鄭凱恩與洪庭妤，她們除了協助我執行「2020年美國總統大選」的中選會委託案外，她們所蒐集關於選制的資料有部分也整合進這本書。我也要感謝文化大學行政系的蘇子喬教授，他在本書發想階段給予很多寶貴的意見。最後，我要感謝我的家人爸爸、媽媽、妹妹，還有我的牽手Jamie，沒有他們這些年來給我後勤支援，也給我溫暖與包容，我的努力與成就都不會有意義。

序言

　　從1787年美國憲法制定，美國立國至今已超過兩百三十多年了。從一戰之前美國還是一個偏安的區域霸主，再到二戰之後一躍成為世界獨強，這一個超級霸權雖然在近年來歷經不少對於民主與經濟的考驗，但不管是歷史學家、經濟學家、國防專家還是政治科學家都很難否認，以美國的綜合國力來看，短期之內不管是中國、俄羅斯或者歐洲任何一個國家仍難以望其項背。而台灣由於與中國之間特殊的歷史因素，至今兩邊仍處於緊張關係，幾十年來台灣要是沒有美國在台海牽制中國，台灣很可能早就不是今天這個樣子。在台灣持任何史觀或有不同政治立場者多會認同，美國的一舉一動對台灣影響深遠。據此，作者很訝異台灣產官學界往往只以美國的外交決策來看待美國，而不以美國人最在乎的內政來看待美國。數十年來美國各項民調顯示，美國人最在乎的不是外交，前幾名通常是經濟、健保、槍枝等問題，不然就是種族衝突等議題。不以美國內政出發來看待美國，就容易落入台灣人用自己的想像來期待美國的錯覺。

　　也許是因為美國政府與政治太過龐雜，台灣已經好久沒有一本由台灣學者寫出來的美政教科書了，這當然也與留美學人少有專攻美國政治者有關。作者從2003年就讀碩士開始，即將美國政治當成主要研究領域，一直到了2007年在母校University of Nebraska at Lincoln教授第一門美政課程，即下定決心要一輩子碰美政。回台任教十多年，作者也持續開設美政課程，每四年的美國總統大選也總是蒐集方方面面美政資料最好的時機點。而這一本美政教科書的誕生，正是作者累積了十多年資料之大成，也是這些年來從歷史、社會、制度、經濟到軍事等不同角度分析美政之大成。本

書與直接從美國本地學者所寫的「美國政府與政治」翻譯而來的教科書有許多不同。

第一、本書由中文母語使用者撰寫，許多的詞彙都是在地化與符合中文表達方式的，不像是英文教科書直接翻成中文那樣的拗口，在中文語言的介面下，讀者更能身歷其境。

第二、本書在不少章節強調台灣與美國的連結，也多少談到台裔美國人在美國的生命經驗，用許多台灣人或者華人熟悉的視角來理解美國。包括教育觀與理財觀，讓台灣視角能夠作為理解美國政治的起點。

第三、本書的撰寫適逢川普總統執政時期，這一號異常爭議的總統，儘管美國國內的選民對他愛恨交織，但也不可否認川普政府尤其是其國務卿龐貝奧對台灣非常好，短短四年內讓台美之間的軍事、經濟甚至是政治交流達到一個前所未有的高峰，本文有在這方面的著墨。

第四、本書有不少第一手資料，尤其附錄中也有作者親自至中西部白人小鎮的第一手觀察，讓我們可以理解美國種族之間的嫌隙與裂痕為何如此難以修補？同時也可以知道什麼叫做「真正的美國精神」。「只論白人」在今日美國已經不是政治正確了，但是「只論白人」的心態的確還是存在於美國的許多角落，這樣的心態也涉及到黑白間、白人與原住民或白人與拉丁裔之間的歧視與資源爭奪的問題。

第五、值得說明的是，為了要讓華文讀者比較清楚作者所指涉的對象是誰，所以必須要犧牲掉一些美語使用時的政治正確。在美語中一般不會稱呼原住民（Native Americans）為印地安人（American Indians），但部分華文讀者可能不清楚原住民指的就是居住在美國已經好幾個世代的印地安人。另外，美語中也不太會直指非裔（African Americans）為黑人（blacks），比較文雅的說法是非裔，但可能同樣容易造成華文讀者在對象想像上的困難。因此本書會在印地安人／原住民、黑人／非裔之間的用詞視情況交替使用，但絕無貶抑之意。

最後，本書所含括的美政議題，不僅在美國政府（政府體制），也在美國政治（社會議題）面向，可以說一般美國政治會有的議題本書皆一網打盡。對於準備國家考試與研究所考試者來說，他們能在本書找到所需資

訊。對於想了解美國的一般讀者，也能將本書當成故事書來閱讀，而不會覺得無趣。對於在台灣對美的智庫與政府人員來說，這本書提供了完整的美國政府運作的知識。而這也是作者當時在設想與撰寫此書的主要目標，希望能夠深入淺出，鉅細靡遺的滿足各方需要。

Contents

Chapter 1

立國精神與價值

　　2016 年 11 月 8 日，唐納・川普（Donald Trump）在世人的驚呼聲中，跌破了全球絕大部分專家的眼鏡，打敗了對手希拉蕊・柯林頓（Hillary Clinton），當選美國第 45 任總統。開票過程中，許多觀察家眼見選情緊繃，即有預感將會是川普輸掉普選票，但因為獨特的選舉人團制而贏得了選舉人票。隨著選舉結束，川普果然獲得 62,984,828 票，而希拉蕊獲得 65,853,513 票，希拉蕊足足贏了川普 2,868,519 票，但由於選制的關係，希拉蕊最後僅獲得 227 張選舉人票，但川普卻獲得 304 張選舉人票。換言之，在 2016 年時的我們，再一次地目睹在美國選舉人團制度（Electoral College）下可能產生違反民主「多數決」原則的漏洞，前面已經發生過三次，分別在 1876、1888 與 2000 年，而這次是第四次。從這個觀點來看，美國民主是很特殊的，不一定遵從一般所理解的「少數服從多數」原則。

　　至於民主的另一個原則——平等，也不見得在美國完全實踐。建國之初，當時在美國殖民地上的英國人，從非洲用船運來了一噸又一噸的「黑人奴隸」，他們一開始不被美國憲法視為是「人」，當時殖民地的平等概念，僅適用於 WASP：白人（White）、盎格魯薩克遜種（Anglo-Saxon）與清教徒（Protestant），而且也僅限於男人。甚至在 1787 年制定「聯邦憲法」時，當時的開國者對黑奴問題保持噤聲，並未提出檢討，遂成日後大家所說的「大沉默」（immense silence），美國的第 3 任總統湯瑪士・傑佛遜（Thomas Jefferson），儘管受後世推崇，但本身也蓄奴，甚至到了近代被爆出與黑人女僕莎麗・海明斯（Sally Hemings）曾生下 6 名子女。一般皆認為傑佛遜是擁護自由的開國者之一，但在制定「聯邦憲法」時傑佛遜卻對奴隸問題保持緘默。這一點對於美國建國所依循的「人生而平等」原則而

言，是最大的矛盾與諷刺。

　　的確，與許多國家一樣，民主的理念與實踐常有很大的落差，美國雖然被認為是老牌的民主國家，有世界上第一部成文憲法與第一個「司法審查制度」（Judicial Review），但在許多理念與實踐上一直處於衝突狀態，包括自由 vs. 平等、監督 vs. 國安等。例如歐巴馬（Barack H. Obama）的全民健保是藉由財產重分配的方式，多徵一點富人稅來救濟老人與窮人，使財富分配更為平等，但這也違反了富人的財產自由（平等 vs. 自由）。《紐約時報》在越戰時期為了監督國防部所發布的《五角大廈報告書》（Pentagon Paper），乃為了讓尼克森（Richard M. Nixon）當局參加越戰的過程透明化，也彰顯媒體監督政府的天責，監督的力道甚至牽扯後來「水門案」（Watergate scandal）的爆發，導致尼克森總統的下台。但從國防觀點來看，這是對國家機密與國家安全的威脅（監督 vs. 國安）。2017 年 1 月 20 日川普就職之後，在美墨邊界築高牆與禁止七國穆斯林入境，同時川普也宣布美國退出「跨太平洋夥伴關係」（The Trans-Pacific Partnership, TPP），並且要求美國企業遷回本土，把「美國優先」擺在「普世價值與關懷」之上。川普民族主義式的執政，又帶來美國在對外關係上，另一個理念與實踐的矛盾：普世價值與孤立主義之間的衝突。川普的孤立主義，對內也帶有「白人中心」與「同化主義」（assimilarization）的味道，與國內的多元文化（非洲裔、西班牙裔、美國印地安人、亞洲裔、穆斯林、同志、墮胎抉擇）背道而馳。不禁讓許多觀察家質疑，作為全世界各地政治學教科書範本的美國政治，是否不再多元與包容？川普上任後，種種作為都等於是歐巴馬總統時期自由派路線的對照組，美國政治時左時右的擺盪，除了是自由與保守間的路線之爭之外，也讓美國經歷多次的陣痛期，這些陣痛期讓美國更加茁壯，繼續稱霸世界？還是指向一個美國衰敗的過程，值得我們持續觀察。

　　不管如何，在過去兩百四十年的歷史當中，美國從 19 世紀的美洲區域霸主，到了二戰之後一躍成為全球唯一的超級強權，自有其美國精神與價值上的優點。持這種說法者並不是忽視美國民主發展過程中的反動與倒退（例如 19 世紀時各級政府貪汙嚴重），但是深入解析美國價值與精神，可以讓

吾人理解在近代世界局勢與民主建構的風潮下，美國政治呈現何種面貌？這個國家爲何得以強盛？

第一節　個人主義

　　沒有什麼比起個人主義（individualism）更能刻畫美國文化的精髓，個人主義的概念不但歐洲人缺乏，甚至對重視團隊與群己關係的亞洲民眾也很陌生。但是理解個人主義十分重要，因爲它詮釋了美國政治許多令人費解的面向。首先，所謂的個人主義，乃指**個人以自我的價值與利益爲中心，旁人與團體的價值與利益爲次要考量的思維與行爲**。早在1830年，一個遠從法國來美國旅行並且描述美國文化的哲學家托克維爾（Tocqueville），在他的經典中寫道：

　　越來越多的美國人沒有足夠的財富與權力來去指使其他人，但這些人卻有足夠的財富與智慧來去照顧自己的需求。這些人不欠任何人任何東西，而且也對其他人無所求。他們早已養成在孤立狀態下爲自己著想與什麼命運都能夠掌握在自己手上的習慣。

——托克維爾，《美國的民主》

...there are more and more people who though neither rich nor powerful enough to have much hold over others, have gained or kept enough wealth and enough understanding to look after their own needs. Such folk owe no man anything and hardly expect anything from anybody. They form the habit of thinking of themselves in isolation and imagine that their whole destiny is in their hands.

Tocqueville, Democracy in America

　　托克維爾的觀察很精準，而深究個人主義則可以發現有四大構成元素：

1. 個人主義是強調**自我的神聖性**。個體對於自我的探索與肯定非常關鍵，同時也正面看待自我與他人的歧異性，並對這個歧異性欣然接受，不畏懼與他人不同。

2. 個人主義是**個人利益優先，他人利益其次**。具體而言，個人藉由努力所獲得的物質利益與財富應該受到保障。

3. 個人主義就是**經濟獨立與自由**。除了不受政府金融干預之外（例如高賦稅），也強調工作道德（work ethnic）與機會均等（equality of opportunity），前者指個人努力工作不讓他人負擔自己的物質需要；後者指只要有意願，不論財富能力與社會地位高低，人人都應該擁有相同的成功機會。

4. 個人主義由**其他面向來構築**，包括個人自治與不受政府來干預生活方式，例如擁有同志性傾向的自由與婦女墮胎的自由。此外，個人主義也指對個人隱私權的保障。

　　從這四大元素來看，我們不難想見為什麼好萊塢電影的主角通常不太喜歡團隊作業，「超人」是一個人，「蜘蛛人」是一個人，「鋼鐵人」也是一個人，就算把所有英雄都集合在一起的《復仇者聯盟》（Marvel's The Avengers），也是一山不容多虎，各路英雄鬥成一團，誰也不讓誰。但這樣的「千山我獨行不必相送」、「雖千萬人吾往矣」的電影風格不但讓美國民眾習以為常，也反映出美國文化的底蘊。

　　在**種族意義**上，個人主義的風格反映出各種族間的緊張關係。西部大拓荒時期，白人牛仔要圈地探險，不惜與「印地安人」戰鬥與衝突，殺印地安人並沒有太多種族或者人道的考量，純粹是一種英雄主義與尚武精神的展現，1956 年美國民眾喜愛的電影《搜索者》（The Searchers）由電影明星約翰‧韋恩（John Wayne）主演牛仔，當中有好幾幕就是韋恩的牛仔同夥勸他不要再深入與印地安部落衝突，但韋恩不聽，執意前往，並且怒斥這些同伴都是膽小鬼。當時韋恩在馬背上的英姿不知迷倒多少觀眾，可視為是個人

主義的展現[1]。

　　1860 年南北內戰前夕，南方蓄奴的莊園主，同樣也對於當時林肯總統（Abraham Lincoln）反對擴大蓄奴感到憤怒，認為這是個人的事，奴隸是個人買來的財產，也是個人享有的財富自由，因此南方 7 個州（南卡羅來納州、密西西比州、佛羅里達州、阿拉巴馬州、喬治亞州、路易斯安那州、德州）宣布脫離聯邦，最後導致南北內戰的爆發。南方人有剽悍的個人主義作風，但他們的個人主義展現在奴隸議題上，卻違反了人生而自由的立國精神。

　　在**經濟意義**上，個人主義反映在民眾反對政府干預庶民生活方式與稅收，個人主義傾向越強烈的民眾，越會「選擇市場而非政府」的社會形態（市場 vs. 政府）。換言之，進行財富重分配（wealth redistribution）的政策難以受到民眾支持，包括增稅與全民健保。也可以說，個人主義的意識形態與資本主義相符，是屬於右翼的意識形態。個人對自己的貧窮與落魄負責，個人主義者認為貧窮問題大多源於個人懶散，與大環境的不公平關係較小。或者說個人的懶散所導致的經濟弱勢不應由整個社會來承擔。另一方面，市場是一個雖不完美但至少符合機會均等的環境，人人只要努力，都有賺錢與發財的機會，在這種情況下，個人主義者會認為政府的金融管制與財產重分配顯得多餘。此外，個人主義在經濟面向上的展現，往往與個人主義在種族面向上的展現互有重疊。由於美國經濟弱勢的民眾大多是有色人種——墨西哥裔、非裔與原住民，若再加上這些民眾有些是非法移民，因此個人主義者對於有色人種不友善的態度，剛好也會符合個人主義者不贊成政府藉由徵稅來幫助這些弱勢族群的立場。

　　在**外交意義**上，個人主義者也可能支持孤立主義（isolationism）。第 29 任總統沃倫・哈定（Warren G. Harding），於 1921 年任職，兩年後因心臟病發於任內驟逝，其在競選時著名的「回歸常態」（Return to

---

1　作者於 2007 年在嬉皮風氣的加州大學柏克萊分校的一間男廁中，看到學生用原子筆塗鴉，寫著：「John Wayne 是個不折不扣的種族歧視者（racist）。」

Normalcy）演說中，提到美國當時在一戰之後面臨經濟蕭條，因此當時所需的，「並非淹沒在國際主義之中，而是維持在勝利的民族主義之上」（not submergence in internationality but sustainment in triumphant nationality），哈定任內希望保護美國國內產業，不但對進口貨品課以高關稅，同時也避免捲入與其他國家之間的爭端。哈定當時旨在確保國家調養生息，基本上就是一種個人主義所衍生出來、不去理會與牽扯他國事務的一種孤立主義的實踐。

　　更廣泛來看，在**民意看待聯邦政府**上，個人主義者同時會滿足保守派與自由派人士的政策主張，也就是個人主義者支持個人有選擇生活方式的自由，而非政府介入個人的生活方式（個人 vs. 政府）。個人主義者與保守派的想法一致，反對政府干涉公民的擁槍權，同時擁槍權也受憲法第二修正案保障。儘管個人主義者的想法常與保守派一致，譬如贊成擁槍與低稅率；但另一方面，個人主義者與自由派的想法也可能一致，例如反對政府干預同志婚姻權，同時也反對政府禁止婦女的墮胎權（pro-choice），認為這是女性隱私權（privacy）的展現。如果我們把討論的面向改成民眾較支持市場機制或者政府管制（市場 vs. 政府），則答案應該會是前者。換言之，許多美國人支持市場自我調節，而不認為政府能協助解決社會問題，正如前總統雷根（Ronald Reagan）所言：「政府不是解決問題的良方，政府是問題本身。」當然，不是所有的美國人對於政府都有強烈的不信任，也不見得所有美國人對於資本市場都有強烈偏好，但是平均起來，美國人對於市場機制的偏好比起歐洲人與亞洲人來的明確許多。

　　如果非得要民眾選擇政府，民眾會選擇支持較近的政府抑或較遠的政府（州政府 vs. 聯邦政府）？政治科學家約翰‧希濱（John Hibbing）與伊莉莎白‧賽斯摩斯（Elizabeth Thesis-Morse）發現，民眾對於州政府的好感，遠比對於聯邦政府的好感多出許多，民眾認為華府的政客多是活在雲端的菁英人士，教育程度高也十分富有，常常不知民間疾苦。但州政府至少管理本州與地方事務，與民眾接觸較為頻繁。這樣的喜好差異不難理解，試想在台灣的我們，全國的國土往往沒有美國一州大，甚至德國、法國也不過就是美國

一州大。於此情況之下，自然而然美國人對於太遠的尤其又是綜管全國事務的華府沒有太多期待。但更深層的因素，是美國人在乎居家環境與有地緣關係的政府，是一種個人主義的展現。

在**民主意義**上，個人主義比起其他文化更適合作爲民主發展的土壤，由於個人主義以個人爲單位進行政治參與，行使選舉與被選舉權，也以個人爲考量提出政治論述，不囿於團體思考，如政黨、派系、資歷、地區、宗族關係等，因此讓政治人物免於裙帶關係（cronyism），同時達到抑制貪汙的功效。另一方面，選民從個人的理性算計出發，不受民族主義或者愛國意識的制約，常常不信任政府進而監督政府，換言之，美國選民由於個人主義的特質，仍然保有獨立思考的空間。杭廷頓在其經典《文明的衝突》（*The Clash of Civilizations and the Remaking of World Order*）一書中，即分析個人主義讓美國人養成反對威權的習慣，也讓美國人支持政府分權與制衡（checks and balances）、習於市場競爭與重視個人權利與義務。而這些都是在瀰漫儒家思想的亞洲社會中所缺乏的，亞洲社會重視權威與階級，認爲國家利益在團體與個人利益之上，認爲和諧與共識優先於衝突，因此在亞洲社會難以讓民主價值深化於政治系統當中。

清教徒與城鎮政治

如果要深究個人主義的源頭，其實是清教徒的信仰（Protestantism）。清教徒所孕育的政治文化，包括個人主義、平等原則、政治容忍、多元論述與公民結社等。事實上，許多政治學的研究發現信奉清教的國家比起信奉伊斯蘭、天主教甚至是儒家思想的國家更有可能是民主國家。1521 年當德國神學家馬丁・路德（Martin Luther）挑戰羅馬天主教的腐敗與階層，他所創造的基督新教或者清教徒改革派（Protestant Reformation）成爲人與上帝能夠「直接對話」的教派。比起天主教，清教徒更爲平等與親民，這些清教徒後來遷徙到了美國落地生根成爲美國人，除了天主教，清教徒也與母國的英國國教（Anglican Church）格格不入。在新大陸的美國人，除了反對歐洲大陸原有的階級體系，也反對由上而下權威式的天主教與英國國教。美國人作

爲獨立個體，他們相信每一個人都是獨一無二也一樣重要的，這樣的集體思維形成了個人主義的底蘊。

　　這些清教徒幾乎都是歐洲白人，他們在整個西部大拓荒的過程中，在中西部與南方定居下來，在 17 世紀時，城鎮生活（townships）變成他們的生活中心，在這樣的居住單位當中，人們不但可以針對地方議題直接找地方仕紳溝通，就算要集體決定城鎮事務，也能夠直接投票，而且「人人」都能投（除了黑奴與女人）。至今，美國有 20 個州仍以城鎮（town or twonship）的形態來組成地方政府，在廣大的國土中，有些偏鄉與內陸地區甚至只能以城鎮爲單位供給民眾食衣住行育樂的服務。換言之，在這些地方，城鎮就是政府的代表。在城鎮政治最早的雛型當中，6 英里 X6 英里（約 10 公里見方）的範圍構成一個城鎮。不過後來由於自然（如河流）與人爲（如郡）的界線，也由於大拓荒時期牛仔併吞土地的情事，讓這個 10 公里見方的城鎮範圍變得大一點或小一點。城鎮生活通常以自理（self-governance）的形式存在，由一個 3、5 或 7 人所組成的委員會來治理，這些委員都由民選而來，設爲奇數的原因是因爲如此才能避免投票時僵局的發生。通常這個自理委員會中間不再隔有其他的行政層級就能直接接觸與服務民眾。城鎮作爲地方自治體，肩負著制定條例與規則、推動政策、編列預算與徵稅等功能。

　　此外城鎮並沒有區分是立法還是行政機關，因此這些民選委員常需要制定完條例與規則後，就要擔任行政部門推動這些條例與規則。除了自治委員之外，其他如幹事（clerk）與警察（constable）也需要民選。就城鎮的組成來說，小一點的城鎮並沒有正式的政府組織，僅有一、兩位兼職或全職的工作人員。大一點的城鎮就比較完整，會有警察、消防、財務、社區服務、公園與娛樂等部門。由於城鎮事務常由地方居民自發性的來維持與照顧，因此城鎮的運作經費比起很多的城市便宜許多。有些城鎮甚至會有扶老濟窮或救急的公共基金，基金來源來自於居民的捐獻。有一些州的城鎮固定會在 3 月或 4 月的第二個星期二舉辦每年一次的「城鎮會議」，在這些城鎮會議當中居民以投票的方式來編列預算、地價稅率跟各種社區事務。

　　城鎮會議可以說是雅典時期的城邦政治與直接民主的落實。每四年大選

的總統候選人也都會親赴城鎮與當地民眾進行「草根接觸」（grassroots），這些政見說明會被稱為是「市政廳會議」（town hall meeting）。近年來城鎮形態受到一些挑戰，主要是有一些州議會認為應該要由州（state）與郡（county）等較為正式的地方政府組織來兼併城鎮，這是出於「大即是好」（bigger is better）的思維，贊成兼併城鎮者認為給大一點的地方政府來管理，稅率可以低一些，城鎮支出也可以少一點。但實際的經驗卻顯示大並不是好，許多地方政府的支出遠超過維持城鎮生活的支出。事實上，城鎮運作的模式早在美國宣布獨立之前的一百四十年就已經開始在運作了，這也是想要了解美式民主的人都必須學習甚至親自體驗的重要一課。

第二節　經驗主義與理性主義的折衝

整體而言，美國人的政治理念相對保守，縱使美國自由派有許多的主張都比歐洲保守派來的保守，更不用說美國自由派的程度遠不及歐洲自由派的程度。譬如 2012 年的皮尤民調（Pew Research Center）發現 [2]，58% 的美國人認為個人應有追求生活方式的權利，而不需要受到政府的干涉，此為民眾對個人主義與國家角色的認知，但僅有 38% 的英國人、36% 的德國人、36% 的法國人與 30% 的西班牙人認同這樣的想法。此外，五成的美國人認為信仰與倫理是重要的，這是宗教面的保守主義，但在西、德、英、法都僅有不到二成二的受訪者認同這樣的說法。在使用武力方面，有高達七成五的美國人認同「運用武力維持世界秩序有其必要性」，但有七成英國人、六成二的法國人與西班牙人，與五成的德國人做此思考。從某一角度來說，美國人是很務實的，當他們認知到自身的實力與國力強大時，他們會依從自身的利益做最好的盤算，不太會去顧慮到他人或者他國的立場或利益。而美國人的務實，源於英國傳統的經驗主義（british empiricism），在英國經驗論者

2　見皮尤民調網址：http://www.pewglobal.org/2011/11/17/the-american-western-european-values-gap/。

的眼中，一切知識都來自經驗，而一切經驗必須要有對象，換言之，人對這個世界的認知要從日常生活的實踐開始，這個想法變成美國人後來「從做中學」（learning by doing）的教育理念。

比較上來說，美國人對於教育的觀念與華人是十分不同的，在華人心中，高等教育有其神聖性，拿博士學位的人可以「光宗耀祖」，但究竟拿博士學位有何實質功能倒不一定太重要，認為反正拿到博士學位之後工作自然會送上門來。然而，美國人其實不孺慕高等教育所帶來的光環，如果高等教育無法為個人帶來實質上的財富，則攻讀碩士甚至博士學位反而是有害於生產力（counter-productive），從這點來看，可以說絕大多數的美國人將教育視為工具，教育對他們來說就是要在日常生活中能夠運用，而高等教育所象徵的社會地位恐怕不如在華人社會中來的高尚，美國的學者也可能不如一個企業主的社會影響力大。因此我們可以藉由教育的社會功能看到什麼是經驗主義的展現。從另個角度解釋，美國人的**經驗主義**是實用的，也是「保守」的，從事任何活動要有利害的算計，一旦占了上風，所作所為以維持與延續既得利益為目的，對美國人來說，制度能夠長久存在必有其道理與優越性，久而久之，制度演變為「傳統」，美國人就會捍衛這個傳統，哪怕百年後會與現代的想法格格不入，例如美國的選舉人團制度，但美國人仍舊選擇捍衛這些傳統。

而站在經驗主義的對立面，則是**理性主義**，這也是美國文化的另一項特徵。理性主義者相信，政治系統與體制能夠透過不斷地創新與改造而進步。因此理性主義者是充滿理想與進步意識的。進步意識的想法則是受法國啟蒙時期的思想所影響，法國大革命本身就是代表一次激進的進步運動，這場運動摧毀了舊勢力，也建構了新秩序。在法國哲學家托克維爾對美國的觀察當中，理性主義與個人主義幾乎是美國人思索事務的一體兩面，托克維爾在《美國的民主》當中寫道：

我發現在每個美國人絕大部分的思維過程中，都非常依賴個人層面的「推理」，美國因此是世界上一個笛卡爾思想最不被研究卻是最被廣泛應用

的國家……美國人依循笛卡爾的哲學精義，因為理性是讓美國人最自然而然接受的一種社會狀態。

──托克維爾，《美國的民主》

I discover that, in the majority of mental processes, each American has but recourse to the individual effort of his own reason. America is thus one of the countries in the world where the precepts of Descartes are least studied and most widely applied ... they follow his maxims because it is this very social state which naturally disposes their minds to adopt them.

Tocqueville, Democracy in America

由此可知，理性主義在美國文化當中是以個人主義的形式來體現，理性不見得要依循集體智慧，而是相信自己的判斷能力，哪怕此判斷能力與周遭人們的想法衝突。也就是這種以個人為優先的理性，其所發展出來的創造力才能夠具有強大的力量來推動創新與進步，不受到資深制、體制、經驗法則等既定秩序的限制。美國中西部牛仔的風格是一個很鮮明的例子，不服輸的牛仔對於自己的理性判斷深具信心，對於未知的領域下任何決定，也不見得需要服從前人的經驗法則，就此而言美國人的理性主義是具有韌性的，相對不受到群眾聲音甚至社會壓力所影響。

然而，理性主義強調理性與創造性，但這與經驗主義注重傳統與秩序顯然有所衝突，不過正面來看，美國人的理性主義雖然能夠帶動整個社會創造力，卻同時也因為美國人信奉經驗主義所展現的務實天性，可以作為一個「安全閥」，避免過頭的進步讓整個社會發展失去控制，避免類似法國大革命在熱月（Convention thermidorienne）之後所釀成的悲劇。換言之，折衝（compromise）是美國人順應的天理，因為只有在折衝之中國家才能在穩定中求發展，折衝的藝術與精髓也具體呈現在美國憲法的制定過程當中。以開國元老湯瑪士‧傑佛遜為例，1785 年時一群開國元老希望制定一部「聯邦憲法」，來讓 13 個獨立州團結為一個國家，因此對於南方州堅持蓄奴

（slavery）的要求退讓，為的也是換取南方各州對於「聯邦憲法」的支持。

第三節　價值的矛盾與折衝

　　任何文化都存在著不同價值間的矛盾，並且為了紓解這些矛盾所產生的內在壓力最後都會訴諸折衝。日本人工作時的拘謹與對於高壓社會的心理厭煩，可能在下班後的居酒屋中酩酊大醉來獲得紓解。印度人一方面有種姓制度，但另一方面卻又展現了深層的個人主義，折衝之下讓印度的選舉民主成為可能，否則種姓制度下的賤民階級世代相傳，要談民主原則下的人人平等，無異是緣木求魚。而美國也一樣，有許多這種價值間的矛盾與折衝：

1.「自由」與「平等」之間的矛盾

　　美國人講自由，很大一部分是來自於對於個人主義的信奉。自由，即個人無拘無束，不受外界管制，尤其不受政府管制，因此個人的生活方式，舉凡同志傾向、墮胎、擁槍權、在家受教（home education）而非強迫進公立學校、拒絕徵兵等，都是個人生活方式的自由，不應該受到政府管制，此即**社會意義上的自由**。既然有社會意義上的自由，自然有**社會意義上的平等**，社會意義上的平等由於受到憲法保障，不因種族、宗教、性取向的不同而有不同，因此在 21 世紀的今天幾乎很少聽到有人名目張膽的主張社會意義上的不平等，諸如像種族歧視的「3K 黨」無法見容於主流社會，但在美國建國之初，社會意義上的自由與平等的確發生了衝突：主要是奴隸制度。白人莊園主說，蓄奴是我社會意義上的自由，不應受到政府管制，連美國大法官羅傑‧托尼（Roger Taney）都說黑人並不是人，是白人的所有物，因此蓄奴是合憲的。但另一方面，縱使在兩百年前，仍舊有許多的自由之士，認為蓄奴就是違反黑人與白人平等的原則，因此社會意義上的人人平等應該勝出。

　　對於市場交易來說，自由意謂著自由市場經濟，不但不受政府徵稅限

制，更認為市場邏輯與秩序遠比政府強加的手段來的高明。因此低稅率變成這派論者的主張，政府不應對企業財團徵地，也不應管制跨州甚至跨國交易，政府不去干預股、匯市，政府應保持最小的影響力。就個人的財富而言，只要不偷不搶，多數美國人相信富豪多是努力的人，因此政府不應藉由高稅率與社會福利來剝奪富人的財富，富人沒有太多必要以金錢來去援助窮困百姓。但在市場自由派眼中，富人可以藉由創辦大公司，讓有能力也上進的窮人來上班賺取所需，甚至接受職業訓練，「給窮人魚吃不如教窮人釣魚」，往後累積窮人財富，也許有一天貧民窟的小子也能搖身一變成為股神巴菲特（Warren Edward Buffett）。在這種思維之下，窮人不會問為什麼有錢人不跟他一樣窮？或者有錢人為什麼不分一點錢來協助他度日？窮人反而會問：我要怎樣努力才能跟有錢人一樣有錢？這是「比好」的概念（race to the top），而非「比爛」的概念（race to the bottom），與近年來台灣有一部分人被指為具有仇富心態與以改革方式進行重分配大相逕庭。而這些都屬於美國社會**經濟意義上的自由**。

而所謂的平等，即人人平等，不分貧富的平等，但這個世界很殘酷，有的人生在富豪之家，有些人出生貧民窟，因此要怎樣讓大家都平等？那就只得藉由政府的公權力來進行「財富重分配」，因此平等的實踐首重公權力的介入，此即**經濟意義上的平等**。對於美國人來說，人生而平等是直覺性的說法，當年美國脫離英國獨立也是因為對於英國國教與階級制度的不滿，因此美國人建了國，依照口音、血統不同而來的不平等的確少了，但是在清教徒文化與資本主義發展之下，富者益富，窮者益窮，依照財富不同所產生的不平等遂變成了一種新的階級問題。因此，追求經濟上的平等與照顧弱勢，即受到一部分美國人的支持，推行政策如社會福利政策（social welfare）來保障窮人，以及弱勢族群保障政策（affirmative action）來保障有色人種。

整體而言，保守派人士（conservative）、共和黨員（republican）與許多住在南方州的居民，**比較支持社會意義上的自由**，主要是擁槍權、在家教育與拒絕徵兵。同時也請特別注意，這些人卻不會支持另一些社會意義上的自由：包括墮胎、同志結婚等，主要是因為這些保守派人士許多是虔誠基

督教徒，因此儘管墮胎、同志結婚屬於個人領域的自由，但與基督教信仰衝突，必須「由政府管制」以端正風氣。此外，**美國保守派人士支持經濟意義上的自由**，反對經濟意義上的平等，他們認為窮人，尤其是有色人種的貧窮，往往肇因於他們的懶散與缺乏工作倫理，但亞裔美國人則非常勤奮工作，培養了專業與財富，則屬於例外的一支。

　　而自由派人士（liberals）、民主黨員（democrats）與許多住在東西岸與大城市的居民，**支持某些社會意義上的自由**，主要是墮胎權與同志結婚，因為他們認為這是身為人應該被賦予的自由，墮胎含括在女性隱私權中被保障，也是 1973 年釋憲案 *Roe v. Wade* 保障女性墮胎權的最主要理由。但他們也反對破壞治安的個人自由，主要是擁槍權；與破壞全體公民都得接受公立學校教育機會的「在家教育」，事實上，公立學校教育仍具有潛移默化美國人應遵守憲法「政教分離規範」的功能。另一方面，私立學校乃至於在家教育的設立，主要源於基督教徒不滿公立學校不教育學生讀經與信奉基督，甚至不承認美國其實就是一個類政教合一的基督教國家。因此自由派等人士反對在家教育等社會意義上的自由，反而比較支持公立學校的運作。再者，**自由派人士支持經濟意義上的平等**，尤其特重對於弱勢族群的照顧，他們認為貧窮容易發生在非裔、拉丁裔與印地安人身上，而且這是由於結構性因素：這些人的祖父母、曾祖父母就是白人的奴隸，那麼他們的後代要努力更多才有可能翻轉。事實上，更多的弱勢族群世世代代也翻不了身。譬如印地安人，在西部大拓荒時期受到白人牛仔屠殺不知多少，印地安人從一個沒有貨幣概念的部落階段，被聯邦政府強迫要加入白人的教育、經濟、文化甚至政治系統，當然會極度適應不良，窮困潦倒自然可以想見。因此這個時候主張「給弱勢族群魚竿」是緩不濟急的，「不矯枉不足以過正」，反而需要給弱勢族群更多的魚吃，讓他們能夠先享有幾個世代的恢復期與適應期，最後再來談平等。

表1-1 美國社會自由與保守在經濟與社會意義上的不同

	自由（左）	保守（右）
經濟意義	贊成政府干預，進行重分配，主張幫助窮人（有色人種）	反對政府干預市場，認為市場萬能，反對幫助窮人（有色人種）
社會意義	反對政府干預個人生活方式，贊成墮胎權、同志結婚、天體營、吸大麻等	一方面，反對政府干預個人生活方式，如擁槍權、在家教育。另一方面，贊成政府干預「錯」的行為，如反對同志結婚，反對墮胎，大部分由基督教信仰而來

2.孤立主義與世界警察的角色

　　美國在第二次世界大戰之後一躍成為世界超級強權，蘇聯垮台之後此一態勢更加明顯。事實上美國政府從第一次世界大戰之後就一直在思考要不要插手他國事務？從美國建國開始，孤立主義一直深植在美國人的 DNA 當中，所謂的**孤立主義**，乃指「不去干預其他國家政策的立場，對於其他國家不去結盟也不對立，除非遭受攻擊，否則不主動對其他國家發動攻擊」。在孤立主義與干預主義之間，不同年代有不同傾向，但美國政府總是掙扎在這兩者之間。

　　美國前國務卿馬德琳・歐布萊特（Madeleine Albright），認為美國應做一個維持世界秩序不可或缺（indispensable）的國家，但川普當選後喊出的「美國優先」，似乎又把美國帶回建國初期的孤立主義當中。事實上，喬治・華盛頓（George Washington）在 1796 年的告別演說以及傑佛遜與亞當斯（John Quincy Adams）都曾警告過美國：千萬不要任意與他國結盟，也不要任意發動戰爭。雖然當時美國還是主動打擊騷擾美國商船的北非海盜與發動 1846 至 1848 年的墨西哥戰爭，但大體而言，美國捲入國際爭端的意願極低。

　　1898 年被認為是孤立主義消逝的一年，當時古巴背叛西班牙，美國總統威廉・麥金萊（William McKinley）派遣一艘軍艦到哈瓦娜，不料到了哈

瓦娜港口，軍艦突然爆炸，250名美軍喪生。這點燃了美國軍國主義的氣焰，麥金萊怪罪西班牙，主動對西班牙宣戰。經過四個月的戰爭，西班牙戰敗，被迫割地賠罪，將關島、波多黎各與菲律賓割給美國。戰後麥金萊的聲勢大漲，但不幸於1901年遭刺身亡，副總統西奧多‧羅斯福繼任（Theodore Roosevelt），他主張「輕輕勸告，但帶著棒子立威」（speak softly and carry a big stick），積極涉外協助建設巴拿馬運河，也調停日俄戰爭，羅斯福宣稱這些涉外作為都為了確保國際公益。

1917年，美國在一戰尾聲加入戰場，目的在以戰止戰。當時歐陸因為這場戰爭死了1,700萬人，逾2,000萬人重傷。戰後人們厭倦了殺戮，世界瀰漫著一股孤立主義的氛圍，美國也不例外。1920年美國經濟繁榮，人們與政府埋首賺錢，無暇世界局勢，1930年經濟急轉直下，一夕之間大蕭條開始，當時美國總統小羅斯福（Franklin D. Roosevelt）也無暇干預世界局勢，專心拯救經濟。同時間歐洲與日本的軍國主義漸起，儘管當時小羅斯福已生警戒，但仍舊克制不了信奉孤立主義的參、眾兩院。直到1939年二戰正式爆發，珍珠港事變才讓美國恍然大悟：自己再也無法置身事外，讓美國從二戰開始轉變，進行數十載的國際干預政策（international interventionism）。二戰後美國一躍成為世界超級強權，到了2000年初小布希（George W. Bush）發動伊拉克戰爭，戰勝伊拉克容易，但收拾殘局難，戰後犧牲5,000條美軍性命，還有隨後的阿富汗戰爭，都讓美國人理解到「多管閒事」必須付出代價。

2008年發生次級房貸風暴，美國社會回到1930年代經濟大蕭條時內省的狀態，歐巴馬總統雖然無法立即挽救經濟，但主政八年仍把失業率壓低不少，同時美國民意對於涉外事務尤其是戰爭，有一定程度的遲疑甚至反對。歐巴馬與國務卿希拉蕊所謂的「重返亞洲政策」，在南海爭端、中國人權議題等方面展現干預，效果卻不顯著，已經失去不少民心。川普最後的當選，刻畫著至少是一半美國人重回孤立主義的心願。不過美國在世界五大洋四大洲都有無法被忽視的影響力，所謂的美國優先，對於川普來說，倒不一定代表拒絕征戰，也許可以理解為軍事面向上的單邊行動。

3.其他方面的矛盾與衝突

有不少美國政治學者如希濱與賽斯摩斯認為美國民眾對於民主的認知存在矛盾，**一方面贊同民主是美國人應遵從與感到驕傲的文化價值，但另一方面卻厭惡此價值所帶來的參與和討論所導致的效率低落**，這些學者發現：比起總統與法院，民眾最討厭國會，因為國會議員一天到晚都在爭功諉過與交相指責，殊不知國會其實就是民主實踐的場域，眾院 435 位議員與參院 100 位議員，各自代表不同利益與立場，在所有選區民意都要藉由代議士的參與，來制定公共政策的情況下，立法效率不彰是必然結果。

另外，**美國人對於聯邦政府的成立與運作也是情緒複雜，存在不少矛盾情結**。一方面，當年美國人花費許多力氣才脫離英國獨立，原本十三州的殖民地可以順利成為 13 個不受拘束的國家，開國先鋒包括傑佛遜都希望維持這樣的狀態，但後來由於鑄造流通貨幣的需要、州與州之間的生意往來與共同抵抗外侮的考量，才進一步在 1789 年制定一部「聯邦憲法」，將 13 個州放置在同一個國家下來管轄，最後陸續產生了共五十州的聯邦共和國。然而，相較於聯邦政府，美國民眾對於州政府更有好感。兩百年來，州政府與聯邦政府之間誰才能代表真正民意也在最高法院有過不少訴訟，成為一大矛盾點。

在族群衝突方面，一個關鍵的矛盾是：白人對於有色人種（黑人、拉丁裔、印地安人）不願意給予太多的社會福利，這到底體現了**種族歧視，抑或美國人獨立自主的精神**？史丹佛大學教授保羅‧斯尼德曼（Paul Sniderman）認為是後者。他認為有色人種之所以在美國社會較為弱勢，並不是因為許多人歧視他們，而是因為部分有色人種缺乏美國夢的核心元素「工作倫理」所致。但是唐納德‧金德（Donald Kinder）與大衛‧希爾斯（David Sears）則認為：要求有色人種與白人有同樣的工作倫理很不公平，因為這些奴隸後代，由於家族環境被白人剝削與歧視了兩個世紀，一時之間要翻身加倍困難，因此美國政府要正視轉型正義（transitional justice），積極給予社福協助是必要的。

其他矛盾與衝突還包括**「政教分離」**（**separation of church and state**）vs. **美國人有 75% 以上是基督教徒**，當中有不少是虔誠基督教徒，認為應該將基督教列為國教，如此一來在公立學校朗讀聖經，與在政府大樓銘刻十戒（The Ten Commandments）將不成問題，但事實上這些作為都違反美國憲法修正案第 1 條保障宗教自由之內涵。總之，這些矛盾與衝突一直伴隨美國歷史的演進，各種衝突中最嚴重、也最可能導致美國滅亡的，是幾百年來揮之不去的種族衝突：白人警察頻找黑人麻煩、原住民保留地的爭議、墨西哥裔的非法移民，甚至是主流社會對於亞裔人口的漠視，建國之初蓄奴制度所導致的後遺症，注定要分裂美國。19 世紀時南北內戰的爆發即為明證，也是美國至今都還在努力醫治的舊傷。

Chapter 2

憲法與憲政

　　美國憲法廣受各國法律學者與政治學者高度的重視，因為這是世界上第一部形諸於白紙黑字的成文憲法，同時由這部憲法所設計出來的，是世界上第一個聯邦體制，與第一個總統制的典型。美國人對於這一部寫於1789年的成文憲法頗為驕傲，他們認為直到21世紀的今天，這部憲法仍舊堪用也切中時弊。譬如憲法之父詹姆士‧麥迪遜（James Madison）在《聯邦黨人文集》第10號與第51號（*Federalist Papers* #10與#51）中曾提及，憂慮「派系之鬥爭」，同時也提出解方，即成立一個「分權與制衡」的合眾國，此一想法被寫進憲法本文，讓行政、立法、司法三權分立且制衡，不僅如此，連國會都分割為兩個實權的決策機關：參議院與眾議院，也是相互制衡。

　　分權與制衡不但在美國運作良好，也影響到眾多民主國家憲法的制定。然而，美國憲法也有許多不合時宜之處，最明顯的例子乃違反民主多數決原則的選舉人團制度，歷史上發生過四次總統候選人獲得普選票較多，但選舉人票較少而落選的奇怪現象。但美國人認為制度與慣例一旦藉由憲法確立，就應該長長久久並且受到遵守。對於制憲者來說，民主不僅刺激創新，更重要的是要延續傳統，因此不管是共和黨或是民主黨人，雖然都曾在選舉人團導致了違反民主多數決的結果出現時提出抱怨，並倡議修改憲法，不過最後都還是雷聲大雨點小，選擇尊重原有的憲法設計。

　　另外，憲法修正案第2條保障人民擁槍自由，也常被批評不合時宜，甚至導致校園與賣場槍擊案頻傳。在建國時期，由於美國幅員遼闊且警力不足，因此允許一般民眾（憲法第2條以民兵「militia」這個字眼來代表民眾）擁槍以作為自我防衛，在當時有其歷史背景。但隨著時代進步，現今警方要維持治安已具有足夠能力，因此讓人人擁槍來形成「恐怖平衡」，讓壞人開

槍時，好人也能及時開槍制止，可能過於牽強。不過美國有不少總統擁護增修條文第 2 條，例如雷根總統曾說：「槍不會殺人，人才會殺人。」禁槍並不是降低槍擊案發生的唯一方式，找出精神病患與暴力分子並且禁止這些人買槍傷人才是最根本的解藥。擁槍在雷根眼裡，才是保護無辜民眾在受到槍擊時自我防衛甚至可以適當回擊的必要途徑。

此外，我們在談美國憲法時，需注意憲法與憲政不盡相同。前者指憲法本文與增修條文的字句與脈絡；後者指的是憲法在政治中運作的實況。憲政還涉及到人的因素，不管是政治菁英抑或一般民眾都是。對於政治學者來說，憲政至關重要，甚至不會亞於憲法本身。舉一個例子，由於被殖民的緣故，菲律賓的憲法幾乎與美國憲法一模一樣，但是菲律賓的憲政與美國的憲政卻大相逕庭。菲律賓對於許多憲法條文並沒有確實遵守與落實，因此同樣一部憲法在不同國家與不同文化中，所實踐的樣態就會不同。本章花一些篇幅談論美國憲政。

第一節　憲法起草背景

憲法起草的過程是與美國獨立運動是緊密連結的。1629 年後，在英國殖民地時期，英皇詹姆一世（King James I）允許殖民地有限度的自治，包括准許設立第一個民選的殖民地議會、為了鼓勵英國商人在殖民地屯墾而創的維吉尼亞議會（The Virginia House of Burgesses）、麻州法院等。這樣在英屬殖民地上有限度的自治，成功運行了一百四十年。在 1760 年代早期，13 個殖民地已制定各州州憲法，此時由於殖民地與英國皇室經歷長久分治，殖民地民心思變。尤其英國社會僵化的階級與封建制度對於殖民地的人民來說已經相當陌生。英國的社會、政治乃至於宗教制度，都與殖民地的生活樣態大不相同，譬如雖然許多殖民地的人民仍舊認為宗教是生活重心，但是殖民地沒有國教，也沒有一個政府認證的教會，也沒有英國人所熟悉的強制教會稅（the British practice of compulsory tithing），在教會稅的規範下，

英國信徒必須將十分之一的收入奉獻給教會。

　　就當時的英國政府來說，重商主義（mercantilism）的實踐是一個準則。所謂的重商主義，乃指國家的財富由國庫裡的金、銀所代表，因此對於商人進出口貿易必須嚴加管制，以防止人民財富任意在國與國之間輸出與輸入，而造成國庫裡的金、銀流失速度過快。具體的展現如在 1650 年之後，英國國會西敏寺通過一系列航海法規，禁止全世界英國殖民地人民（不只在十三州）與荷蘭通商。英國當時認為出口多於進口對於國家的財政才有利，當然這也一體適用在英國殖民地，不過由於天高皇帝遠，在執行上面臨許多困難。不管如何，當時殖民地人民遂與英國國會建立一個默契：那就是你英國照樣去限制殖民地進出口，不過我殖民地自治政府保留針對通商的徵稅權力，這也就相安無事。然而直到 1756 至 1763 年間，法國人與印地安人在美西與加拿大打了一場戰爭。此外，印地安人也幫助法國人在殖民地上對抗英國人，當時在新大陸上，英國與法國水火不容，並且強爭位於西維吉尼亞州的阿勒格尼山脈（Allegheny Mountains）與密西西比河流域（The Mississippi River），直到了 1763 年所簽署的《巴黎條約》（Treaty of Paris），才為這些戰爭畫下休止符。

　　英國在簽署條約後已經能夠控制印地安人之亂，殖民地的屯墾者以為從此能夠專注西進，沒想到英國卻禁止他們繼續西進。理由是英國評估西部大拓荒會帶來太多財政上的負荷，畢竟當時的英國還沒有從戰爭中完全恢復元氣，但是這紙禁令讓屯墾者怒火中燒。不僅如此，英國為了要彌補財政上的缺口，1764 年開始對殖民地徵食糖稅，但殖民地人民認為要向我們徵稅，就要讓我們派代表進西敏寺替我們說話，然而英國斷然拒絕。1765 年的「印花稅法」（Stamp Act）更是導致美國獨立運動的導火線，當時這條法律規範必須繳交印花稅才能購買文件，包括雜誌、報紙與廣告，其實頗類似今日的商業稅。「印花稅法」對於居住在新英格蘭地區（New England）的生意人衝擊最大，當地的白人男性因此組成「自由之子」（Sons of Liberty），並以當時的政治菁英亞當斯（Samuel Adams）與亨利（Patrick Henry）領導。「食糖稅法」（Sugar Act）的階段還算是殖民地願意繼續接受英國統治的

階段，但到了「印花稅法」，殖民地人民對於英國統治正當性產生動搖，當時的抗議充滿了憤怒與暴力，最後升高爲抵制英國貨品進口。

　　1765 年，殖民地人民成立印花稅法國會（Stamp Act Congress），十三州中有九州代表參與，當時代表們尚未有脫離英國獨立的想法，僅爭取英國若要徵印花稅，就應該讓殖民地代表進入西敏寺，再次遭到英國拒斥。雖然西敏寺後來取消印花稅與修改食糖稅，不過不是因爲對於剝削殖民地的手段開始反省，而是因爲太多英國商人也因爲北美的抵制而損失慘重，所不得不做出的退讓。1767 年英國變本加厲，制定唐森德稅法（Townshend Acts），對於所有北美進口貨品課以重稅，包括茶葉。此時「自由之子」反應很快，立即宣布另一波對於英國貨物的抵制。情勢越來越嚴峻，英國派遣 4,000 名軍力到波士頓地區，衝突一觸即發。1770 年 3 月 5 日英國軍隊對碼頭工人開槍，開槍的過程中，造成數個「自由之子」的成員傷亡，這是著名的「波士頓大屠殺」（Boston Massacre），殖民地人民不得不退讓，停止對於英國商品的抵制，但稅的問題仍然如鯁在喉。

　　1773 年英國又制定另一條「茶葉稅法」，意在協助英國茶葉出口商東印度公司（East India Company），殖民地先前的抵制已經讓東印度公司囤積茶葉逾 1,800 磅，英國國會規定殖民地僅有東印度公司能夠進口英國茶葉，進口之後也只賣茶葉給對於英國忠誠的殖民地商人，此舉讓殖民地其他茶葉商痛苦不堪，因爲他們只能以較高的價錢進口來自於非英國的茶葉。因此，當從英國遠道而來的商船滿載了茶葉到波士頓港口，殖民地人民氣憤地將茶葉倒進港口，此運動稱爲「波士頓茶黨抗爭」（Boston Tea Party），也成爲後世標記經濟保守運動的一個專有名詞。消息傳回英皇喬治耳裡，他勃然大怒，認爲殖民地與英國不是你死就是我活，因而在西敏寺通過「用兵法案」（Coercive Acts）後，又派遣了 4,000 名士兵至波士頓。

第一屆大陸國會（The First Continental Congress）：仍未想脫離英國獨立

　　英皇大概從來也沒想過爲什麼強推稅法可以讓殖民地人如此氣憤，甚

至讓殖民地人民變得如此團結？1774 年 9 月 5 日至 10 月 26 日在賓州的費城所成立的第一屆國會，共有十二州代表與會，就是用來回應西敏寺通過的「用兵法案」。第一屆大陸國會在短暫集會中討論數項議題，包括對於英國貨品的抵制、宣揚數項殖民地人權與表達殖民地的悲慘境遇。最後，該國會決定向英皇喬治三世（King George III）陳情（petition），仍屬柔性訴求。後來他們向英皇陳情無效，代表們決定在隔年成立**第二屆大陸國會（The Second Continental Congress）**，具體作為抵禦殖民地安全的討論場所。

第二屆大陸國會：獨立戰爭發動動機

　　第二屆大陸國會是**美國獨立戰爭**（American Revolutionary War）的準備機關，各州代表於會期中不斷敦促訓練民兵以準備戰爭。第一屆大陸國會僅有十二州代表參與，到了第二屆大陸國會，十三州代表全員到齊，參與第一屆國會的 56 位代表當中有許多也參與第二屆國會，同時第一屆、第二屆大陸國會的主席藍道夫（Peyton Randolph）與秘書湯森（Charles Thomson）皆相同。1775 年 5 月 10 日，第二屆大陸國會同樣在費城集會，在功能性上，此國會不但準備起義，並且籌劃了獨立戰爭、募集軍隊、派遣外交官，甚至與其他國家締結條約；也在 1776 年 7 月 4 日採納了著名的《獨立宣言》（Declaration of Independence）。有一些歷史學家認為第二屆國會實質扮演的就是第一個美國政府的角色，不再分為 13 個州。參與會議的知名人物包括來自於賓州的富蘭克林（Benjamin Franklin）與麻州的翰考克（John Hancock），兩個禮拜後，由於藍道夫必須趕回維吉尼亞議會主事，代表維吉尼亞的藍道夫遂由另外一個趕來的同州代表傑佛遜接替。會議主席先換成來自南卡羅萊納州的亨利・密頓（Henry Middleton），再換成翰考克。

　　至於哪一州沒有代表參與第一屆大陸國會？答案是喬治亞州，甚至該州一直要到 1775 年 7 月 20 日才派代表參與第二屆大陸國會。當時喬治亞州內部對於是否參與獨立運動相當遲疑，後來在 1775 年 7 月 4 日才召集州議會開會達成共識而決定加入。事實上，在第二屆大陸國會開議前 20 天，第一場在殖民地為獨立而戰的戰爭就已開打，地點在波士頓西部鄉鎮，

時間是 1775 年 4 月 19 日，名為「萊辛頓和康科德戰役」（The Battles of Lexington and Concord）。在零星戰事中，1775 年 7 月 8 日第二屆大陸國會再向英皇做最後一次陳情，但英國仍無誠意回應，遂進入全方面開戰。

1776 年，第二屆大陸國會正式宣布美國脫離英國獨立，但當時許多代表並未獲得母州授權做此決定。當年 1 月，湯瑪斯‧潘恩（Thomas Paine）受到富蘭克林的鼓舞，匿名發行了一本小冊子《常識》（*Common Sense*），鼓吹美國應該脫離專制的英國，一發行即造成熱銷，賣出 12 萬本，若依照當時美國人口比例換算，相當於在現代的美國付印 1,800 萬份。1776 年 5 月 15 日，大陸國會一致通過參與的十三州代表有權代表母州，五日後，麻州代表亞當斯（John Adams）認為十三州州政府應該完全拋棄對於英皇的忠誠，維吉尼亞州立即跟進。1776 年 6 月 7 日，來自維吉尼亞州的李代表（Richard Henry Lee）提案，認為殖民地要立即獨立，否則沒有歐陸國家願意與美建交。終於在 1776 年 7 月 2 日，第二屆大陸國會正式通過獨立決議文（The Resolution for Independence），這個新國家第一時間叫做殖民地合眾國（United Colonies），隨即改名為美利堅合眾國（United States of America），同時起草一部「邦聯憲法」（The Articles of Confederation）來維繫十三州的統一性，但這部憲法直到 1777 年 11 月 5 日國會才批准通過。維吉尼亞州議會首先贊同加入邦聯，馬里蘭州州議會則最後加入。

美國獨立與邦聯憲法

1776 年 7 月 4 日，第二屆大陸國會正式對外公布《獨立宣言》，美國獲得法理上的獨立。獨立戰爭從 1775 年 4 月，歷經大小戰役，一直打到 1782 年 2 月 27 日，西敏寺即首次表達不願意再繼續與美國打仗，非正式地承認美國獨立。在戰爭過程中，法國加入戰局對抗英國，使得戰爭範圍遠遠超過英屬北美洲之外；另一方面，英國與印地安人結盟，以增加剿美能量。1783 年 9 月 3 日，英美簽立《巴黎協定》（The Treaty of Paris），英國承認戰敗，美國正式獨立。

讀美政的人常常只注意到 1787 年國會立法通過的「聯邦憲法」，卻忽

略掉從第二屆國會通過的「邦聯憲法」。「邦聯憲法」壽命從 1777 年 11 月至 1789 年 9 月，約十二年間這部憲法不但陪伴美國人走過獨立戰爭，也是當時十三州隸屬於同一個國家的法理基礎。這部憲法創制了一個受限的中央政府，並且將絕大部分的權利保留在 13 個州政府手上，由於中央政府貧弱，因此常常壓制不住各地動亂，1786 年的「謝思起義」（Daniel Shays' Rebellion）就是一個中央無兵可壓制地方動亂的例子。由於當時麻州政府漠視農民，規定農民所有的債務必須以現金給付，因此前美國獨立戰爭軍官謝思帶領著 1,500 名憤怒的武裝農民包圍麻州州政府，當時邦聯國會立即召集全國民兵，並且需要從各州募集 53 萬的資金，但各州不是不願意提供兵力，就是財政困窘而無法上繳資金，「謝思起義」完全暴露邦聯制的無能。

就邦聯運作而言，所有十三州的權力加起來大於邦聯政府的權力，所有州需要邦聯的點幾乎就只有維持國家安全而已。就「邦聯憲法」的內容而言，包含前言、13 條本文與結論，而且文後是所有州代表的簽名，以下為邦聯憲法要點：

1. 以國會為主軸的政府維持和平、鑄造貨幣、任命軍事將領、控制郵局與和印地安部落溝通。
2. 確保每一州的獨立與各自享有領土治權。
3. 各州不管人數多寡，都在國會擁有 1 票。
4. 任何一個法案需要由九州（票）通過。
5. 由各州決定出席邦聯議會的代表，並由各州支付薪資與交通費。

聯邦憲法

邦聯制運作後，許多問題漸漸浮現，殖民地經濟蕭條，各地治安堪憂。1787 年 2 月 21 日，一個以「為了修改邦聯憲法以更符合國家利益」為名的集會在費城舉辦，除了羅德島州，各州都有代表出席。5 月 4 日，出席的 29 個代表有政治人物、知識分子、生意人與農夫。這些代表都了解修改「邦聯憲法」，隨時可能被安上「判國罪」（treason）而遭到送辦。喬治‧華盛頓被選為會議主席，由於當時會議的高度敏感性，華盛頓要求與會人士

保持低調。

　　費城集會從 29 位逐漸增為 55 位，各州代表皆有之。當時這些代表幾乎都是 20 至 30 多歲的年輕人，唯獨富蘭克林當時已經 81 歲。這些代表分為兩派：擁護聯邦與反對聯邦派。反對聯邦派認為擁護聯邦者為自私的菁英，個個都是擁地階級。擁護聯邦者則喊冤，認為他們只是想要拯救這個國家。後世政治學家與歷史學家如查爾士・貝爾（Charles A. Beard）探究當時代表們的動機，認為當時這群重視商業利益的菁英希望建立聯邦以促進經濟與貿易發展，也方便政府保護私有財產，更重要的是讓政府能夠如期償還公債，因為這些有錢的代表們中很多都買了政府公債，他們深怕邦聯政府如果蹎蹎跟跟繼續下去，有可能因為經營不善而導致破產。到了 1960 年代，考究憲法起草的學者如布朗（Robert Brown）開始將焦點轉為對代表們的社會與經濟背景進行研究，他發現這群代表較為富有、教育程度較高，也比當時一般社會大眾更重視社會秩序。

聯邦黨人文集

　　在鼓吹聯邦憲法的過程中，反對與支持的州皆有之，反對州包括賓州與羅德島州，支持州則包括達拉威爾州與紐澤西州。支持州主要是因為從邦聯變聯邦之後，州際間的稅率可以降低甚至免除，反對州則由於害怕改為聯邦後，州的自主性將被剝奪。人口數與政治實力較強的四大州包括麻州、紐約、賓州與維吉尼亞州的意向也尤其重要。同時，鼓吹聯邦者的意見領袖也至為關鍵，例如華盛頓與富蘭克林。就憲法起草背後的精神而言，由當時先賢先烈的遠見作為基礎，最有名的是憲法之父詹姆士・麥迪遜，而麥迪遜、約翰・傑伊（John Jay）與亞歷山大・漢彌爾頓（Alexander Hamilton）三人分別撰寫了一系列鼓吹聯邦憲法的說帖，成為歷史上有名的《聯邦黨人文集》。其中**第 10 號**由麥迪遜撰寫，他當時看到了政治菁英或者說野心家之間的鬥爭，因此在該說帖中表達對於派系之鬥爭（factional fights）的憂慮，麥迪遜將派系定義為「不論是多數方抑或少數方的公民，被共同的情感與利益所聚合，並且反對其他公民的權利，也反對整個社群的永久權利」，

對麥迪遜來說，最常見的派系紛爭，主要來自於財產的分配不均，也就是富有者與貧窮者之間的嫌隙。麥迪遜的憂慮常被後世學者稱爲麥迪遜兩難（Madisonian dilemma），意即在不去破壞自由的前提下，要確保個人自由幾乎不可能，例如要確保窮人的工作機會，恐怕就必須迫使富者提供工作機會，如此一來反而侵犯到富者的自由。

此外，他認爲富者會運用政治權力來剝削窮人，窮人也會掠奪富人的財富，不同信仰與政黨傾向者也會排擠非我族類。爲了避免這些衝突，麥迪遜提出兩種選項的解方：移除派系鬥爭之因（remove the cause of factions）或者控制其效應（control the effects）。麥迪遜認爲前者不易達成也失之獨裁，從後者下手機會較大。在麥迪遜眼中，憲法制定的目的即爲避免派系之鬥爭侵害到公眾利益與私人權利，同時也要保障民選政府（popular government）的形式與精神。麥迪遜深知人畢竟不是天使，以宗教或者道德來要求人自我控制必然不切實際，只有讓「野心來制衡野心」（ambition must be made to counteract ambition）方能達到抑制派系之鬥爭的目的。因此，在**第 51 號**中，麥迪遜具體提出分權與制衡（checks and balances）之概念，讓野心間彼此制衡，後來演變爲行政、立法、司法不同政府部門之間的權力平衡。同時，麥迪遜也認爲共和政府（republican form of government）的建立最能夠避免多數人霸凌少數人，並且代議政治而非直接民主是共和政府的內涵。所謂的共和政府又稱爲共和主義（republicanism），有兩個具體內容：

1. 藉由一群民選出來的代議士來爲選民審議公眾事務（deliberative democracy），並且過濾充滿雜音的公眾意見，達到去蕪存菁的效果，以提升政治品質。

2. 唯有代議士政治才能夠治理幅員遼闊的國家，直接民主頂多能夠應用在像希臘雅典城邦這樣的小地方，共和政府下的代議式民主才能夠同時含括與代表多重利益尤其是弱勢族群的聲音。因此，共和政府遂成爲美國聯邦憲法最堅實的基礎，從這個前提之下展開憲法的制定。

維吉尼亞計畫（The Virginia Plan）vs. 紐澤西計畫（The New Jersey Plan）

　　除了反對聯邦與贊成聯邦的兩種爭辯，另一個爭點是進入聯邦美國後，各州的代表權將如何被實踐？孺慕歐陸制度的代表提出「維吉尼亞計畫」，此計畫規定政府的權力來自於人民而非來自於成員州，有以下幾個特徵：

1. 一個包括立法、行政與司法的強而有力的中央政府。
2. 兩院制，一院代表由人民直選，另一院代表由州議會推舉的代表選出。
3. 立法議員具有權力選舉行政與司法官員。

　　另一方面，人數較少的州或小州比較傾向邦聯原來的模式，他們推出「紐澤西計畫」，有以下特徵：

1. 強化邦聯憲法，而不是取代它。
2. 一院制，不管大州還是小州（依人口分），每一州都是 1 票，並且該院的議員代表由州議會選舉產生。
3. 賦予中央議會徵稅——貨物稅與印花稅——的權力。
4. 創立最高法院，最高法院法官為終身職，並且由行政官員任命之。

大妥協（Constitutional Compromise）

　　「維吉尼亞計畫」與「紐澤西計畫」的爭辯不僅涉及到州代表權的議題，其實還涉及到更為深沉的南北分歧問題，此分歧的病徵乃因蓄奴制度與該制度所衍生出來的徵稅問題所導致。當兩派僵持不下時，康乃狄克的代表提出了一個精緻的折衷方式，此方式被稱為「康乃狄克大妥協」，內容如下：

1. 一個院（後來演變為眾議院）產生 56 個代表，每一代表擁有對 4 萬個居民的代表權，這些代表由人民直選。
2. 該院掌管政府預算的歲入與歲出。
3. 在另一院中（後來演變為參議院），則不管大小州，每州 1 票，此院的代表並由州議會選出。

4. 州政府與聯邦政府權力牴觸時，聯邦政府權力優先。

　　「康乃狄克大妥協」後來說服了所有代表，小州代表認爲他們能在參議院獲得平等代表權；大州代表則認爲他們能在眾議院依照人口比例獲得更多代表。雖然妥協方案暫時解決歧見，但其實還有更爲棘手的問題——黑奴問題——尚待解決。南方人擔心聯邦政府會把手伸進南方依賴黑奴耕作的棉花產業，當時棉花產業蓬勃發展，是維持南方財富的金雞母。當一項對於引進黑奴徵稅的提議出現時，南北方的歧異立即浮現。因此，爲了換取北方州對於南方州的黑奴貿易再支持二十年，並且也換取北方州不對棉花出口課稅，南方州支持僅需多數選票即能夠通過的「航海法」（Navigation Law）；也支持聯邦政府規範國際貿易；與參議院需要通過三分之二同意才能與外國締結條約的門檻。當時南方州願意做這些退讓，主因是在各州代表中，南方州占了三分之一的席次，在參議院採平等代表權的情況下，能夠相對輕易地就在參院中施展影響力。此外，南方州也認知到，到了 1808 年南方州的黑奴數量就會飽和，因而沒有必要再進口黑奴。

BOX 開國元勳傑佛遜的醜聞

　　美國第3任總統傑佛遜是美國《獨立宣言》的起草者，他當時在獨立宣言講的一席話影響了美國後世以及全世界民主國家：「人生而平等。」此話甚至影響美國第一個廢除奴隸制定的麻州，麻州於1780年就因爲傑佛遜的影響廢除奴隸制，美國在建國之前與之初是一船一船將非裔奴隸從非洲運送至美國，當時來到殖民地的英裔白人不把黑人視爲「人」，而視爲「物品」，建國之初，美國希望有崇高的理念因此喊出「人生而平等」，但實際真是這樣嗎？事實上，傑佛遜這番言論引起南方六州，尤其是南卡羅萊納、喬治亞州的不滿，因爲傑佛遜的用詞是「man」，意思是不管黑白人都是平等的。南方六州認爲不該用「man」，而是自由人「freeman」一詞，「自由人，人人平等」他們沒意見，但黑人並非自由人，這終究是不平等。

　　傑佛遜雖信奉「人生而平等」這個說法，然而也可以說他僞善，因爲1787年制定「聯邦憲法」時——1776至1787年美國政治制度是類似現在歐盟去除關稅壁壘的政治安排，1787年基於稅率集中、國防安全的鞏固，南方才願意加入北方聯盟成爲一個聯邦國家，這當中一個很大的關鍵是北方聯盟願不願意屈服南方蓄奴一事，當時還不是總統的傑佛遜便是北方代表之一——然而身爲開國

元勳之一，傑佛遜不但沒有在制定開國憲法的過程中提出黑奴議題，反而對此保持緘默，後世判斷這是因為他希望南方加入組織。傑佛遜「對黑奴問題保持緘默」令後世許多歷史與政治學家感到失望並稱之為「大沉默」，另外，開國元勳之首華盛頓一開始便解放黑奴，但傑佛遜並沒有，傑佛遜的偽善與矛盾事實上還有另一個故事。

　　這故事發生在傑佛遜位於維吉尼亞州叫做「Monticello」的豪宅，在那邊他實際擁有600名奴隸，這600名黑奴都是在豪宅下方陰暗潮濕的地道工作，內容是準備傑佛遜用來宴客的美酒佳餚。當達官顯貴來到傑佛遜家中時，其餐桌有個類似現代送餐車的小電梯，一伸手就有餐點可以很神奇地憑空取出，像是傑佛遜將空紅酒瓶放入餐車之中，空瓶再次出現時便注滿紅酒，這讓貴賓們嘖嘖稱奇。這600名黑奴在隧道中吃喝拉撒、日以繼夜地工作，同時上方的豪宅屋還有16名黑奴伺候賓客，由此可知傑佛遜在《獨立宣言》的那席話與之實際作為完全背道而馳。

　　後世考古學家檢視傑佛遜的手札，他寫到這些黑奴每年都會生小孩，這些「黑小孩」對他等同於是百分之四的財產增加，甚至歷史學家發現，在其手札中有一段是：傑佛遜奴役10至12歲的黑人童工在指甲工廠替他做生意（當時的人會戴假指甲），甚至以鞭打的方式使他們聽命於管家。接下來這消息更為勁爆，過了一、兩百年後，一個名為海明斯（Hemings）的黑人家族，替他們的老祖宗莎莉・海明斯申冤。海明斯是傑佛遜家族的黑人女僕，其在宅內替傑佛遜照顧起居，當時傑佛遜是已婚的，其夫人名為瑪莎・藍道夫（Martha Randolph）。海明斯家族在兩百年後的某一天宣稱他們莎莉祖宗的老公是傑佛遜，引起全美轟動。傑佛遜家族斷然否認，直至DNA技術出現，一驗之下百口莫辯，他們的確是黑人女僕與傑佛遜的後代。然而，該名黑人女僕的存在完全沒有出現在傑佛遜的手札中——後世推測這是他刻意去隱瞞這項醜聞——也沒有記錄她從幾歲開始就和傑佛遜在一起，但44歲時傑佛遜出使法國便帶上年僅14歲的海明斯，所以外界便推測傑佛遜在44歲時與比他小了30歲的海明斯在一起，海明斯甚至為他生下6個孩子。

　　1861 至 1865 年爆發南北內戰，林肯總統領銜的北方聯邦軍和南方邦聯軍開戰，南方脫離北方獨立，當時發生一個重要的插曲：堪薩斯州參議員史蒂芬・道格拉斯（Stephen Douglas）提出一條法案，即 1854 年「內布拉斯加州堪薩斯法案」，內布拉斯加州是個偏鄉州，那為何要提這個法案呢？當時南方蓄奴，北方相當不屑，認為奴隸制是反動又倒退的制度。但歷史學家

發現，北方人其實是忌妒南方的農作力，南方莊園主靠著黑奴的農作勞動就能賺進大把鈔票，北方保守派也想如此，於是便由同樣來自於北方的道格拉斯提出該法案。這法案非同小可，更加劇南北分裂，因為北方人認為道格拉斯違反北方的道德高度，進而導致南北內戰。講到道格拉斯這個人，他身形矮小（約 163 公分），隸屬於民主黨，當時的民主黨是保守派，與現在相反。在 1860 年時，道格拉斯代表民主黨參選美國總統但輸給林肯，選後沒多久便打了五年的南北戰爭。

後來南方戰敗，北方便在憲法增修條文增加第 13、14、15 條，即在「名義上」解放黑奴，南方莊園主勢必要釋放這些黑奴，而當中有許多辛酸血淚，比如某些莊園主說：「我給你 10 分鐘跑，跑到我看不到你，否則我就射殺你。」又有些莊園主心有不甘將黑奴們吊死在樹上，俗稱絞刑（lynch）。1865 年南方戰敗，又經歷一場又臭又長將近一百年的「老烏鴉法」（Jim Crow system），直至 1965 年才完全解放黑奴。1896 大法官在「普萊西告弗格森案」（*Plessy v. Ferguson*）的釋憲中提到「分開但平等」（separate but equal），也就是黑白分治但平等的概念，比如黑人不能和白人搭乘同班公車，或者只能坐後座；不能和白人住同一間旅館或鄰里；不能和白人小孩讀同一所學校等，這是當時大法官認證的「平等」。同時間，南方諸州也在名義上解放黑奴後讓他們得到投票權，可是這個投票權我們一般稱為「打折投票」：即黑奴後代即使為自由人，但如果該黑人的祖父沒有小學畢業，他即無法投票；繳不起 1 美元投票稅者也無法投票。試問，在黑奴時代有多少黑人根本不識大字？現在又有多少黑人願意花 1 美元投票？反觀白人不用花錢，黑人卻要花錢投票，顯然南方對黑人有強烈不公。

直到 1960 年，這個全世界最翻騰的十年——從法國社會動亂，接著中國文化大革命，最後美國的民權運動——經過很長一段時間的奮鬥，包括許多自由派白人加入黑人爭取完整的民權與沒有任何條件限制的投票權。甚至美國女人一同加入為黑人與女人的民權努力，終於在 1964 年通過「民權法案」（Civil Rights Act）和 1965 年的「投票法案」（Voting Rights Act）讓黑人能毫無條件限制的進行投票，這是黑人在整個民權過程辛酸血淚的一

頁，但現在美國就沒有種族歧視了嗎？尤其川普上任後對有色人種、移民的各種不友善言論每每在反動的白人間發酵。當然，不是所有白人都是種族歧視者，絕大多數的白人對於弱勢族群都是相當友善且尊重的。

一個黑奴等於五分之三個白人

　　另一個後世對於美國政治批判最強力的點，是在眾議院代表人數的決定上，黑奴數是否要計入？尤其在南方，常常一家僅有少數幾個白人家庭成員，卻擁有數十個甚至數百個黑奴，這些「黑男丁」與「黑管家」，都象徵著這些富有南方家庭的高收入，因此稅也應該多繳一點。但如果只以白人人口計算的話，北方州的白人由於沒有黑奴協助農作，因此生產力較南方州白人低，卻要按白人人頭數繳交一樣甚至更多的稅金。在冗長的辯論與爭執之後，有一個高度政治的想法說服了絕大多數代表，也就是以一黑奴等於五分之三白人的公式來去計算南方人口[1]，舉例來說，南方白人多數是莊園主，雖然可能一家僅有 4 個白人，一對夫妻與 2 個小孩，但南方的農作物產值往往出自 5、60 人之手，這是因為南方家裡往往養了這麼多的黑奴。但由於當時黑人不被認為是人，因此南方的莊園主只要按照家裡成員的人頭數繳交少少的所得稅。這對於地略小、天候也不佳，無法大規模蓄奴來種植農作物的北方人當然不公平。內戰前的聯邦政府為了解決這種南北矛盾，本想用土地計算稅目，但各州大小不一，城市與鄉下的土地價格也不同，到了最後還是回到一家有幾口來計算應繳稅額。但又礙於「黑人不是人不能與白人齊一而論」的邏輯，因此才會發生在 1787 年制憲會議上做出「一個黑人等於五分之三白人」的荒謬決定。如此一來雖然南方州的稅要多繳了，但好處是南方眾議員數目也因為黑奴計入南方選民數目而增加；反過來說，若不計入黑奴數，南方州因人口較少所導致的眾議院代表較少，也是一個劣勢，因此這又是另一種南北各取所需的妥協。

---

[1]　五分之三妥協（Three-Fifths Compromise）為 1787 年時，美國南方與東北角代表在制憲會議中達成的協議，雙方妥協將黑奴人口乘以五分之三，作為決定眾議員代表數與稅收分配之用。這個制度在南北內戰南方戰敗後的 1870 年廢除。

其他還有一些當時仍未解決的爭議點，主要在兩方面：

1. 當時所有代表都同意要由眾院選出一位後來稱為總統的行政首長，但同時也害怕賦予眾院太多權力會讓這位總統受到眾院操弄，對於在眾院代表數較少的小州來說，這是最不願意見到的結果。同時，南方州也害怕北方因為人口數較多在眾議院的代表較多，因此這個總統會是北方偏好的人選。

2. 漢彌爾頓在《聯邦黨人文集》第 68 號中，提到選舉人團制的設立，乃為了避免造成社會的失序與混亂，因此設計讓群眾不得直接選舉總統。此外，必要時總統與副總統是否直接由國會來罷黜？同時國會議員是否由人民直接選出？這部分演變為後來憲法彈劾高階文官的規定，但在當時都還有爭議。

　　儘管面臨不少反對聲浪，在 1790 年 5 月，最為猶豫的羅德島州代表也終於簽字，美國正式從邦聯進入聯邦體制。這裡統整前面提及的憲法精神，包括**大州與小州之間的折衝與平衡、黑奴問題與人頭稅的掛鉤**以及**分權與制衡**（separation of power）。值得進一步說明的是，分權與制衡源於《聯邦黨人文集》第 10 號與第 51 號，具體來說，就是將美國政府切割為行政、立法與司法三權分立，是謂水平分權；同時立法權也分割為參議院與眾議院，是為上下分權，美國人所擁有「四分五裂」的政府，相對上比較不容易侵犯美國人最重視的個人自由。同時分權的概念不僅僅代表分權的過程（separation of process），還代表著政府官員的分工，例如總統無法同時兼任國會議長，或者國會議員無法兼任大法官，官員的分工也是為了避免權力集中於一人或者少數人之手。

　　再來是**聯邦制**（Federalism），也就是在賦稅與軍事權力統一由聯邦政府主導下，賦予各州針對地方事務（如教育、交通、財政等）有獨立行使權力的空間。聯邦制不僅代表著國家得到一個大一統中央領導的機制，另一方面各州也保留在邦聯時代的許多自治事項，直到今天各州都還保留自己的「州憲法」，儘管「州憲法」如果有條文與「聯邦憲法」牴觸無效。最後一個是**混合政府**（mixed government），意即不同政府部門代表不同區塊的選

民，也代表不同階層的利益與價值，最後才能確保不同政府部門的獨立性。此外，憲法並未限制擔任公職人員（officeholders）或者選民的財產資格，但憲法在第一時間明定僅有眾議員由直接民選產生，直接民選參議員則要一直到 1913 年的憲法第 17 條增修條文通過才受到確立。關於當時憲法明定公職人員的選舉方式，如下圖：

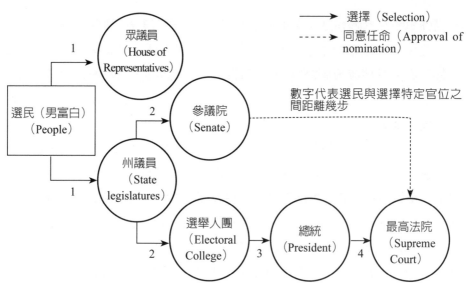

圖2-1　開國之初政府架構與運作

　　人民直接選舉眾議員與州議員，州議員再選舉參議院與選舉人團，再由選舉人團選出總統，最後總統提名最高法院法官，並由參議院同意之。總之，立憲者當時的想法反而比較接近今日的內閣制而非總統制，意即國家的領導者——總統——是由間接選舉產生而非直接民選。

第二節　憲法本文與增修條文

　　憲法本文相當簡短，僅有 7 條，又分為三大部分，包括第一部分的序言

（preface），第二部分（main body）的第 1、2 與 3 條，各與立法、行政、司法有關。第三部分則爲第 4、5、6 與 7 條，第 4 條規範州際間關係及聯邦與各州之間的關係。第 5 條提及修改憲法方式，稍後詳述。第 6 條強調聯邦憲法的優越性，而且所有公職人員應該遵奉憲法。最後，第 7 條則提到只要有 9 個州同意，就可以修改憲法。

　　此外，有幾個值得進一步討論的概念，第一個是在第 1 條第 8 項中（Section 8）列舉國會的 18 款權力（enumerated power）。依序爲：1. 徵稅以建構國防與社會福利的權力；2. 以美國爲名對外借款；3. 管制與外國與印地安部落的商業行爲；4. 制定與規劃美籍與企業破產的法律；5. 鑄造國幣與建立度量衡；6. 訂定僞造國幣的處罰辦法；7. 設立郵政總局；8. 訂定商標與智慧財產權法；9. 在聯邦最高法院之下建立上訴法院；10. 定義與懲罰在公海的海盜重罪行爲；11. 宣戰、授予私掠許可證（Privateer）與訂定土地河流占領規則；12. 募兵與建軍；13. 建置海軍；14. 爲政府制定規則與規範陸軍與海軍；15. 招募民兵（militias）執行聯邦法律並且平定叛亂與防禦外侮；16. 爲政府訂定組織、武裝與訓練民兵的準則；17. 關於決定國家首都位置的權力；18. 必需與適當條款（原文：Necessary and Proper Clause. To make all Laws which shall be necessary and proper for carrying into Execution the foregoing Powers, and all other Powers vested by this Constitution in the Government of the United States, or in any Department or Officer thereof）。第 18 款尤其重要，其授權國會制定爲行使憲法所授予國會各項列舉的權力，以及授權美國政府中任何部門或官員制定其他必需與適當的法律。換言之，第 18 款有未竟事宜的味道，因此又被稱爲「彈性條款」（elastic clause）。同時這個國會權也被衍意爲廣義政府所擁有的權力。當時反對聯邦政府設立的政治菁英強烈批判此條款，認爲會侵犯到州權與民眾的私領域，但最後仍被寫進憲法本文當中。「必需」與「適當」在字義上指政府保有許多未竟但具有正當性與適切性的擴權空間。過去聯邦大法官也曾用此條款來替歐巴馬健保、大麻合法化與勞工協商權進行辯護。

　　另外一個很重要的概念是「剩餘權」（Rights Reserved to States and People），意即憲法僅規範聯邦權力，其他未列舉的剩餘事權則歸各州與人民自行處理。憲法增修條文第 10 條提到「任何沒有說要賦予聯邦的權力，也沒有說禁止給州的權力，都保留給州」（the powers not delegated to the United States by the Constitution, nor prohibited by it to the states, are reserved to the states respectively, or to the people）。這種非列舉之權或剩餘權的概念，影響了很多當代成文憲法國家的制憲與釋憲，包括中華民國憲法。

　　美國憲法本文雖然簡短，但其實已經將當時甫由邦聯轉換過來的聯邦美國所需處理的國家要務精準地處理了，同時也賦予憲法不合時宜時的處理方式，主要是在第 5 條明定修憲方式，修憲途徑如下圖。修憲過程分為提案與修改，在提案的部分，由參、眾議院各三分之二議員通過，或者在三分之二州的要求下，由國會召集憲法會議，但此途徑從未使用過。在修改的階段，由四分之三的州議會通過，或者由四分之三的各州集會通過。常態的方式當屬參、眾院各三分之二議員通過並由四分之三的州議會通過修改。而由參、眾院各三分之二議員通過並由四分之三的各州集會通過僅曾使用在憲法第 21 條增修條文。極少或者未曾由州集會來提案或者通過修改，都只證明了一件事：那就是一般民眾鮮少有能力關注與推動修憲如此高層次的議題，大多仍是由聯邦與地方層級的國會議員（代議士）為之。

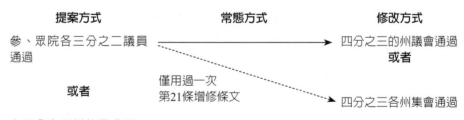

圖2-2　修憲方式

　　此外，憲法既為剛性憲法，則不容隨意更動，但在聯邦建立之初，國事如麻，仍有許多未竟事宜。事實上，在憲法制定完的第一時間（1790 年 5 月），制憲代表們發現仍有許多重要議題尚未觸及，因此在 1791 年隨即修憲，並且通過前 10 條修憲文，由於與一般民眾的基本人權有關，因此又稱為「權利法案」（Bill of Rights）。

　　另一方面，美國憲法也的確難以修改，從 1789 年實行至今，共有 5,000 多件憲法修正案提出，到最後卻只有 27 件通過。如果細究這 27 條，會發現其實僅有 15 條通過，因為前 10 條修憲文是在制憲之後立即修改，常被認為是憲法本文的一部分，而第 13、14、15 條則是由於在南北內戰後林肯總統所率領的北方軍打贏南方軍，進而解放黑奴所修改的，稱為「民權法案」，因此不算是承平時期的修憲案。更有趣的是「禁酒令」（Prohibition, 1919）與「取消禁酒令」（Appeal to Prohibition, 1933），顯現了美國由於宗教（清教徒）因素與想要根除酒精濫用的問題，通過了第 18 條「禁酒令修正案」。但直至 1933 年小羅斯福總統認為禁酒太過極端，以取消「禁酒令」作為宣傳議題而通過了第 21 條修正案，所以這兩條互相抵消，所以 27-10-2=15，實質上美國至今約兩百三十多年的歷史也才針對憲法成功修改了 15 次，顯見憲法剛性之程度。除了修改門檻高之外，憲法對於時局的適用也需要能夠跨越數百年，當然這除了開國者（founders）立憲時的遠見之外，政治菁英與民眾要能尊重憲法也是一大關鍵。也就是說「傳統」在美國扮演著穩定民主的角色。下表羅列美國憲法增修條文共 27 條的內涵與修改成功所花費的時間：

表2-1　美國憲法增修條文（共27條）

增修條文序號	修憲主旨	花費時間（月）	年分
1~10	權利法案	26.5	1791
11	對州政府的訴訟	11	1795
12	關於總統選舉	6.5	1804
13	廢除奴隸制	10	**1865**

表2-1　美國憲法增修條文（續）

增修條文序號	修憲主旨	花費時間（月）	年分
14	**民權法案／墮胎權**	25	**1868**
15	**給予各種族投票權**	11	**1870**
16	所得稅	42.5	1913
17	參議員選舉	11	1913
18	**禁酒令**	13	1919
19	**女性投票權**	**14**	**1920**
20	聯邦官員任期限制	11	1933
21	**取消禁酒令**	9.5	1933
22	**總統任期限制**	47	**1951**
23	關於華府	9	1961
24	廢除投票稅	16	1964
25	副總統繼位	22	1967
26	18歲擁有投票權	3	1971
27	參眾議員薪水	2438	1992
中位數		25	

　　在上表中，納入前10條的權利法案，是因為擁護聯邦者為了安撫反對聯邦者所納入的條文。反對方一直以來害怕的就是建立一個強大的中央政府會侵害到個別州甚至是個人的基本權利，畢竟整個國家才剛從剛愎自用又跋扈的英國脫離而獨立，因此再建立「另一個英國政府」似乎不是明智的事，因此前10條法案分別保障個人的宗教、言論與媒體自由，也確保人民的人身、財產不在司法審查過程中受到無端剝奪。此外，前10條修憲文反映出原本那些反聯邦者對於州權力的保留與保障。細部來說，這10條修憲文包括：

　　第1條保障個人的宗教、言論、媒體、集會與抗議自由。

　　第2條保障民兵擁槍的自由。

第 3 條保障房產自由，這條源於在美國獨立戰爭之前，英國士兵能夠恣意掠奪一般民眾的住宅並占為己有。

第 4 條限制政府在無法律允許下進行搜身、搜索（searches）與扣押（seizure）私人物品的權力。

第 5 條保障被告在法律程序中的權利，包括審判中需有大陪審團（grand jury）、一事不再理或一罪不二訴（double jeopardy）、財產遭政府沒入要能獲得正義補償（just compensation）、被告不自證己罪（self-incrimination）與審判都需三審三級制的程序正義（due process of law）。第 5 條中所提原則都成為今日民主法治社會運作中的準則。

第 6 條仍進一步提供被告人權保障，包括迅速與公開審理（speedy and public trial）、法官無私原則（trial by an impartial jury）、被告有權知道所涉罪名、證人須與被告碰面、被告與證人都有權請求律師陪同。

第 7 條將陪審團制延伸適用在聯邦法院中的民事訴訟當中。

第 8 條禁止「過量保釋」（excessive bail），也就是法官在審判前所給予被告的保釋金條件不得過於嚴苛，這條原先是從英國的普通法（common law）中過來的。

第 9 條提到憲法內沒有完全條列出來的權利並不代表人民不享有。

第 10 條即前面所提到的剩餘權，聯邦政府僅享有憲法所條列出來的權力（power），如果沒有條列出來，則這些權力歸屬於州與人民。

除了權利法案，第 13、14、15 條與種族平等有關，第 19、23、24 與 26 條與女性、哥倫比亞特區（華府）、投票稅、18 至 21 歲公民權益有關，這幾條都與弱勢族群保障有關。第 17 與 22 條則與政治參與有關，但觸及的是所有選民，而非特定族群的選民；第 17 條提供直接選舉參議員的方式。第 22 條在小羅斯福總統打破美國總統不做超過兩任的慣例後所制定，規定美國總統不能擔任超過兩任共八年。至於第 11、12、20 與 25 條皆非針對特定族群修改，而是某些歷史事件發生之後才產生，例如第 12 條規定選舉人團選民有 2 票，並且分開選擇總統與副總統，這也是由於 1800 年的那場總統大選中，傑佛遜與阿龍‧伯爾（Aaron Burr）獲得同票數所致。第 20 條

則縮短總統、副總統從當選到宣誓就職的時間。另外還有兩條改變了聯邦政府的權力與運作過程，分別是第 16 條允許聯邦政府課徵薪資稅，與第 27 條限制國會議員若爲自己加薪，在加薪生效前應先舉辦國會選舉。最後的第 18 與 21 條則爲禁酒令與取消禁酒令互相抵消。整體而言，憲法本文第 7 與 27 條增修條文有四大特徵：

1. 「政府各分支」與「州與聯邦的權力分工」被明確列舉出來（增修條文第 10 條）。
2. 未經明確授權，政府不能隨意擴大自己的權力（增修條文第 1 條）。
3. 明確規定公民權利（增修條文前 10 條，即權利法案）
4. 憲法通過「分權與制衡」與「司法審查」（judicial review）的原則，讓政府部門互相監督。

　　然而，憲法明文規定是一碼事，憲法運作則稱爲憲政，又是另外一碼事，憲政運作細緻而綿密，由政治學家的眼中看出去，會比從法律學者的法學邏輯來討論會更符合眞實。

第三節　憲法實踐

　　憲政是動態的憲法實踐，遠超過只有對憲法法條的討論，而且這個實踐憲法的過程複雜而細緻，或有許多美國政治文化參雜其中，但整體來說包含以下 4 個部分：

1. 習俗與慣例（Custom and Usage）

　　憲法保留詮釋空間與調整空間，習俗與慣例扮演的即是隨著時代變遷與需要，可以作爲憲政運作時微調的基礎與根據。例如，憲法未提及政黨，事實上在很多開國元勳眼裡，政黨就如第 10 號《聯邦黨人文集》所說的派系。然而，在立憲之後，隨著選舉政治漸上軌道，政黨變爲常態。政黨在國會選舉中提名候選人，政黨也推派選舉人團成員，但這些在憲法中都隻字未提。

2.行政裁量（**Executive Interpretation**）

所謂的「enumerated powers」，**即明確列舉的權力**，指憲法明確授予聯邦政府某些機構或部門的權力，例如授予國會的權力就明確地列舉在憲法本文第 1 條。同樣的，總統也享有憲法明確列舉的權力，特別是從華盛頓擔任總統以降，總統的權限藉由行政裁量權與日俱增，終而成為總統制國家的特徵，這也是立憲者原先沒有想到的。**暗示性的權力**（implied power）則指憲法並沒有明確規定，但是由明確規定所衍生出來的權力，例如在憲法本文第 2 條第 3 項（Article II, Section 3）給予總統接待大使與部長的權力（receive ambassador and other public ministers），華盛頓擔任總統時即將其解釋為總統有承認外國政府合法性的權力。**特殊的權力**則是「prerogative power」或稱「inherent powers」，此權力並未明確地在憲法中被寫出，但一般認為就是總統享有的權力，屬於這種權力的例子即「行政特權」（executive privilege），即總統對於國家安全與個人隱私有保密的權力。另一個例子為總統對於高階文官免職的權限，這個部分並未在憲法中明定，總統是否可以單方面免職文官？或者這麼做需要參議院同意？這個議題在南北內戰後，安德魯·詹森總統（Andrew Johnson）被罷免但未成功之後，與威爾遜總統（Woodrow Wilson）和小羅斯福總統在免職許多高階文官之後也成為熱門議題。總之，行政裁量權成為憲法實踐時的微調途徑。

3.國會詮釋（**Legislative Interpretation**）

國會的工作既然是立法，則國會議員必然會遭遇到解釋憲法的問題，有些國會通過的法律根本性地改變了政府的責任與功能。例如 1935 年通過的「社會安全法」，根本性地設定了政府的社會福利政策。1946 年的「就業法」，給予聯邦政府權力去改善人民經濟條件與就業機會。這兩條法律通過之初都引起極大爭議，反對者認為已經逾越了憲法範圍，不過參眾議院皆主張這是憲法所保留國會詮釋的空間，最後也說服了社會大眾。

4. 司法審查

　　司法審查指的是最高法院對於行政與立法部門的法案（acts）或者舉措（action）有宣布違憲的權力。司法審查的確是一個非常態性（extraordinary）與非民主（undemocratic）的權力，憲法中沒有一處明定最高法院有資格對於行政或立法部門的作為宣布違憲的權力，畢竟行政與立法部門的官員都是民選的，但大法官不是，因此沒有「被任命的大法官」去宣告「選舉出來的總統或國會議員」作為違憲的道理。然而在 1803 年，**「馬伯瑞控訴麥迪遜案」**（*Marbury v. Madison*）成為司法審查權確立的判例，在最高法院的章節將細緻討論。最高法院的司法審查權影響層面之廣，無法受到忽視，例如最高法院詮釋憲法增修條文第 14 條具有「平等代表權」（equal protection of the laws），就改變了眾議院與州議會的構成，也讓美國的種族關係走到爆炸性的轉捩點。司法審查也在許多關鍵時刻（尤其在 1960 年代）提升了政治與社會平等。

結語

　　總之，憲法的高修改門檻確保了憲法不容易遭到修改，維持了民主系統的穩定性，同時憲法條文闡明許多廣泛的立國精神與原則，又許多條文刻意保持模糊性，藉由風俗習慣、行政裁量與司法審查制定，讓憲法能夠與時俱進，解決當代課題。接下來我們討論憲政運作下，特別能呈現美國特殊性的治理模式──聯邦主義。

Chapter

3

聯邦主義

　　美國從制定聯邦憲法以來，即成為聯邦制（federalism）國家，也注定了聯邦政府與州政府之間在歷史進展中不斷地糾葛與拉扯。因聯邦制而產生的糾紛，例子不勝枚舉，這些糾紛已經成為美國政治的核心爭點，常常引起國內外媒體的大幅報導，政治人物也會對這些爭點表態，甚至連最高法院都介入來干預。最近的例子包括：「患者保護與平價醫療法案」（The Affordable Care Act，俗稱歐巴馬健保）、亞利桑那州的移民法（Arizona's immigration law）與法院對德州選區劃分的判決（The court cases over Texas' interim electoral map）。這些例子都說明了一個簡單的零和賽局：聯邦是否有權介入州在某些事務上的自主權？或者說，憲法是否言明聯邦可以在某些事務上直接或者間接介入到州的自主權？

　　就歐巴馬健保而言，有一些人認為全民健康保險應該由聯邦政府統籌規劃，另一些人則認為應該保留給各州自決，甚至最高法院的法官就此議題看法也分歧。就亞利桑那州的移民法而言，該法賦予該州執法人員能夠針對疑似非法移民逕行盤查，卻被最高法院判定違憲，認為此權力應該保留給聯邦政府。而德州選區劃分的案例則是完全相反，最高法院站在州權力的這一邊，由於 2010 年時德州人口增加，可多獲得 4 席眾議員，因此德州州議會決定重劃選區來決定這 4 席的選區所在。當時德州州議會由共和黨控制，因此選區重劃的結果，極可能讓 4 席中選出 3 席的共和黨員。但這個由州議會來重劃選區之權，可能已經侵犯了聯邦法律「投票權利法」（Voting Rights Act），該法規定有蓄奴歷史的州——包括德州——應該先確認選區重劃的方式並不涉及種族與性別偏見才行，但德州政府不服，因此聯邦與州開始打官司。換言之，州議會舉措與聯邦法律相牴觸，最後最高法院判決德州保有

這個選區重劃的自主權。

　　所謂的**聯邦主義**，意指「地方政府與中央政府共享治權的一種政治系統」。根據憲法增修條文第 10 條：「任何沒有說要賦予聯邦的權力，也沒有說禁止給州的權力，都保留給州。」（not delegated to the United States by the Constitution, nor prohibited to it by the states, are reserved to the states respectively, or to the people）。基本上，此條文指明了州是一個具有主權的政府（sovereign government），州由人民所授權並且不臣服在聯邦政府之下。原則上州與州在治理過程中彼此平等並且互相獨立，只要州不去違背聯邦憲法的任何條文，則州享有制定法律的權力。例如，憲法並未禁止州允許同性婚姻，但實際上，同性婚姻所牽扯的聯邦與州的互動與運作，比起憲法白紙黑字的明文規定來的複雜許多。

　　事實上，在聯邦主義之下聯邦與州政府各應扮演何種角色，其實都與當時支持聯邦者（federalists）與反對聯邦者（anti-federalists）之間的爭辯有極大關係。對州來說，他們盡可能保留許多權力，並且嚴防聯邦政府入侵這些權力範疇，但對聯邦來說，聯邦政府仍想要建立一個具有一致性強制力的機制（regulatory uniformity），並且使美國成爲更爲統一的民族國家（nation state）。在聯邦政府與州政府意見相左甚至發生衝突時，聯邦最高法院一直都扮演著關鍵的角色，聯邦最高法院的判決常常具有道德高度，但問題在於聯邦最高法院手下並沒有警察或者軍隊等執法單位來去執行這些判決，但是聯邦政府卻可以直接指揮執法單位。在美國歷史發展中，尤其是涉及到奴隸制度與種族衝突問題時，聯邦政府往往憑藉著聯邦最高法院的判決就對州政府施以強制力。例如聯邦最高法院認爲在南北內戰後，南方雖然不能再蓄奴，但是白人與黑人之間必須要分開生活，而且這無礙於平等原則（separation but equal），這是自 1865 年以來南方的生活準則。一直到了近百年後的 1954 年，聯邦最高法院反轉，認爲分開生活就不可能是平等的，也就是「布朗訴托皮卡教育局案」（*Brown v. Board of Education*）。換言之，種族隔離政策（segregation）是錯誤的，違反憲法增修第 14 條的平等原則。在這項判決下來之後，大部分的南方州仍舊誓死反抗，認爲種族隔

離應該是州政府的權限。阿肯色州是反對最強力的一個州，州長奧瓦爾·福布斯（Orval Faubus）誓死反對「黑小孩進白學校」就讀，甚至還派出了直隸於州的國民軍擋在校門口不讓非裔高中生進入。聯邦政府為了執行這項判決，遂由聯邦軍隊在 1957 年護送 9 名非裔高中生進到阿肯色州的小石城高中上課，此即著名的小石城事件（Little Rock Nine）。

第一節　三種治理機制

既然聯邦制是聯邦憲法的精髓與機制，而此機制雖是開國元勳的理想，卻也因為聯邦與地方對此機制的認知落差導致衝突，甚至為此而打了一場南北內戰。因此，我們必須先理解在治權之上，聯邦與州的權力界限在哪裡？接下來介紹三種分辨權力界限的治理機制：邦聯（confederation）、單一制國家（unitary government）與聯邦。首先，如下圖，在邦聯系統之下，中央政府或聯邦政府（central government）無法從民眾那裡直接獲得授權，而且只能藉由地方政府所允許的範疇來獲得地方政府的授權。換言之，邦聯制使得中央政府臣服於地方政府之下，美國在制定聯邦憲法之前即屬此制，中央政府於此情形之下沒錢沒權，全部都需要地方政府的授權與撥款，例如美國在打獨立戰爭時中央要調度軍力與分配資源全需要看州政府的臉色。

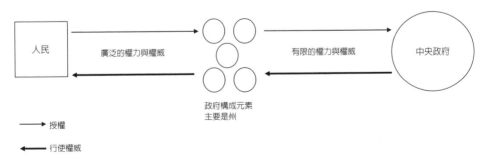

圖3-1　邦聯制運作

　　像這樣貧弱的聯邦政府，有兩個特徵：1. 州政府有權自願退出邦聯；
2. 任何涉及到中央政府治權範疇的改變，都需要所有成員州的同意。在當代
國際社會當中，沒有主權國家是採取邦聯制的，但是超國家組織如歐盟與聯
合國的確是採用邦聯制作為這些組織的運作機制。

　　第二是單一制國家，在這種國家當中，權力與資源集中在中央政府手
上，中央政府創造出地方政府，但是地方政府只能夠擁有中央政府准許它可
以運作的權力，中央政府保留最為重要與廣泛的權力，中央給地方的權力可
以隨時減少甚至收回。現今絕大部分的國家都是單一制國家，而這類型國家
的治理效率通常也比較高。

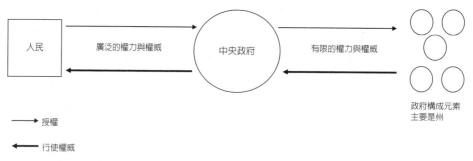

圖3-2　單一制國家運作

　　最後是聯邦制國家，聯邦制國家的運作介於邦聯與單一制國家之間，
於下圖做說明。通常在聯邦憲法規範下，州與聯邦各有自己的管轄與責任歸
屬，當代美國的政治系統即屬於聯邦制，而且聯邦與州的權力來源並非彼
此，而是來自於憲法，這點是聯邦制最大的特徵，加拿大、瑞典與德國都有
類似的聯邦制設計。

　　就聯邦制國家的特徵而言，有以下兩個部分：

1. 如果聯邦與州政府的權力範疇要改變，則兩個層級的政府都必須參與決
　　議。最顯而易見的例子就是美國憲法的增修必須要有國會議員與地方政
　　府或者民眾的參與始得通過。

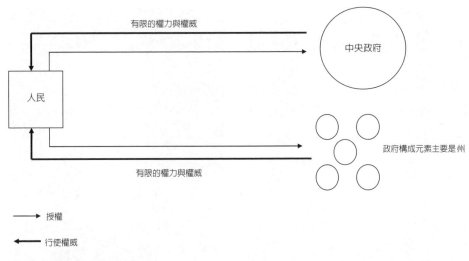

圖3-3　聯邦制國家運作

2. 成員州即使出於自願也不能擅自離開聯邦，這一點與邦聯不同，而 1860
年的南北戰爭正是這種情形，當時的南方州因為堅持蓄奴而脫離聯邦，
北方州不准，因此就引發了南北內戰。最後的結果不管是在法院裡還是
在戰場上，北方都贏得了勝利。

第二節　聯邦制的優缺點

　　開國元勳之所以會選擇聯邦制，主要是因為他們體會過其他制度的缺
點。尤其是殖民母國英國是單一制國家，中央集權的運作模式對於當時美國
殖民地的需求充耳不聞，導致後來的美國人對於中央集權感到反感。另一
方面，反對制定聯邦憲法的那群人，儘管在成者為王、敗者為寇的邏輯下
鮮少被歷史記載，但是「反聯邦者」也包括參與獨立戰爭的派屈克‧亨利
（Patrick Henry）與山繆‧亞當斯（Samuel Adams），都需要有一個支持制
定聯邦憲法的理由。因此，能兼顧州與地方利益的聯邦制，遂變成支持與反
對聯邦者之間的一個平衡點。

圖3-4　派屈克‧亨利
說明：派屈克‧亨利最著名的言論：「不
　　　自由，毋寧死。」

圖3-5　山繆‧亞當斯
說明：山繆‧亞當斯是美國第2任總統約
　　　翰‧亞當斯的堂哥。

　　美國幅員遼闊，人種與文化構成均十分複雜，因此採用聯邦制具有許多
優點，首先，**聯邦制能發揮分權與制衡的功能**，聯邦政府中的行政、立法、
司法已經三權分立，甚至國會還分成參議院與眾議院上下兩院，又是另一分
權與制衡。聯邦制之下，整個政府結構進一步分為聯邦與州政府兩層，從
尚一雅克‧盧梭（Jean-Jacques Rousseau）的觀點來看，大一統而集權的政
府就有可能侵害人民自由與人權，因此將政府縱切橫切使其四分五裂是有必
要的，而聯邦制就有這項功能。

　　其次，**聯邦制能夠適應與包容一個幅員遼闊大國裡的多重利益**。而這個
功能憑藉的正是給予州政府獨立的資源與權力，如此一來地方的聲音與需要
才能夠因地制宜地受到照顧。同時，聯邦政府也能夠保留更為關鍵與核心的
權力來處理各州之共同利益，聯邦政府依照聯邦憲法對於州政府的強制力也
能適時地避免州政府被地方的民粹勢力所綁架，違反了公平正義或者種族平

等的原則。

第三，正如前最高法院法官路易斯‧布蘭迪斯（Louis Brandeis）所說，聯邦制最常被提及的一個優點是**各州的政策實行構成一個最佳的實驗室**，一項政策如果在一個州成功執行，則鄰近的州就會學習並且採用；反之，若有一些新進政策成效不盡理想，當然其他州就不予採用並且記取該州教訓。由於美國一個州的面積往往就與德國、法國或英國一樣大，因此整個美國的總面積其實就等於整個歐盟。在各州能夠孕育獨特而且獨立的地理人文情況下，同樣一個政策在不同州實行，就會有不同結果，這些豐富的各州變化，能夠使得公共行政、政治學者與政府官員很便利地進行「州政策的實驗」，有效提升州的治理品質。就州政策的實驗與政策擴散的實例，如 1920 年代進步時期（Progressive Era）女性投票權逐漸廣受採納，1920 年通過憲法增修條文第 19 條，宣判聯邦或者州的任何法律禁止女性投票皆屬違憲，從那時開始，各州即逐步解放女性。儘管有些州遲疑，但藉由州政策的實驗還是漸漸學習並採納了這項政策。

然而，沒有完美的制度，聯邦制當然也有缺點。第一，在聯邦制之下，**小州（人口數較少的州）在政治、社會與經濟面向上都比較均質，也容易受到派系把持**，也就是說，如果小州有非常偏頗的意見領袖或者一小群人，則該州將受煽動家（demagogue）與民粹（populist）所把持。而美國在歷史上即遇見南方有許多小州在種族議題上受到這些極端右派勢力的操縱與把持，這些州甚至不惜與中央對抗。正如威斯康辛州州議會議長湯姆‧洛夫特斯（Tom Loftus）所言：「儘管州議會可以是一個個別代表團結起來爲了公益而奮戰的機構，但它也有可能是一個蒐集了一群個人主義分子的餿水桶（cesspool）。」充分的說明到了全美各地，地方勢力可以是非常邪惡而且無法反省的。

第二，在聯邦制底下，**各州法律歧異性過大，對於國家統合不利**。在西維吉尼亞州，養狗是需要被課稅的，但是到了紐澤西州卻不用。德州每年針對殺人犯執行死刑，但威斯康辛州縱使針對殺人魔也不會以死刑伺候。在內布拉斯加州，速限是每小時 75 英哩，但是這時速一旦越過州界到了堪薩斯

州或者愛荷華州，駕駛人馬上超速。換言之，在美國一跨越州界，立即進入
另外一個截然不同的政治與法律系統。實際層面來說，一個跨州做生意的人
光是為了適應與遵守各州間不同的法律標準，就會一個頭兩個大。不過反過
來說，狡猾的商人也知道運用各州之間的法律落差來節稅（合法）甚至逃漏
稅（非法）。

　　第三，**聯邦與州的分工與各州間的歧異性，難以讓選民對各級政府究
責**。儘管州政府保有許多執行政策的自由度，但是大部分政策執行所需的預
算仍由聯邦政府而來，因此當一項政策——例如社會福利——執行不力時，
是州政府還是聯邦政府應該負責？在民主政治即為責任政治的原則之下，美
國的聯邦制反而容易破壞這項原則。

第三節　聯邦制的責任分工

　　為了讓聯邦制成為聯邦與地方政府合作的機制，而非衝突的原因，因
此闡明聯邦與州政府各有何權力範疇並且據此進行分工就變得十分重要。而
這些責任分工有一部分很清楚地在憲法中被載明，另一些部分並未有憲法明
文規定，反而是藉由憲法條文的模糊性來衍義，並且在歷史發展中仍由各級
政府在爭執與磨合當中。在聯邦制運作當中，問題不僅是誰得到什麼而已
（who gets what）？還有哪一個層級的政府獲得什麼？為了回答這個問題，
首先得必須回到憲法本文脈絡來討論。

1. 聯邦政府的權力

　　憲法第 1 條第 8 項闡明了聯邦政府有徵稅、借款、管制商業、鑄造
國幣、宣戰與組織和支持陸軍與海軍的權力。這些稱為**明確列舉的權力**
（enumerated power）。但聯邦政府的權力還不僅止於此，在第 1 條第 8 項
中也給予聯邦政府暗示的權力（implied power），提到國會應有權力制定法
律給予聯邦政府前述的權力。據此，開國元勳如麥迪遜，認為聯邦政府享有

暗示的權力，但這個暗示權力具體的範圍爲何，卻仍在一個演化的過程。

第一個暗示權力之確立回溯至 1819 年的大法官釋憲案「**麥卡洛克訴馬里蘭州案**」（*McCulloch v. Maryland*），此案涉及到聯邦政府是否有權設立中央銀行（national back）的爭議，當時的財政部長漢彌爾頓（Alexander Hamilton）向國會申請設立中央銀行，但時任也是首任總統華盛頓對於此舉的合憲性存有疑惑，同時內閣閣員對此意見不一。漢彌爾頓當然贊成，但是向來照顧州權的傑佛遜則反對，最後華盛頓採取漢彌爾頓的立場。但事件並未就此平息，二十五年後，馬里蘭州向中央銀行位於該州的一個分行課稅，卻遭到當時中央銀行的出納詹姆士‧麥卡洛克（James McCulloch）拒絕，認爲馬里蘭州此舉是州權侵犯聯邦權，僵持不下之後麥卡洛克提起釋憲。最後最高法院選擇支持麥卡洛克的立場，也就是肯定了漢彌爾頓認爲中央銀行對於聯邦制運作的必要性。此判決至關重要，導致劃時代的影響：確立了中央政府擴充其暗示性權力的面向，州方面必須屈服。

從另外一個角度來說，最高法院幾乎就是決定聯邦政府權力範疇的那一組發動機，例如最高法院對「跨州商業條款」（interstate commerce clause）詮釋爲給予聯邦政府具有核發營業執照給紐約州船舶業的權力，是爲「吉本斯訴奧格登案」（*Gibbons v. Ogden*, 1824）。還有聯邦政府可以規範農夫能夠餵養雞隻特定飼料（*Wickard v. Filburn*, 1942）與規範個人之間不受種族歧視所擾（*Heart of Atlanta Motel v. United States*, 1964 與 *Katzenback v. McClung*, 1964）。在建國之初，最高法院的判決逐漸落在兩個開國元勳最在乎的面向：跨州商業行爲與徵稅，而這兩個面向都是聯邦政府運作時所需資源的主要來源。雖然最高法院在判決過程中不斷創造政治規範與歷史軌跡，而且也不見得每一項判決都能邏輯一致，但大體而言這些暗示性的權力藉由最高法院的判決是往擴充聯邦政府權力的方向發展。

2. 州政府的權力

雖然憲法學界與政治學界都同意最高法院擴充聯邦政府權力多於擴充州

政府權力，不過憲法仍舊保障部分州權，也規範各州之間針對彼此有一些應盡的責任與義務。與聯邦政府不同的是，憲法本文並未對州政府給予確切的權力範疇，當時聯邦支持者爲了安撫反對聯邦者，只在憲法增修條文第 10 條，提到「任何沒有說要賦予聯邦的權力，也沒有說禁止給州的權力，都保留給州」。雖然後世支持聯邦者常認爲第 10 條增修條文是多餘的，因爲憲法本文本來即有這樣的隱喻，但是反對聯邦者或者說支持州權者，卻認爲此條文對於保障州權力至關重要。儘管整個 20 世紀絕大部分的最高法院判決都偏向於擴充聯邦權，但仍有例外，譬如在「美國訴羅培茲案」（*United States v. Lopez*, 1995）當中，最高法院認定在 1990 年通過的「校園無槍區域法」（Gun Free School Zones Act）是違憲的，在此判決上，偏向了支持擁槍權並由共和黨執政的州。除此之外，各州都還是享有一些基本權力，例如警察權，同時對於公共衛生、安全與道德界線仍舊有通過州法律以限制之的權力。畢竟聯邦政府不可能有充足人力派任到各州去執行聯邦法與州法律，因此由州政府實際執法的結果下，州權遠比想像中來的大，同時只要州法不違反「聯邦憲法」（the Federal Constitution）也不違反本州的「州憲法」（state constitution），或者州權不被法院認定違反公平正義與公序良俗（例如禁止女人騎重機），則州都還是受到立法與執法保障的。此外，如果聯邦政府所擁有明確列舉的權力與暗示的權力，同時與州的管轄權重疊，這個時候則爲兩級政府均有的權力，又稱爲**共同權力**（concurrent power），包括聯邦與州政府徵稅與借款的權力。

3.憲法對於州的保障與規範

　　在聯邦系統之下，憲法針對以下 5 個面向指導各州：

(1) 憲法保證聯邦政府會保護各州不受外侮與叛變，國家的武裝力量是聯邦政府責無旁貸的責任。

(2) 憲法保障州爲共和形式的政府（republican form of government），儘管這個詞彙並沒有被明確定義，但指的是政府依照人民的同意來行使治

權，並且也採行代議士政治，選舉地方議員為民喉舌。

(3) 憲法保障各州在參議院中都具有平等代表權，不管是人數多還是人數少的州，同樣都有 2 名參議員代表，這部分也是支持聯邦者當初能夠說服反對聯邦者的重要理由之一。

(4) 在憲法之下，各州在加入聯邦之後都享有平等權利，每一州都享有相同程度的權力並負相同程度的責任。每一州的主權（sovereignty）重量相同，不會因為財政狀況或者人種不同而有一州較另一州優先的情況。

(5) 最後，要修改憲法，至少需要三分之二州的同意，也就是三十八州同意，此門檻旨在保護州權。畢竟在憲法通過要件上，最後必須由州議會或者州的人民集會通過，州所扮演的角色其實正是「人民頭家」的角色。

4.仲裁聯邦與州的爭議

　　憲法對於聯邦與州在發生爭議時有提出解決機制的規定。憲法本文第 6 條闡明了美國憲法、國會所通過之法律與聯邦政府所簽訂之條約（treaties）應該都是領土內的最高法律（supreme law of the land），州憲與法律在最高法律之下。據此，憲法創造了一個法律的位階，憲法優於聯邦法、州法與州憲法；聯邦法與條約優於州憲法與州法律。而憲法也隱晦不彰的提到：聯邦最高法院是聯邦系統中的最後仲裁者，而這個仲裁者對於憲法享有詮釋權。雖然「司法審查」制定常常偏向支持聯邦權力，但是州權力也絕非不受保障，事實上，在聯邦參眾議院中的所有代表皆來自於地方，捍衛地方利益與立場常常就是這些代表的信仰與行為準則，每當聯邦與地方有衝突時，這些代表為了能夠順利連任，常常會支持地方或者州權力。同時，民意調查也常指出一般民眾對於州政府官員（如州長）的好感度，高於對於聯邦政治人物（如總統）的好感度，並且大多支持州在社會福利、交通、教育、犯罪與農業面向上的政策。1996 年的總統參選人杜爾（Bob Dole）即仿照增修條文第 10 條作為競選主軸，就連民主黨柯林頓總統（Bill Clinton）也在連任時公開支持權力下放（devolution）給州，因此在聯邦制運作下仍有一塊州權力來源的基礎。

第四節　聯邦制的演化

　　嚴格說起來，在美國這個聯邦制國家之下，不僅能分成「聯邦」與「州」兩級，還可以分出第三級「地方」，這三級政府在歷史演化過程中，雖然司法審查制定在大部分的時候給予聯邦擴權的空間，但由於美國人天性愛好自由，對於當年大英帝國的強勢與專制感到反感，因此民意恐怕不會太過支持一個強而有力的聯邦政府。而參眾議員也由各地方選出，在問政時同樣也會反應這種對於中央集權的抵抗。也就是說，其實聯邦與州（地方）的權力程度各有消長並且時常交替，一個較爲嚴謹觀察聯邦權、州權與地方權的方式，就是觀察各級政府預算的支出。在 20 世紀之初，所有各級政府預算的支出不到 20 億美金，在 20 世紀結束之際，則跳了 1,000 倍來到 2 兆美金。在整個 20 世紀，共有 3 個主要歷史事件可以作爲分水嶺：第一次世界大戰之後（1914 至 1922 年）、經濟大蕭條與羅斯福新政（1933 至 1938 年）與第二次世界大戰之後（1938 至 1948 年）。

　　如果將聯邦、州與地方三級政府的支出加總爲 100%，則在 1950 年代中期，聯邦政府的支出是 1902 年時的兩倍，這段期間聯邦預算的支出幾乎就是按照國家發展原先的設定逐年增加的，軍事項目一直都是聯邦政府支出的最主要項目，一戰與二戰的爆發也讓聯邦政府專注在發展軍備，因此也拉高了聯邦支出的比例。當 1930 年代經濟大蕭條爆發，聯邦政府相較於州與地方政府，反而有更好的理由去擴編與擴大支出以因應危機，也更能因應聯邦政府管理貨幣、銀行與州際商業之所需。自從 1913 年的憲法第 16 條增修條文通過後，聯邦政府由於可以由國會來課徵所得稅，因而擁有更爲健全的稅基，這些都是州與地方政府所缺乏的。當時在民主黨強勢總統小羅斯福的領導之下，聯邦政府運用這些預算進行了一連串的改革。值得注意的是，將聯邦的擴權認爲就是排擠州與地方的權力可能是一個不精準的看法，基本上，聯邦再如何擴權，仍是由州與地方來分配教育資源與執行法律。再者，各級政府的預算支出其實是加總出來的結果，無法看出州政府與州政府之前的借貸關係或者更細部的金流。事實上，整個聯邦主義的歷程以三種形態先

後呈現：雙軌式（Dual Federalism）、合作式（Cooperative Federalism）與新聯邦主義（The New Federalism）。

1. 雙軌式聯邦主義

所謂的雙軌式聯邦主義，意即聯邦與州政府各有不同與獨立的管轄，聯邦政府負責全國事務，包括國防、鑄造貨幣、州際與國際貿易，州政府則管轄地方事務，意即所謂的州警察權（policing power），並不是單指警察的指揮調度而已，還廣義的包括保護公民生命、財產、福利而制定法律的權力，也包括教育與醫療。理論上，聯邦權與州權劃分清楚，應該不太會有爭議，而 19 世紀時最高法院幾乎都是以雙軌式聯邦主義作為判准，來仲裁聯邦與州政府的爭議。從開國之初，漢彌爾頓成功建立了中央銀行，即確立了聯邦政府在政治系統中的核心地位，爾後安德魯·傑克森（Andrew Jackson）在 1829 年成為美國第 7 任總統，可以說在一定程度上挫敗了聯邦主義的發展，並且又回到反聯邦主義者的老路子。傑克森任命羅傑·坦尼（Roger Taney）為最高法院的首席大法官，坦尼被認為是雙軌式聯邦主義的始作俑者，而坦尼的作為也與前面的首席大法官約翰·馬歇爾（John Marshall）有很大的區隔，馬歇爾是聯邦憲法的信奉者。在這段期間，聯邦政府與一般美國人的日常生活較為脫節，而爭端時常發生在州政府與州政府之間。有時候州際爭端幾乎失控，而傑克森就會以派遣聯邦軍隊為要脅來鎮壓那些幾乎走上叛亂之路的各州。然而很弔詭的是，這是重視州權輕視聯邦權的傑克森總統最不願意做的事情，說明了在聯邦制度之下，完全放任雙軌式聯邦主義的運作，其實是有困難的。既然是一個國家，聯邦政府再如何自由放任，面對到州政府間的衝突仍須採取積極作為。

2. 合作式聯邦主義

與雙軌式聯邦主義迥異的是合作式聯邦主義，這個主義認為州與聯邦之間的責任分工很模糊，並且不同層級的政府間仍舊必須共同負擔不同責

任，換言之，聯邦與州需要聯手回應市民社會的需求。儘管合作式聯邦主義在聯邦憲法訂定前就已經被採用，但其發展最力的時期主要是在大蕭條時代。1787 年在訂立「聯邦憲法」之前，當時的大陸國會通過「西北地區法令」（Northwest Ordinance），規範聯邦供給州大量的土地作爲教育之用。而由「聯邦供給州資源來達成所設定的政策目的」遂爲合作式聯邦主義的明確定義。而除了聯邦補助地方興辦教育，國會也在 19 世紀時資助州與地方造橋、鋪路與建水壩。就早期的聯邦政府而言，其最多的資源就是土地，於是一開始都是由聯邦政府捐贈土地給州與地方，到了 19 世紀末，補助形態（grants）則由土地轉爲錢，而這種新的補助形態又成爲「贈款補助」（grant-in-aid），也就是爲什麼合作式聯邦主義常被稱爲是財政聯邦主義（fiscal federalism）。20 世紀之後，由於聯邦政府開徵所得稅（income tax），因此有更多的盈餘來去補助州與地方，1912 年時贈款補助僅有 500 萬美金，才來到 1920 年就達到 3,400 萬美金。這些錢都用來投資在地方教育、高速公路與農業，當時國會甚至補助地方設置成人與兒童保險。

　　然而，真正把合作式聯邦主義推至極致的非 1930 年代的羅斯福新政（New Deal）莫屬，此時由於州與地方政府完全沒有應付經濟大蕭條的能耐，因此在全美各地因爲經濟崩壞產生社會與政府失靈的問題，當時失業率飆升，許多人流離失所，於是聯邦政府大舉介入，贈款補助從 1932 至 1935 年間，從美金 2 億元驟升至美金 20 億元，小羅斯福總統當時不把這些錢留在聯邦讓聯邦官員來運用以挽救經濟，而是全數撥到州與地方讓當地的政府去決定如何支出，以重建家園。當時新政與過去聯邦政府的贈款補助在兩方面有根本上的不同：

(1) 聯邦補助重點從鄉村區轉到都會區。

(2) 很大一部分的聯邦補助跳過州政府，直接挹注基層，包括市與郡。

　　一開始，最高法院反對羅斯福的大刀闊斧，認爲新政違反了雙軌式聯邦主義的精神，聯邦的影響力也已經入侵州，當時最高法院認爲這是違憲的。小羅斯福對於最高法院的判決感到憤怒，並且以「增加大法官人數以改變最高法院構成」（pack the court）作爲威脅。換言之，他誓言在國會推動立法

要將大法官的人數增至 15 人（原本 9 人），但這一項舉措並未受到當時大多數民意的支持，小羅斯福見輿論並不完全站在他那一邊，最後還是撤回新政。不過最高法院在 1941 年「美國訴達比木材公司案」（*United States v. Darby Lumber Co.*）的判決中，仍舊認定新政合憲，並且詮釋憲法增修條文第 10 條中有關於聯邦與州的關係，新政的實行並未侵犯州權，等於宣告了雙軌式聯邦主義已經成為過去式。

　　二戰的爆發讓聯邦贈款補助的規模稍微下降，但在二戰也讓聯邦將權力急速中心化，戰時聯邦政府嚴管工資、物價與生產。1948 年贈款補助又開始追加，到了 1954 年已經回升到戰前 30 億美金的水準。到了 1960 與 1970 年代初期，由於林登・詹森總統（Lyndon Johnson）推動「大社會方案」（The Great Society Initiative），光是在 1964 與 1965 年就有兩筆鉅額的贈款補助。1980 年代聯邦政府繼續推動贈款補助，至此問題已經不再只是贈款補助是否合憲而已，除了這個答案為肯定之外，進一步的問題應該是贈款補助到了州與地方政府應該如何執行？進入到 1990 年代與 2000 年代初期，贈款補助更成為不管是主張大聯邦政府的民主黨與偏好小聯邦政府的共和黨慣用於施政與改革時的途徑。就贈款補助細項，從 1990 年開始，醫療（health）、年金（income security）與教育暨職業訓練（education, training, employment and social services）為贈款補助的前三大補助項目，往往這三項就占了總金額的七、八成。以 2000 年為例，醫療占 43%，年金占 22%，而教育暨職業訓練占 15%。從州的立場而言，他們則是比較喜歡「稅收共享」（general revenue sharing），尤其是從 1980 年代開始，聯邦只需將預算直接補助給州與地方，不限制應用的課目。但聯邦政府比較偏好「類別補助」（categorical grants），也就是由聯邦政府來規範補助所能支出的課目，而類別補助特別能藉由經費的管制來達到聯邦政府控制州政府的效果。最後，「整數補助」（block grants）則是介於稅收共享與類別補助之間的一種形態，它允許州與地方將錢用於一般政策，同時也引導州與地方比照類別補助專款專用，但留有更大的調整空間。

　　合作式聯邦主義比起雙軌聯邦主意更為彈性，但也有一些缺點。

第一，贈款補助方案異常複雜，當聯邦的錢撥款到州與地方，皆涉及
到數千個部門與局處的合作協調，但各機關往往本位主義，因此橫向溝通不
易，例如交通部門可能為了延伸建設州際公路而移除掉幾區的「貧民窟」，
但是發展了交通建設的代價就是讓貧民窟釋出的弱勢人口無家可歸，造成政
府還要想辦法去興建更多的社會住宅來安置他們。

第二，由於聯邦直接撥款給州甚至地方政府，州與地方只要滿足聯邦政
府的需求即能獲得補助，造成州政府與州政府之間，或者地方政府與地方政
府之間互不關心，也極少聯絡。更嚴重的是，州議員與地方民意代表不易監
督州政府與地方政府的施政，產生監督不力與責任劃分不清的問題。

第三，合作式聯邦主義執行起來非常昂貴，以 1994 年為例，從聯邦政
府轉到州與地方政府的預算即高達 1,960 億美金，占了全美五十州總歲入的
20%。最後，合作式聯邦主義逐漸養成一個跋扈與獨斷的聯邦政府，聯邦常
以拒發贈款補助給州與地方作為要脅，要求州與地方遵守聯邦規範，而且這
些規範往往與贈款補助本身要建設州與地方的目的毫無關聯，這種情況又稱
為「交叉制裁」（crossover sanctions）。譬如聯邦通過法令要求全美各州
將合法飲酒最低年齡提高至 21 歲，但只要有不遵從的州，就有可能接受不
到贈款補助，但贈款補助是拿來建設地方之用，與合法飲酒年齡的議題是風
馬牛不相干的兩碼子事。

3. 新聯邦主義

所謂的新聯邦主義，是將聯邦的權力收回返還給州。正如雙軌式與合作
式聯邦主義發生的時間彼此重疊，新聯邦主義確切發生的時間在學界並無共
識。即使是推動「大社會方案」的詹森總統，他在任期間提出了一個「創意
的聯邦主義」（creative federalism），主張促進各級政府之間的關係，也就
是把一些權力還給州，可視為是新聯邦主義的濫觴。但是詹森自始自終未真
正把聯邦權力完全還給州。真正使用「新聯邦主義」這個詞彙的是尼克森總
統，他在 1970 年代企圖反轉因為前任總統詹森的「大社會方案」而使聯邦

集權的趨勢。但尼克森並沒有全然成功，尼克森所採用的方法主要是「稅收共享」，但即使如此州與地方還是在聯邦影響力之下。

第一個認眞反轉合作式聯邦主義的總統，非雷根總統莫屬，他將權力從華府人士手中收回，然後返還給州與地方，但雷根的改革並不順利，也遭遇極大阻礙。首先，雷根不僅解除聯邦對州的管制，也裁減贈款補助，雷根當局甚至將稅收共享完全廢除，然後重新定義聯邦與州的關係。但非常有趣的是，當時連保守派的州（最反對大聯邦政府）也發現，其實過去由聯邦撥款來補助州與地方的方式（象徵大聯邦政府）也沒什麼不好，同時如果一下就要州與地方在財政上獨立自主，不再向聯邦拿錢，則州與地方就得自尋財源，反而增加了州長與地方政治人物的壓力。而這種情緒也反映在州政府官員與聯邦國會議員對於雷根改革的反彈之上。

再者，支持雷根的選民漸漸體悟到，聯邦管制也有好處，美國幅員遼闊，50 個州彷彿 50 個不同的國家，各州的法令規章迥異，沒有一個聯邦來統籌管理，吃虧的反而是平凡百姓。很多業者包括食品業也希望聯邦能繼續領銜，用更多的統一標準來管理 50 個州，藉以降低他們的州際營運成本。而聯邦國會爲了回應這些民間聲音，也反對雷根革新，強悍地引用「搶先」（preemption）這個法律概念，來說明聯邦法律在許多政策領域是優於州與地方法律的必要性。此外，雷根的改革似乎也是最高法院不斷將權力判給聯邦政府而非州政府的結果，在「珈希雅訴聖安東尼奧都市交通運輸系統當局」（*Garcia v. San Antonio Metropolitan Transport Authority*, 1985）的判決中，最高法院認爲既然州都已經有議員代表在參、眾議院，則聯邦的權力就應該受到保障。儘管新聯邦主義在理想上說得通，實際上卻不見得能夠完全實踐，但在雷根當局的意志之下，的確也提升了州的權力。另一方面，雷根爲了對抗 1980 年代以來的經濟蕭條，大幅降低了聯邦稅，包括所得稅從 70% 減至 28%，企業稅從 48% 減至 34%，但由於稅收減少讓聯邦政府赤字激增到 1 兆 5,000 億美金；此外，儘管雷根認爲聯邦政府的規模太大，支出也太多，但聯邦政府花在軍備與老人健保（Medicare）的部分，仍舊以每年 2.5% 的比例增加。總之，雷根推動新聯邦主義，迫使州政府財政獨立，讓

許多州推動自主經濟，有些州歡迎，但也有些州由於經濟自主的能力不高，導致了州政府增加財政負擔，讓這些州苦不堪言。

進入 1990 年，到了柯林頓總統時代，儘管他是民主黨總統，但是曾任支持州權的阿肯色州州長，並且當時聯邦國會都由共和黨掌握，因此 1990 年代推動不少返還權力給州的運動，包括 1995 年的「不補助又要求州的改革法案」（Unfunded Mandate Reform Act, UMRA），由柯林頓與聯邦國會聯手通過，大幅地限制聯邦在未補助州、地方與印地安人（原住民）保留區的情況之下又要要求與限制州的命令。事實上，在 1980 年代末期與 1990 年代初期〔老布希（George H. W. Bush）總統時期〕，不補助又要求州的命令造成許多州的抱怨，也常被認為是聯邦濫權的明確證據。

到了 1996 年，全美的社會氛圍都是抑制聯邦權但提升州權，因此總統與聯邦國會通過了社會福利改革（welfare reform）法案，當法案通過變成法律，由聯邦供給的「提供給未成年子女家庭」的「資格權益方案」（Entitlement Program Aid to Families with Dependent Children）遭到完全刪除，一般所謂的「資格權益方案」，係指將某些特定利益提供給特定身分的人的聯邦補助方案，也給予州更多統籌規劃州自己福利政策的彈性空間。事實上，整個 1990 年代甚至到了 2000 年，最高法院一反過去判決支持聯邦權的趨勢，有 4 條新的判決對於回復州權有利：

(1) 紐約州訴美國（*New York v. United States*, 1992）：聯邦法律針對州政府對於低劑量放射性廢棄物來究責是違憲的。

(2) 普林茨訴美國（*Printz v. United States*, 1997）：聯邦政府不應該依照 1994 年通過的「布雷迪手槍管制法」（Brady Handgun Control Act），來要求州執法單位對罪犯進行身分調查。

(3) 艾爾登訴緬因州（*Alden v. Maine*, 1999）：公民不能採用任何聯邦法律來控告州政府。

(4) 金摩訴佛羅里達校務委員會（*Kimmel v. Florida Board of Regents*, 2000）：在任何州內部工作的員工不能在聯邦法院提起「年齡歧視」的控告，基本上代表著聯邦國會不能迫使州政府對於其轄內民眾間年齡歧

視的案件負責。

到了歐巴馬時代，**合作式聯邦主義**又有復甦的跡象，歐巴馬善用聯邦對州的資源分配，來說明他在競選總統時「改變」的口號可以落實。從 2008 至 2009 年，聯邦對州與地方的補助從國民生產毛額的 3.7% 攀升至 4.6%，同時，2008 年爲了拯救金融海嘯，聯邦所支出的 7,800 億美金紓困案，有三分之一都流至州與地方政府讓他們彈性運用。很顯然歐巴馬並不信奉新聯邦主義，而是希望藉由聯邦的補助來推動政綱。解讀歐巴馬時代聯邦權的抬頭，與其說是在財政意義上的，倒不如說是在社會意義上的：歐巴馬時期總共提名了 2 名自由派的大法官艾蕾娜・凱根（Elena Kagan）與桑妮雅・索托瑪約爾（Sonia Sotomayor），顯著地平衡掉首席大法官約翰・羅伯特（Roberts）轄下的保守風氣。而 2015 年的判決「奧貝格費爾訴霍奇斯案」（*Obergefell v. Hodges*），最高法院認爲同性婚姻權受到憲法保障，各州不得立法禁止。儘管歐巴馬在此案中未明確表態，但態度模稜兩可也被外界解讀爲暗助同性婚姻勢力。

另外一個由歐巴馬大舉擴張聯邦勢力的明證，即爲其推動全民健保。歐巴馬對於原本應該受到州政府管轄醫療事務的民眾，依聯邦預算直接進行補助。許多保守派的州對於歐巴馬健保的侵權感到不滿，數起憲政官司應然而生。在 2015 年的「金恩訴博偉爾案」（*King v. Burwell*）中，最高法院支持歐巴馬當局有補助健保之權，歐巴馬當局獲得空前勝利，但最高法院也留有伏筆，認爲聯邦政府並未享有對於健保重大問題的詮釋權，讓健保發展的態勢到了川普時代發生變數。總之，歐巴馬執政八年是一個向左走的時代，聯邦與州的關係也大抵藉由合作式聯邦主義來推動社會改革。

結語

川普當選後，一個儘管走在保守路線上卻也非典型的總統產生了，嚴格說起來，川普所採行的保守路線也非建制派的保守路線，川普所心儀的聯邦主義儘管在很多部分與建制派所希望的「小聯邦政府」重疊——譬如反對以華府菁英思維爲主的聯邦主義——但仍有許多的不同。《華盛頓郵報》從川

普對外發言的逐字稿中，發現川普其實不太了解什麼是聯邦主義，也不見得會將其當作一回事。但川普曾說過他的當選就是彰顯聯邦主義的大好機會，就目前紊亂與隨性的川普施政來看，至少展現出一些脈絡：

1. 川普於 2017 年 12 月 22 日成功推動過去三十年來最大規模的稅改，未來十年將減稅近 1 兆 5,000 億美元（約 45 兆 2,800 億台幣）的稅改法案，減稅對象包括一般薪資所得者與企業稅。減下來的稅當中，有許多是聯邦稅，但減稅方案有可能導致大規模的聯邦赤字。

2. 川普企圖裁減歐巴馬健保的規模，但在 2017 年 12 月由於幾位共和黨參議員跑票，因此川普未竟全功，不過在「減稅法案」通過後，由於該法案規範個人保留購買健保與否的自由，不買也沒有關係，與 2008 年時通過的歐巴馬健保規範個人一定都要購買健保（individual mandate）的原則相違背，因此川普對外宣稱他的稅改法也同時推翻了歐巴馬健保。不過個人強制購買健保僅是歐巴馬健保的一部分，還有許多其他的健保元素，川普並未成功革除。

　　從整個美國歷史來看，聯邦主義從立國開始就注定是政治發展核心，在聯邦權還是州權應該大一些的爭議上，不但喬不攏甚至因此打了一場內戰。雖然從川普時代開始，全球吹起素人風與右翼風，這可能預測了州權又將壯大的趨勢，不過在分權與制衡的精神之下，縱使是共和黨的參、眾議員獨立性仍舊很高，川普仍舊需要他們的支持與協助才能通過立法。到了拜登政府時代，至本書截稿為止是否走回大聯邦政府的方向仍不明確，但其在國會通過鉅額的經濟紓困方案，可以看作是大政府的表現之一。

總　統

　　美國作為一個總統制國家，總統權力之大是許多半總統制國家總統羨慕的對象，而內閣制當中，如果一個首相所領銜的是聯合政府，在權力必須由多個政黨分享的情況之下，則首相權力同樣不如總統制下的總統。然而，前面所說的總統權力大，仍須建構在一個「一致性政府」（unified government）——也就是總統與國會多數都由同一黨控制——的前提之下；否則「分立政府」（divided government）——總統與國會多數由不同黨控制——情況之下，總統的權力將受到削弱。總統制、半總統制與內閣制下國家領導人的權力比較是必要的，因為唯有在不同憲政運作之下才能對比出總統制下總統權力能夠發揮與受限之處。惟一般美國國內在談美國總統制時，都忽略了與另外兩種憲政制度的比較，彷彿美國總統的權力來源與使用來自於真空，缺乏比較之下，任何學者宣稱總統權力大恐怕淪為一種主觀感受。

　　雖然有些總統表現不好或者魅力不佳而不受民眾歡迎，但美國人還是十分敬重自己的總統，尤其在國家危難之時，有能力的總統特別受到歡迎。例如小羅斯福總統帶領美國走過經濟大蕭條與二戰，被視為是英雄。杜魯門總統（Harry Truman）協助重建戰後滿目瘡痍的西歐，也有效圍堵蘇聯，避免冷戰變熱，受到民間肯定。但戰後嬰兒潮出生的人（1945 至 1965 年出生者），則對於牽涉越戰和水門竊聽案（Watergate）甚深的尼克森總統感到反感。在尼克森之後的福特總統（Gerald Ford）與卡特總統（Jimmy Carter），則被認為在 1970 年代中後期無法有效處理政治與經濟危機而受到外界責難。從小羅斯福的英雄形象到尼克森的強勢風格，不管是哪一個人擔任總統（president），儘管支持度有高有低，但總統這個職位（presidency）都是很重要的。總統與總統職位不一樣，前者由不同人擔任，有魅力的、陰

沉的、內向的、外向的、高的、矮的、胖的、瘦的人，但是總統職位象徵主權也代表民意，受全民敬重恆常不變。也就是說美國人可能很討厭某一任總統，但卻堅定支持總統職位。

　　進入到 1980 年代，雷根總統甫上任即受到廣大民意支持，但在他卸任之際卻因為預算赤字、醜聞與提出爭議性立法而使其支持度驟降。在雷根之後繼任的是同樣為共和黨的老布希，他見證了東歐共產主義的瓦解，也很漂亮地打了一場波灣戰爭。然而，老布希的致命傷是經濟沒搞好，因此當時挑戰老布希競選連任的新人比爾‧柯林頓，以一句「笨蛋，問題在經濟」擊敗了老布希而贏得大選。柯林頓上任後，其施政成敗相生，一開始柯林頓覺得聯邦國會能夠接受其立法議程，但後來柯林頓推動「全民健保法案」遭遇強烈抵抗而失利。到了 1994 年，民主黨同時失去參、眾議院多數黨的優勢，然而柯林頓挽救經濟有功，因此仍成功連任。柯林頓第二任最令人記憶深刻的是他與白宮實習生陸恩斯基的緋聞案，當時引起軒然大波，反對黨見有機可乘便在眾議院與參議院提起彈劾案（impeachment）。雖然此案在眾議院通過起訴，但在參議院需要三分之二席次通過，最後差了 17 票未通過審判。儘管柯林頓私生活頗具爭議，但因為其擔任總統相當稱職，尤其經濟政策可圈可點，因此大部分民眾仍舊支持他，也反對由反對黨把持的國會對其提起彈劾案。可以說，彈劾案傷害了國會聲望，卻反而鞏固了對於總統的支持度。

　　2001 年 1 月 20 日，老布希的兒子小布希擔任美國第 43 任總統，總統寶座由民主黨人回到共和黨人之手，小布希一上任即遭遇到激化基督教與回教文明對立的 911 恐怖攻擊，回教基進派蓋達組織（Al-Qaeda）針對紐約地標雙子星大樓發動攻擊，硬生生摧毀了雙塔，導致 3,000 人死亡，超過 6,000 人受傷。美國就算在二戰末期，也頂多在非美國本土的珍珠港遭遇過襲擊，從未有在美國本土遭受攻擊的前例，因此美國當時就像是被激怒後發了狂的暴龍，在中東地區進行一連串的報復。在 2001 年 10 月小布希發動阿富汗戰爭清剿塔利班（Taliban）政權，接著在 2003 年 3 月發動伊拉克戰爭，推翻了庇護恐怖分子的海珊政權（Saddam Hussein）。2001 年 9 月 11 日發生

恐怖攻擊後期，小布希的支持度飆高至九成，就算很有能力的總統都難以享有如此高的支持度；或者說，幾乎任何人在像 911 那樣的恐怖攻擊發生後擔任總統，都能夠享有極高的支持度，在學理上稱之為「聚旗效應」（Rally' round the flag effect），因為危機讓總統施政激發了民心士氣。

　　然而小布希的戰事拖延過長，戰場延伸的也過於勉強，2003 年打第二次波灣戰爭時，不斷對外宣稱伊拉克有大規模毀滅性武器，希望能夠像其父親老布希在打伊拉克時一樣受到聯合國與老歐洲（德、法等）的支持。但企圖先發制人的小布希不但無法說服絕大部分的國際社會，甚至還遭遇到老歐洲的強烈反對（英國除外），但美國這隻發了狂的暴龍哪管得了這麼多，逕以海珊擁有大規模毀滅武器的製造原料與技術為由攻打伊拉克。當時由美國所領銜的美、英、澳與伊拉克當地士兵所組成的 20 萬聯軍，以三個禮拜的時間攻進伊拉克首府巴格達，但在巴格達被平定後的數月時間，卻因為回教遜尼與什葉派的鬥爭，造成美軍死傷 5,000 人，這個傷亡人數勾起不少美國人越戰的傷痛回憶，也重挫了小布希的民調。

　　2008 年美國首位非洲裔的總統歐巴馬上任，他挾著對於小布希保守主義厭煩的民心當選，開始為期八年「向左走」的風潮。歐巴馬在內政中最令人記憶深刻的改革非推動全民健保莫屬，除了任命兩位自由派大法官之外，歐巴馬推動了不少自由派政策，因此年輕一代與都會區的選民非常愛戴他，尤其歐巴馬也做到了過去柯林頓做不到全民健保的推動。然而，歐巴馬卻也是造成「極化效應」（polarization）的指標總統，也就是自由派的選民非常愛戴他，但保守派的選民非常厭惡他，也在國會內部引發了共和黨與民主黨議員的鬥爭。民間甚至因反對花費聯邦政府的稅錢來推動全民健保，最後激發了 2010 年的「茶黨運動」（Tea Party Movement）。茶黨這個名稱最早起源於建國之初波士頓港居民對於英國殖民母國抗稅的抵制，紛紛將英國進口的茶葉倒入海裡，形成爾後的經濟保守派（economic conservative）。也就是聯邦政府推動低稅率與降低公共支出的意識形態，並且有很大一部分與共和黨保守主義重疊。此外，歐巴馬無法有效對抗小布希晚期因次級房貸風暴（sub-prime mortgage crisis）所導致的全球不景氣，失業率仍高居不下，

也阻礙了跨黨派選民對於歐巴馬的支持。

2016 年是全球吹右翼風與孤立主義的一年，實境節目製作人唐納‧川普跌破全球專家的眼鏡當選總統，其爭議風格從共和黨內初選即已開始，川普對於墨西哥人與回教徒的發言，常帶著濃濃的歧視意味，川普說墨西哥來的很多都是性侵犯（rapists），他還說要將所有的回教徒都趕出美國，他也說墨西哥裔與西班牙裔人口都住在「地獄」裡頭，在這些活似地獄的貧民窟裡，你隨時都會被射殺身亡。選戰後期川普擔任實境秀製作人時在露營車上的對話流出，內容調戲女性，鄙俗下流，讓各國領袖密切觀察美國是否真的會選出這樣的總統？

2016 年 11 月 8 日大選結果揭曉，川普普選票比希拉蕊‧柯林頓足足少了 2,868,686 張票，但在選舉人票勝出 77 張的情況下仍舊勝出，當選美國第 45 任總統。然而川普的當選也並非全無道理，過去八年在歐巴馬執政之下，美國選民目睹了各國政府接納難民卻導致了「假難民進行恐攻」的災難。投給川普的普選票也有將近 6,300 萬之多，占所有合格選民的 46.1%，可以說這近五成的美國人對政黨感到厭惡，尤其反對由建制派（establishment）共和黨與民主黨政治菁英在華府所盤踞的勢力，平凡的美國人在歐巴馬時期飽受失業與經濟遲滯之苦，這些選民絕大部分住在中西部與南方各州，事後的選票分析說明了這些鄉下美國人絕大部分也是白人，雖然他們與紐約、加州等東西岸較高教育程度與較優薪資結構的自由派白人不同，但這些鄉下白人事實上才是美國沉默的大多數。因此，當川普在競選時喊出的「讓美國再度偉大」（Make America Great Again）與「美國優先」（America First）的口號時，這些平常被主流媒體忽略與壓抑的鄉下白人聲音，倏地被激發出來，尤其當這些人更討厭那個「假惺惺」與「不接地氣」的華府老將對手希拉蕊‧柯林頓。

然而弔詭的是，支持川普的選民當中，有很多是極度保守的基督教福音教派（evangelical），這些家庭反墮胎、婚前守貞也在乎家庭價值，最後卻把票投給一個有過三段婚姻，而且每一段都是以外遇做結的「花花公子」，顯見基督教基本教義派選民為了防止自由派的希拉蕊延續歐巴馬執政所做出

的矛盾選擇。川普當選後在美墨邊界築高牆、拒絕 3,000 名來自於 7 個穆斯林國家的公民入境、推動減稅與廢除歐巴馬健保，雖然參眾議院的共和黨建制派不見得認同川普，但在許多時刻還是屈服在川普的意志之下。

在外交上，川普所掀起的保守主義與雷根保守主義迥然不同，川普退出《跨太平洋戰略經濟夥伴關係協議》（Comprehensive and Progressive Agreement for Trans-Pacific Partnership, CPTPP），向北約盟國與亞洲盟國包括日本、南韓收取「保護費」。川普的作為反對「全球化」，亦即反對美國托拉斯繼續把工廠設在海外，主張將工廠與總部遷回美國，同時也鼓勵海外商業鉅子如台商郭台銘赴美投資，而這一些都是為了照顧美國中西部與南方的藍領工人，因此在外交上，川普走的反而有點類似 20 世紀初的孤立主義。初步看起來，「川式孤立主義」倒也不是一律不干涉國際事務，而是若要干涉的話，干涉的前提為有利於美國經濟發展。換言之，川普所領銜的外交風格具有濃厚商業色彩，而且只要對美國有利，不理會國際輿論，並逕自採取「單邊行動」也是很自然的事。就一個在華爾街打滾數十載的商人來說，商人總統以商業邏輯來治理也是可以理解的事。

第一節　總統的憲法權力

儘管在制定憲法時，開國元勳皆同意要建立一個強而有力的中央政府與一個被賦予權力的國會，但是他們對於美國總統應該有怎樣的權力並未有共識。與憲法本文第 1 條羅列國會的權力相比，本文第 2 條並未詳述總統權力。當時美國人忌憚另一個威權殖民母國的復辟，因此也難以接受一個權力很大的總統。然而，也正是這部聯邦憲法允許總統盡情展現個人風格與能力，並讓鮮明的總統形象逐漸成形。事實上，憲法本文第 2 條寫明了：「美國國家的行政權力應繫於總統。」（The executive Power shall be vested in a President of the United States of America），從這句話讓我們來認識憲法給予總統的各項權力。

1.人事權

　　憲法為了協助總統執行國會通過的法律，授予總統任命文武百官的權力，再由參議院行使建議權與同意權（with the advice and consent of the Senate），這些人包括大使、部長、顧問、最高法院法官與其他聯邦高階文官。每一任美國總統甫上任就必須任命超過 3,200 個位置，其中 1,125 個人事案需要國會通過，同時超過 7 萬 5,000 個國防人事案也需要由總統來任命。儘管國會有權立法，但是總統有權執行法令。在過去，一旦總統將人事案送交參院，總統所選擇的人通常會被賦予極高的敬重，尤其這些人事案為內閣（cabinet）人事案時。事實上，至柯林頓為止，97% 的總統人事案都會被國會通過。而參院拒絕總統的任命非同小可，這意味著相關行政位置上出現懸缺，導致政令無法推動，而一個行政位置出現懸缺就可能連動另一個位置也無法任命，呈現連鎖的行政癱瘓，這種情形最終使得總統與參院的關係惡化。小布希任命約翰‧阿什克羅夫特（John Ashcroft）作為檢察總長（attorney general）當時即受到民主黨猛烈的批判與反對，最後阿什克羅夫特仍舊有驚無險地通過參院同意（58 比 42 票）。然而，小布希任命聯邦上訴法院法官查爾斯‧皮克林（Charles Pickering）就沒那麼好運了，當時受到參院成功阻擾。

2.召開會議

　　憲法定期要求總統通知國會召開國情咨文（the State of Union），亦即在總統不必受國會質詢的情況之下，完整向參眾議員報告施政方針。在緊急與特殊情況之下（extraordinary occasions），總統有權召集參眾兩院開議，在過去，當聯邦國會的會期並非一年期時，一年中大部分時間都在休會，總統這項權力就顯得重要。但今日國會的會期是一整年不休息，直到年底的聖誕節開始休會，並且短暫休到隔年 1 月的前幾天又開議，在幾乎沒休會幾天的情況之下，當代總統要求國會召開緊急會議的權力頂多具有象徵意義而不具有實質意義了。

3. 締約權

　　總統有與其他國家締結盟約之權，但此權力需要受到參院監督，締約決定也需要參院三分之二票數通過才會生效。憲法也提到此行政統帥（the chief executive）也就是總統亦可以「接待外使」（receive ambassadors），後世將此權力詮釋爲承認他國的存在。歷史上，參院修改了 70% 由總統送至參院批准的締約案。目前僅有 16 條締約案受到參院拒絕，而且都是在政黨惡鬥的情況下發生。最著名的例子是威爾遜總統將《凡爾賽條約》（Treaty of Versailles）送參院批准卻慘遭拒絕。當時歐洲各國皆同意以此條約終結一戰，在威爾遜的堅持下，《凡爾賽條約》甚至催生了國際聯盟（League of Nations）──聯合國的先驅──以致力於國際和平與各國解除武裝。威爾遜當時過分自信地認爲美國國內必定會支持其立場，但卻是一個大失算。當時由共和黨麻州參議員亨利·卡伯特·洛奇（Henry Cabot Lodge）所領導的孤立主義者（isolationists），反對美國參與國聯，因爲這會讓美國置身於國際衝突的險境當中；贊成美國參與國聯者則認爲不管願不願意，美國已經從一戰中崛起。最後贊成與反對《凡爾賽條約》的票數雖很接近，不過孤立者仍舊勝出。此外，參院在同意總統所簽署的條約之前，也有權利要求總統先進行大幅的修改。例如卡特總統在 1977 年支持爭議性極高的《巴拿馬運河條約》（Panama Canal Treaty），當時參院即要求這條約要通過，有許多條文就必須先行移除。

　　至於總統簽署貿易協定，也時常需要注意國會立場，例如柯林頓總統與其助理在訂定「特別規則」下簽署了《北美自由貿易協定》（The North American Free Trade Agreement, NAFTA）與《關稅暨貿易總協定》（The General Agreement on Tariffs and Trade, GATT），GATT 爲世界貿易組織（World Trade Organization, WTO）的前身。而此特別規則稱爲「快軌程序」（fast track negotiating authority），全名爲「貿易促進權限」（Trade Promotion Authority, TPA），國會針對 TPA 法案，只能批准或者不批准，但無權修改。若國會在總統簽署 TPA 法案後不批准，則該貿易協定就不

生效，總統後續需與對方重啓談判。進一步來說，柯林頓推「快軌程序」的影響是：在1990年代之後，貿易協定在美國逐漸成爲行政—立法協同（congressional-executive agreements, executive agreement），而非條約案（treaties），國會只能批准或反對，無權修改。演變到最後，甚至讓貿易協定簽署演變爲總統的行政裁量權，國會連批准或者反對權都喪失。

　　而當柯林頓總統主張行政與立法的關係在貿易議題上可以進入到「行政—立法協同」甚至單方面行政裁量權，這樣的發展當然常讓國會大爲光火。不過自第1任總統喬治·華盛頓開始，總統依行政裁量權的方式來簽署貿易協定時有所聞，而最高法院在這個地方也支持總統的權限。

表4-1　1789至2000年條約與行政同意權的使用次數

年代	締結條約數 number of treaties	行政同意權數 number of executive agreements
1789-1839 華盛頓至范布倫	60	27
1839-1889 范布倫至克利夫蘭	215	238
1889-1929 哈里遜至柯立芝	382	763
1930-1932 胡佛	49	41
1933-1944 小羅斯福	131	369
1945-1952 杜魯門	132	1,324
1953-1960 艾森豪	89	1,834
1961-1963 甘迺迪	36	813
1964-1968 詹森	67	1,083

表4-1　1789至2000年條約與行政同意權的使用次數（續）

年代	締結條約數 number of treaties	行政同意權數 number of executive agreements
1969-1974 尼克森	93	1,317
1975-1976 福特	26	666
1977-1980 卡特	79	1,476
1981-1988 雷根	125	2,840
1989-1992 布希	67	1,350
1993-2000 柯林頓	209	2,047
2000-2008 小布希	163	1,841
2008-2016 歐巴馬	15	793（2008至2012年）
2016-2020 川普	5	NA

資料來源：作者蒐集。

註：歐巴馬時代的締約數為二戰以來倒數第二少，反映出當時國會的強力阻擋，但亦有可能反映出歐巴馬在國際社會的低度活動力。川普政府時代由於其美國優先的孤立主義，因此僅有5條締約數。

4. 否決權

　　總統否決權（veto）也是觀察總統權力大小的一個關鍵指標。一般國會兩院通過的議案，必須要總統簽署通過才會成為法律，但總統如果不認為通過的議案是對的事情，則他可以進行否決。既然知道總統有可能否決通過的議案，因此國會在通過法案之際，至少會將法案以總統「不討厭的內涵」通過，以換取總統的支持，或者至少換取總統的沉默。更重要的，是避免總

統運用否決權。反之，總統光是宣稱要對國會通過的法案進行否決，就能夠在法案過程中施展總統的影響力了。同時，總統的否權決具有分權與制衡（checks and balances）的意涵，可以防止國會濫權，總統可以否決國會通過的任何議案，除了以聯合決議文（joint resolution）形式通過的修憲案。

　　美國總統於接到國會提請公布法案成法律後，如不贊同，可在 10 日內行使「否決權」（veto power），即將法案送回國會覆議。但是法案通過後送到總統桌上，如果總統沒簽署也沒否決，則 10 日後自動生效。另一方面，如法案通過後國會 10 天內休會，但在這段期間總統僅將法案留置不予簽署公布，即可達到否決效果，是所謂「口袋否決」（pocket veto）。口袋否決是比較高竿的政治手段，總統雖然不願支持某一條法案，但也不願意公開否決，這時候就可以委婉地運用口袋否決。另一方面，如果議案通過後遭到總統否決，則參眾兩院可以依照三分之二絕對多數的投票，再一次反否決（override）總統的否決，如果反否決通過了，則該議案自動成為法律，不用再經歷總統簽署的過程。但實情是，總統一旦決定否決，國會藉由反否決來翻盤的機率很低。如下圖，過去兩百多年來，總統已經提出約略 1,505 次的否決案，但僅有 110 次左右成功遭到反否決。否決使用高峰期有 3 個總統：哈瑞‧杜魯門 180 次、小羅斯福 372 次與 19 世紀末的克里夫蘭（Grover Cleveland）304 次。小羅斯福的否決頻繁，與他當時推動新政有關。

表4-2　否決的法案總覽

總統（年分）	國會屆期	否決案			
		一般	口袋	總數	反否決
歐巴馬 Barack H. Obama（2009-2016）	114-111	9	0	9	0
小布希 George W. Bush（2001-2009）	110-107	12	0	12	4
柯林頓 William J. Clinton（1993-2001）	106-103	36	1	37	2

表4-2　否決的法案總覽（續）

總統（年分）	國會屆期	否決案			
		一般	口袋	總數	反否決
老布希 George H. W. Bush（1989-1993）	102-101	29	15	44	1
雷根 Ronald Reagan（1981-1989）	100-97	39	39	78	9
卡特 Jimmy Carter（1977-1981）	96-95	13	18	31	2
福特 Gerald R. Ford（1974-1977）	94-93	48	18	66	12
尼克森 Richard M. Nixon（1969-1974）	93-91	26	17	43	7
詹森 Lyndon B. Johnson（1963-1969）	90-88	16	14	30	0
甘迺迪 John F. Kennedy（1961-1963）	88-87	12	9	21	0
艾森豪 Dwight D. Eisenhower（1953-1961）	86-83	72	108	180	2
杜魯門 Harry S. Truman（1945-1953）	82-79	180	70	250	12
小羅斯福 Franklin D. Roosevelt（1933-1945）	79-73	372	263	635	9
胡佛 Herbert Hoover（1929-1933）	72-71	21	16	37	3
柯立芝 Calvin Coolidge（1923-1929）	70-68	20	30	50	4
哈定 Warren G. Harding（1921-1923）	67	5	1	6	0
威爾森 Woodrow Wilson（1913-1921）	66-63	33	11	44	6
塔虎脫 William H. Taft（1909-1913）	62-61	30	9	39	1

表4-2   否決的法案總覽（續）

總統（年分）	國會屆期	否決案			
		一般	口袋	總數	反否決
老羅斯福 Theodore Roosevelt（1901-1913）	60-57	42	40	82	1
麥金萊 William McKinley（1897-1901）	57-55	6	36	42	0
克里夫蘭 Grover Cleveland（1893-1897）	54-53	42	128	170	5
哈里森 Benjamin Harrison（1889-1893）	52-51	19	25	44	1
克里夫蘭 Grover Cleveland（1885-1889）	50-49	304	110	414	2
阿瑟 Chester A. Arthur（1881-1885）	48-47	4	8	12	1
加菲爾德 James A. Garfield（1881）	47	0	0	0	0
海斯 Rutherford B. Hayes（1877-1881）	46-45	12	1	13	1
格蘭特 Ulysses S. Grant（1869-1877）	44-41	45	48	93	4
詹森 Andrew Johnson（1865-1869）	40-39	21	8	29	15
林肯 Abraham Lincoln（1861-1865）	39-37	2	5	7	0
布坎南 James Buchanan（1857-1861）	36-35	4	3	7	0
皮爾斯 Franklin Pierce（1853-1857）	34-33	9	0	9	5
菲爾莫爾 Millard Fillmore（1850-1853）	32-31	0	0	0	0
泰勒 Zachary Taylor（1849-1850）	31	0	0	0	0
波爾克 James K. Polk（1845-1849）	30-29	2	1	3	0

表4-2　否決的法案總覽（續）

總統（年分）	國會屆期	否決案			
		一般	口袋	總數	反否決
泰勒 John Tyler（1841-1845）	28-27	6	4	10	1
哈里森 William H. Harrison（1841）	27	0	0	0	0
范布倫 Martin Van Buren（1837-1841）	26-25	0	1	1	0
傑克森 Andrew Jackson（1829-1837）	24-21	5	7	12	0
亞當斯 John Q. Adams（1825-1829）	20-19	0	0	0	0
門羅 James Monroe（1817-1825）	18-15	1	0	1	0
麥迪遜 James Madison（1809-1817）	14-11	5	2	7	0
傑佛遜 Thomas Jefferson（1801-1809）	10-7	0	0	0	0
亞當斯 John Adams（1797-1801）	6-5	0	0	0	0
華盛頓 George Washington（1789-1797）	4-1	2	0	2	0
加總		1,505	1,066	2,571	110

資料來源：作者整理。

　　而相較於否決權，「反否決」的使用就少很多，南北內戰後遭到彈劾的詹森總統（1865 至 1869 年）所遭遇到反否決最多有 15 次，福特總統（12次）、尼克森（7 次）與杜魯門（12 次）總統所遭遇到的否決權都較多，否決次數多，反否決成功的次數少，說明了兩件事情：

(1) 國會尊重總統否決權限，一旦總統否決法案，國會傾向接受。

(2) 就算國會想要反否決，由於門檻較高，通常不容易成功。

　　兩個特徵綜合考量，則顯示出美國是一個偏向總統作為行政領導的總統制國家。

5.單項否決權

　　早在 1873 年，尤利西斯・格蘭特總統即提出憲法修正案，要給予總統單項否決權（line-item veto）的權力。亦即當時許多州長都已經具有否決一件預算案中特定幾條的能力，而不必要全部都批准或者全部都拒絕。過去數年來，國會有 150 件提案就是希望賦予總統此一權力，從福特總統到柯林頓總統全都支持這一個想法。最後，在 1996 年國會通過了「總統擁有單向否決權」的立法，讓總統擁有在立法議程上凸顯某幾項優先條文，與排除其他條文的權限。

6.三軍統帥

　　在憲法本文第 2 條規範總統作為美國海陸軍的統帥（commander in chief of the army and navy of the United States）。憲法還給予總統宣戰權力，因此從林肯總統開始即以三軍統帥與最高行政首長的身分來發動戰爭。而當代總統的戰爭發動權持續與參議院的同意權發生衝突。在越戰時，5 萬 8,000 條美軍生命犧牲，30 萬名美軍受傷，醫藥費花費了聯邦政府 1,500 億。而整場戰爭作為並未獲得國會同意。事實上，詹森總統在南越戰爭的正當性在 1965 年的國會中獲得支持，僅有 2 票反對的情況下通過了「北部灣事件」（Gulf of Tonkin Resolution）聯合決議案。越戰發展過程中，詹森與尼克森總統不斷安撫國會說越戰很快就會結束。然而，國防部於 1971 年發表的《越戰報告書》（The Pentagon Papers），說明了詹森總統如何大規模地竄改死傷人數，並且隱匿戰爭不順的實情。

　　1973 年，國會通過「戰爭法」（War Power Act），規定總統將美軍參戰前要獲得國會同意。尼克森否決了此案，罕見的反否決被國會提出，最後也在參眾兩院三分之二都通過後反否決了此議案，「戰爭法案」通過。

尼克森認爲戰爭法侵犯他的行政權，並顯已違憲。後來有許多總統皆忽視「戰爭法」的約束，1980 年時，卡特總統派兵處理營救在伊朗的美國大使人質，但他未事先徵詢國會同意。1983 年，雷根總統派兵入侵葛瑞納達（Grenada）；1993 年，柯林頓總統派兵入海地（Haiti）鞏固其舊政權，這些作爲都未事先獲取國會同意，等於公然違反「戰爭法」。2001 年，小布希總統採取不同的途徑，他在獲取國會參眾兩院同意後，才派兵阿富汗與後續的伊拉克，以作爲美國對於 911 恐怖攻擊的反制。至於 2011 年歐巴馬總統在利比亞（Libya）的空襲行動，該作爲未獲得國會授權，也違反「戰爭法」。

(1) 戰爭法

　　根據憲法，國會擁有宣戰權，總統則擁有戰時指揮權（commander-in-chief of the military）。在 1973 年時，民意有感於美軍在越戰泥沼中過久造成嚴重傷亡的慘痛經驗，因此參眾兩院通過了「戰爭法」（War Power Act, War Powers Resolution），規定總統在派兵後的 48 小時內必須通知國會，未經過國會授權或宣戰的軍事行動不得在當地停留超過 60 天，到期後在 30 天內撤離。如果在總統宣戰後 60 天或 30 天的期限到期後，國會正式通過宣戰案，或者同意延長總統的軍事行動，美國軍隊才可以繼續留在當地。而當國會收到總統通知後，可以「書面形式」授權宣戰，或者「國家面臨緊急狀況，例如美國領土、財產或軍隊遭受攻擊」時，由總統發起軍事行動。

　　總統不遵守「戰爭法」引起後續的憲政官司，例如 2000 年時聯邦最高法院拒絕受理柯林頓總統在南斯拉夫派兵卻未獲國會授權的釋憲案，也暗示了大法官站在總統這一邊。儘管國會在總統不遵守「戰爭法」這件事情上似乎無計可施，但其實國會還是可以藉由拒絕通過資助戰爭所需的軍費預算作爲反制，畢竟預算權是掌握在國會手上。

(2) 行政命令與緊急命令

　　在總統權力的運用上，另外有一種是不用經過國會同意即逕自使用的權力，這些權力以行政命令（statutory power）的形態呈現。行政命令的法源仍以國會通過的法律作爲基礎。1855 年時檢察總長（attorney general）凱萊

布‧顧盛（Caleb Cushing）認為「沒有聯邦行政部門的主管可以因為被授予行政命令權而違反總統意志」（no Head of Department granted authority by statute can lawfully perform an official act against the will of the President），這句話的意思其實是行政命令是只有總統才有的專屬權力。顧盛的這個說法成為總統行政命令權的濫觴。行政命令讓總統可以單方面地發布許多規則（rules）、規範（regulations）與指導（instruction），甚至也可以發布備忘錄（memoranda）與其他非正式的命令。這樣的制度設計讓總統可以繞過立法監督並享有極大權力，刻畫了總統制的最鮮明的特徵之一。早期總統發布行政命令的例子包括 1793 年華盛頓在英法衝突之間的「中立國聲明」（Proclamation of Neutrality）、1832 年傑克遜的對南卡民眾所發出的「州拒絕遵守聯邦法律乃無效宣言」（Nullification Proclamation）與 1862 年林肯的解放黑奴宣言（Emancipation Proclamation），這些宣言都沒有經過國會同意。近代的例子包括 1921 年的「預算與會計法」（The Budget and Accounting Act），授予總統關於提出預算案時的準備工作所需權力，1974 年尼克森總統想要依循這樣的行政命令權，卻讓國會以通過「國會預算控制法」（The Congressional Budget and Impoundment Control Act）作為反制。不過整體而言，總統仍舊享有許多不容國會挑戰的行政命令權力。

在總統的緊急命令（emergency power）的部分，開國元勳對於政府任一部門的擴權不太信任，也因此建置了制衡機制。但當國家面臨緊急危難時，憲法會願意釋放更多權力讓總統來領導國家渡過危機，1978 年所通過的「國家緊急法」（National Emergencies Act）就是依此觀念所通過的法律。而所謂的緊急並不僅限於特定天災人禍所造成的危機，端視於總統的認定。總統一旦宣布全國進入緊急狀態，他就有多達 123 項的行政命令可資使用。如果這個國家的緊急狀態是由國會宣布，則會有多出來的 13 項行政命令可資使用。但「國家緊急法」也規定一年後這樣的緊急狀態自動停止，除非總統再去更新它（renew）。最近的例子是川普總統以國安為由要在美墨邊境築高牆，但國會以聯合決議案（joint resolution）的形式終止川普這項命令。前面提到國會有預算權，因此國會可以從這裡來掣肘川普讓築牆無

經費可用。隨後川普乾脆宣布緊急命令並且否決國會的這項聯合決議案，川普還從其他國會已經核給預算的項目來轉支應這次築牆的預算。緊急狀態的法源與適用領域相當廣泛，包括軍事、公共衛生、土地管理、貿易、聯邦預算、農業、交通、傳播與刑法等，如果說行政命令是總統制的主要特徵之一，那麼緊急命令是讓這個特徵更為突出的制度設計。

7. 特赦權（the pardoning power）

總統可以藉由行使特赦權來制衡司法力量。所謂的特赦，指以行政權免除罪犯全部或部分的服刑。總統除了在高階文官遭到彈劾的情況之下不能給予特赦，在其他刑事犯罪確定之罪皆可以執行特赦。美國歷史上最有名的特赦之例為繼任的福特總統特赦即將被提起彈劾而先辭職下台的尼克森總統。不過這特赦順序上令人玩味，是在尼克森尚未因為涉入水門案所牽連的各種刑事犯罪被起訴前，福特即先特赦尼克森。當時福特的特赦引起社會上極大的批判，甚至有消息傳出是尼克森在辭職之前先與福特達成這項特赦的協議。後來福特連任失利，許多矛頭都指向這項特赦案。

同樣的，老布希於1992年聖誕夜特赦了前國防部長卡斯珀・溫伯格（Caspar Weinberger）與其他5名行政官員，他們因為「伊朗門事件」（Contra affair）遭到刑事起訴，老布希此舉也遭受外界批評，一般相信老布希連任失利很大一部分原因源自於此。儘管特赦是針對個人，但總統也有可能採取另一個途徑，也就是「大赦」（general amnesties），也就是不分受刑人對象都給予減刑甚至免刑的作為。從開國總統華盛頓、亞當斯、麥迪遜、林肯、安德魯・詹森、西奧多・羅斯福、杜魯門到卡特都施行過大赦。以卡特為例，他曾經以向退伍軍人致敬為由，向1萬名偷渡到美國或者在越戰中逃兵的罪犯實施大赦。

第二節　總統轄下

　　嚴格說來，總統這個概念還不僅僅包含總統自己，總統是一個制度，而不只是一個人，因此還包含副總統、內閣、第一夫人、總統行政辦公室與白宮幕僚。雖然憲法中都不一定明定這些角色，但有時可以從推敲憲法中找到這些角色的定位，譬如憲法未提及內閣，但憲法卻暗示總統需要有顧問（advisor）相助。

1.副總統

　　開國元勳在制憲之初幾乎不在乎副總統這個位置，副總統除了是一個緊急時的備位元首，尤其是在總統死亡時或者不能視事時替代總統。然而，在制憲會議中經歷了進一步辯論，才發展出副總統是參議院名義上領袖（the presiding official of the Senate）的功能，然而在參院彈劾總統時，副總統為了避嫌則無法擔任此職。此外，參議員數目為 100 名，如果遇到表決議案時的票數為 50 比 50 票，則這個時候副總統可以跳進來投票以打破僵局（break a tie）。否則副總統在平日時不參與投票。外界通常只關心那些後來變成總統的副總統，例如尼克森總統曾擔任過艾森豪總統的副手與老布希總統曾擔任過雷根總統的副手。外界常說副總統與當選總統的距離只差了一步心跳之遙（just one heartbeat away from the presidency），但也因此造成了許多總統與副總統之間的心結，最早從亞當斯總統與傑佛遜副總統開始就有這個問題。

　　這裡的關鍵問題是：是否當過副總統就真的比較容易當上總統？依照表 4-3 整理，從 1945 年至今，12 位擔任過副總統者 5 位後來變成總統，然而這 5 位中有 3 位——杜魯門、詹森與福特——不是藉由總統死亡（小羅斯福與甘迺迪），不然就是藉由總統辭職下台（尼克森）而繼任總統。只有 2 位共和黨的副總統——尼克森與老布希——是在擔任副總統之後靠自己選上總統的。另外 2 位民主黨的副總統休伯特‧韓福瑞（Hubert Humphrey）與厄爾‧高爾（Al Gore）在擔任副總統之後參選總統失利，由此可見，如

果要用選的方式變成總統，之前擔任副總統的經歷也不見得是當選總統的保證。

2. 內閣

內閣在憲法中並無明確位置，屬於一個非正式的機制，其制定的演變乃藉由前例與習慣漸漸演變成傳統。習慣上，總統諮詢團隊（advisory group）由總統挑選各行政部門主管組成，在內閣會議中，副總統通常也會參與。內閣的主要功能為協助總統依法行政與協助他做重大決定。內閣包含國務院（Department of State），其最大的首長為國務卿（Secretary of State），這個位置可以對應到台灣的外交部。國務卿由總統提名，需經過參議院同意才能生效。近代漸漸演變成國務卿執行總統的外交政策，並且藉由國務院的外交機構來執行這些政策，所以才會有國務卿主外交的說法，但事實上仍是在執行總統意志。其他內閣包括財政、國防、司法、內政、農業、商業、勞工、衛生、居住、交通、能源、教育、退撫與美國國土安全部。

表4-3　副總統繼位總統的實例

總統	副總統	藉由總統死亡或辭職繼任總統	副總統參與大選年	是否贏得大選
小羅斯福	杜魯門	死亡	1948	✓
杜魯門	巴克利 （1945-1949年副總統懸缺）			
艾森豪	尼克森		1960	✗
			1968	✓
甘迺迪	詹森	死亡	1964	✓
詹森	韓福瑞		1968	✗
尼克森	安格紐 （1973年辭職）			
	福特	辭職	1976	✗

表4-3　副總統繼位總統的實例（續）

總統	副總統	藉由總統死亡或辭職繼任總統	副總統參與大選年	是否贏得大選
福特	洛克斐勒			
卡特	孟岱爾		1984	✗
雷根	老布希		1988	✓
老布希	奎爾		奎爾2000年爭取共和黨初選未果	✗
柯林頓	高爾		2000	✗

3. 第一夫人

　　從馬莎・華盛頓（Martha Washington）到梅蘭妮雅・川普（Melania Trump）與吉爾・拜登（Jill Biden），第一夫人不僅是總統的終生伴侶，也是總統很核心的諮詢對象。同時第一夫人也時常代替總統服務社會，參加慈善活動。在過去，第一夫人僅是在總統就職時穿的漂漂亮亮陪伴在旁的人形立牌，但當代的第一夫人已經有更多的正式責任。近代較為活躍的第一夫人，非希拉蕊・柯林頓莫屬，柯林頓當局裡頭很多的決策都有她的影子。後來希拉蕊在其夫發生緋聞案後毅然決然參選參議員，參議員之後的生涯將希拉蕊導向2008年與歐巴馬競爭，希望能代表民主黨參選總統，到了2016年打敗了桑德斯，終於贏得黨內初選，正式代表民主黨參選總統，雖然後面因為選制特殊而輸給川普，不過這位第一夫人的政治發展，已發揮的淋漓盡致。

　　但希拉蕊也絕非第一個活躍的第一夫人，首任總統華盛頓的妻子馬莎・華盛頓就跟隨其夫婿四處征戰，不但為士兵帶來糧食，也為傷者帶來醫療資源。小羅斯福總統的另一半伊蓮娜・羅斯福（Eleanor Roosevelt）對於

羅斯福新政的建議遭來不少外界「皇后干政」的批評。當時伊蓮娜撰寫報紙專欄也巡迴全國宣講，小羅斯福總統過世後，她開始獨自發光，代表美國參加聯合國大會，並且宣揚人權，甚至在後期還銜甘迺迪總統之命倡導女權。小布希總統與歐巴馬總統的另一半蘿拉・布希（Laura Bush）與蜜雪兒・歐巴馬（Michele Obama）都相對低調，對於政治事務興趣不高，不過仍各擁不少粉絲。川普的妻子梅蘭妮雅值得介紹，她出生於 1970 年，是美國歷史上第一位擔任總統第 3 任妻子的第一夫人，現在的孩子有 3 位不同的生母。她也會講五種語言：英、法、義、德、斯洛伐克語。此外，梅蘭妮雅是第二個在外國出生的第一夫人，第一個是 1775 年露易莎・亞當斯（Louisa Adams），她是約翰・昆西・亞當斯總統的老婆。最後，梅蘭妮雅是第三個擔任過模特兒的第一夫人，前兩個是尼克森總統的老婆佩德・尼克森（Pat Nixon）與福特總統的妻子貝蒂・福特（Betty Ford）。至於現任第一夫人吉爾・拜登則是拜登元配娜莉亞・杭特・拜登（Neilia Hunter Biden）於 1972 年在車禍中不幸喪生後，再娶的第二任妻子，同時吉爾自己也是二度婚姻。吉爾一路從基層教師做起，拿到博士學位後在大學英語系任教，從拜登上任之後可以觀察到這是一位對於基層教育非常重視的第一夫人。

圖4-1　梅蘭妮雅・川普

4.總統行政辦公室

總統行政辦公室（Executive Office of the President, EOP）是在 1939 年由小羅斯福總統建立，其功能乃監督新政使其順利執行。EOP 成立的宗旨在提供總統一般事務助理團隊（general staff），以管理不同部門的繁雜事務。事實上，EOP 是一個微型機構，包括數個顧問與幾間白宮旁邊的華麗辦公室，EOP 成員常和白宮幕僚碰面開會。隨著歷史的演進，EOP 越來越分殊化（specialization），也越來越往服務個別總統而非整個總統機構發展，他們也協助總統推廣與推動總統在乎的議題與法律議程。EOP 中重要的單位包括國安會（National Security Council）、經濟諮詢會（The Council of Economic Advisor）、預算諮詢會（The Office of Management and Budget）、副總統辦公室（The office of the Vice President）與美國貿易代表（The U.S. Trade Representative）。

5.白宮幕僚

與總統最親近的非白宮幕僚莫屬，這些人包括隨行機要、各專業領域的資深助理（senior aides）與副助理員（deputy aides），還有法律與行政顧問。總統聘用這些人是不用經由參議院同意的。由於他們與總統私人情誼被找來擔任這些工作，因此這些幕僚對於總統不能有二心。同時，白宮幕僚不屬於正式制度內的政府官員，他們的權力來自於總統支持，而非來自於法律授權。開國之初，華盛頓總統的心腹（confidants）為漢彌爾頓與傑佛遜，他們都擔任過幕僚，同時也與總統親近，但隨著美國逐漸現代化、專業化與分殊化，總統無法只從內閣中找到能夠滿足他的策士，因此白宮幕僚編制逐漸擴大，從各種不同領域吸納親信來提供總統所需資訊。

第三節　總統立法

　　在總統制之下，判斷總統是否能有效治理國家，一個具體的指標就是總統所支持的法案（簡稱總統法案）是否能在國會順利通過？總統推動這些法案，可能是想要實踐某些政策，例如柯林頓與歐巴馬希望通過「健保法案」，但也有可能是一連串的政治算計，例如川普在美墨築一座高牆以防止偷渡客入侵，沒有實質的政策內涵，造成的話題效果卻十足。政治科學家湯瑪斯‧克羅寧（Thomas Cronin）認為總統可以作為遊說者（lobbyist），來使他欲推動的法案在國會中通過，包括「裙帶關係（patronage）與政黨連結」與「總統風格」。然而除了這些之外，總統領導與說服的能力，對於通過總統法案也扮演關鍵角色。

　　第一種是「裙帶關係與政黨連結」。裙帶關係常藉由政治恩惠（political favor）的方式來維繫，即總統及其行政團隊藉由給予支持者與親信工作機會、補助或其他恩惠的方式以換取這些人不管在民間或者在國會中對於總統法案的支持。常用的方式不外乎總統邀請支持者來白宮一坐，或者由總統親自下鄉至選區督察，並且允諾分配資源，作為支持總統法案的交換。此外，當裙帶關係應用在政黨之上，則為同黨議員追隨總統，並認其為政治上的老闆（political boss），同時這個老闆給予金錢或在物質上照顧議員選區，以攏絡這些議員的心，交換議員支持總統法案。反過來說，當總統忽視關鍵議員，對於總統的立法大業則常有不良影響。在前眾議院議長提普‧歐尼爾（Tip O'Neill）的心中「所有的政治都是地方的」（All politics is local），但時任民主黨籍的卡特總統卻不這麼認為，當歐尼爾想向卡特多索取幾張總統就職典禮的入場券卻遭到拒絕時，即為後來水火不容的府會關係埋下因子。

　　第二種是總統風格（presidential style），在總統學上也是一門顯學，藉由研究總統人格特質與魅力特質，來觀察總統施政是否順利。事實上，總統是否能推動政務，由許多不同因素同時決定，包括總統人格、總統領導行政團隊的方法、下屬對於總統的服從度、民眾支持度等。在這方面，巴柏

（James David Baber）的總統性格學（presidential character）最常為人所引用。巴柏把總統性格定義為總統的人生觀，而總統的精力（energy）則可以分為積極（active）或者消極（passive），同時總統享受擔任總統這項工作的程度分為正面（positive）或者反面（negative），巴柏相信積極與正面的總統，在施政上都會勝過消極與反面的總統。正面—積極的總統通常在兒童時期是在溫暖而支持的家庭環境下成長，他們願意接受新的事物與挑戰。相反而言，消極—負面的總統比較聽不進去旁人諍言，疑心病重，較無法放心運用資源與人力。表4-4顯示幾任總統的歸屬，負面—消極的總統包括柯立芝與艾森豪總統，正面—積極的總統則包括小羅斯福、杜魯門與小布希等。將總統性格應用在解釋總統立法成功上，則正面—積極的總統比較有機會成功說服外界支持其法案。

　　總統立法的第三種關鍵是總統領導力（presidential leadership），儘管領導力很重要，但是至今到底什麼是領導力與應該如何去測量領導力，學界都還未有定論。一般來說，所謂的偉大總統——包括華盛頓、傑佛遜、林肯、小羅斯福——不斷被傳誦與尊崇，似乎近代的總統只要缺乏他們那樣的樣板形象就會被認為是失敗的總統。美國媒體常會問：既然有些總統領導

表4-4　巴柏的總統性格分類學

	積極（active）	消極（passive）
正面 （positive）	傑佛遜 小羅斯福 杜魯門 甘迺迪 福特 卡特 小布希	麥迪遜 塔虎脫 哈定 雷根 柯林頓
負面 （negative）	林肯 威爾遜 胡佛 詹森 尼克森	華盛頓 柯立芝 艾森豪

力在某些時代可以成功，那麼這種領導力是否就應該跨越時代也在其他所有時代也可以有所發揮？要回答這個問題端視於美國社會對於總統有什麼期待，總統學的學者發現，總統在國會山莊所發表的國情咨文（State of the Union）演說，通常能夠成功地吸引到社會目光，達到設定立法議題的效果。此外，危機來臨時，包括大蕭條時期的小羅斯福總統、南北內戰前的林肯總統與 911 恐怖攻擊後的小布希總統都能夠受到民眾與國會的支持，並順利推動總統法案。也就是說，危機時期讓總統的領導力轉換為總統立法的成功。

　　總統立法的最後一種關鍵是說服的權力（the power to persuade）。這是一個非常美式總統學的概念。**由於在行政—立法分立的情況之下，總統缺乏機制可以親自在國會中提起法案，而美國總統也不像台灣總統一樣可以藉由行政院長轄下的行政部門在立法院提案，就算是美國國務卿都沒有在國會提案的權力。**美國總統只能夠央求同黨議員將 EOP 總統法案清單上的法案，以眾議員或者參議員的身分在國會提案，此時才會被視為是法案生命的開始。從這個角度而言，總統立法的途徑相當間接。此外，美國的政黨屬於柔性政黨，執政黨對於所屬的總統（其也是黨員）或者國會中的議員並無約束力，而且這種政黨無法號令從政黨員的情形在共和黨與在民主黨都一樣。這也就是為何美國總統通常不擔任黨魁的原因，總統也很難藉由黨紀來號令同黨議員支持總統法案。

　　換言之，總統缺乏體制內的機制來推動立法，但是總統有「說服的權力」。雖然總統無法強勢號令同黨議員，但是總統為民選，並且常依照個人魅力來一一說服 535 位參眾議員，不僅說服同黨議員，也有機會說服反對黨議員。另一方面，美國的政黨分際模糊，各州參眾議員的意識形態也不見得沿著政黨分際做分野。事實上，研究發現總統說服的權力不僅是針對個別議員進行，也會召集同黨黨鞭與反對黨黨鞭進入白宮溝通，展現大家各讓一步也各取所需的政治智慧。但由於 20 與 21 世紀總統與參眾議院由不同政黨控制的機會很大，因此分立政府的時期很長，從 1911 年以來分立政府時期約占 43%，這也常常導致嚴重的行政立法衝突，甚至在總統與眾議院多數立

場相扞格的情況之下，行政部門的預算遭到主管預算的眾議院刪減，導致行政部門運作癱瘓。例如 2019 年川普因爲堅持在美墨邊境築高牆而遭遇眾院多數黨的民主黨杯葛，民主黨大幅刪減許多行政部門預算，許多行政部門終而關門即爲一例。

第四節　美國南北內戰後歷任總統紀事

　　美國南北內戰的爆發（1861 至 1865 年），顯示黑奴問題如癌末積重難返，勢必要打一場戰爭才紓解社會矛盾所產生的壓力。而南北內戰前後的歷任總統，又在這場內戰中扮演極爲關鍵的角色，這些總統在種族議題上倡議的成功或失敗，也決定了美國政治當時與後來的走向。因此，本節中本書挑選美國南北內戰開始至往後重要的數十位總統，以製表的方式帶讀者閱覽過與這些總統有關的重要紀事，讓讀者產生更爲深刻的記憶。首先，內戰爆發前的**布坎南總統**時，也就是在 1856 年間爲**多黨制**，與現在由共和、民主兩黨爲主要政黨有很大的不同，當時包括「一無所知黨」（know nothing party），其主要訴求爲反蓄奴、反對外國人與天主教。反黑奴的還包括輝格黨（Whig）。至於共和黨則由林肯發揚光大，更是一個反蓄奴的北方黨。最後，以南方爲根據地的民主黨則贊成蓄奴。

　　1854 年由美國民主黨參議員史蒂芬‧道格拉斯（Stephen Douglas）提起「內布拉斯加州堪薩斯法案」，開放堪薩斯州以及內布拉斯加州這兩州的居民自由選擇是否允許蓄奴，一改當時僅有南方能蓄奴，北方禁止蓄奴的規定，此法案在引起社會極大聲浪下通過，也是釀成血濺堪薩斯的導火線，最後導致了南北戰爭的發生。1860 年的總統大選總共有 4 個人競爭，除了**林肯**代表共和黨參選之外，從民主黨分裂出來的「南方民主黨」篤信第 7 任總統的「傑克森式民主」（Jacksonian democracy），認爲奴隸是南方人的財產權，因此推出來自肯塔基州的候選人布雷肯里奇（John Breckinridge）參與大選。另外從輝格黨餘枝傳承下來的保守派憲法聯盟黨（Constitutional

Union Party）推舉貝爾（John Bell）參選，拒絕民主黨或共和黨任一方擁奴或反奴的立場，也不願因此而分裂國土。最後，民主黨推出贊成在北方也蓄奴，來自伊利諾伊州的道格拉斯對戰林肯。林肯最後以近四成的普選票、跨越半數的選舉人票當選。五個月後的 1861 年 4 月 12 日，分裂南北的內戰正式開打，北方為聯邦軍而南方為邦聯軍。史家回顧南北內戰共死了 62 萬人，要一直打到 1865 年 4 月 9 日南方戰敗黑奴才正式解放。但戰後南方仍以打折投票、種族隔離等方式箝制黑人的投票權與民權，一直到一百年後的 1960 年代「民權法案」（1964）與「投票法案」（1965）通過，種族才在法律上明定融合，黑人投票權才受到較為完整的保障。1864 年林肯尋求連任，獲得過 55% 的普選票與過半數的選舉人票連任成功，1865 年 4 月 11 日南北內戰結束，在邦聯總司令羅伯特·李（Robert Lee）投降後第 6 日，林肯被邦聯同情者約翰·布斯（John Wilkes Booth）在戲院用槍暗殺身亡。

林肯死後副總統**詹森**繼位，詹森雖為林肯副總統，但其實隸屬民主黨。這是因為在 1964 年大選時，林肯為了攏絡保守的南方民主黨人，因此以「國家聯邦黨」（National Unio Party）的名義與詹森組成一個參選總統與副總統的團隊（ticket）並參與大選獲得勝利。詹森在林肯死後露出真面目，豁免贊成奴隸制的南方軍官與地方官員，甚至希望各州擁有是否蓄奴的決定權，此舉等於恢復奴隸制，與林肯的理想背道而馳。詹森幾番與內閣中堅守林肯理想的將軍鬥爭並企圖罷黜他們之後，國會決定以詹森違反「任期法」（Tenure of Office Act）彈劾他。彈劾案在眾院通過，最後在參議院以一票之差未彈劾成功。詹森成為美國歷史上第一個遭到彈劾的總統。到了**葛蘭特**總統的時候，共和黨分裂為經濟自由派與政府派，前者反對大政府的思維，認為大政府不僅經濟干預，也傾向解放黑奴。這多少也與 1871 年的法國公社暴亂給予保守派美國人不良的印象有關，他們害怕黑奴被解放之後會起來作亂。同時儘管葛蘭特本身是廢奴主義者，但共和黨從他的時代開始也與財團越走越近。至於只在 1881 年短暫出現過的**加菲爾德**總統也是捍衛黑人民權的「林肯型總統」，也因為惹怒了自由派共和黨的選民而遭到殺害，成為林肯以來第二位被暗殺的美國總統。**亞瑟**總統在加菲爾德被暗殺後繼

任，理解到當時社會上不滿共和黨以「保護關稅」的手段力挺大企業，做了一任低調的總統便不再競選連任。另外一個值得注意的是在亞瑟總統期間國會也通過「排華法案」禁止中國人的移入，這條法案要到了二戰後蔣介石參與太平洋戰爭勝利後才被廢除。

　　從 1861 至 1933 年的七十二年間所有總統均爲共和黨，唯二例外爲克里夫蘭以及威爾遜。這期間儘管共和黨仍反奴但轉向保守。而**克里夫蘭**還是唯一非連續擔任兩任總統的人，分別在 1885 至 1889 年與 1893 至 1897 年。克里夫蘭是從紐約來的律師，但其意識形態支持金融保守主義（fiscal conservatism），在當時也獨領風騷。第 23 任總統又回到共和黨，哈里遜的祖父威廉・哈里遜是第 9 任總統。在 1981 年雷根當選前（當選時 70 歲），哈里遜以高齡 68 歲選上美國總統是就職時最老的總統。哈里遜上任後僅短短做了 31 天的總統即因病去世。另外一個記憶點是，哈里遜也是輸掉普選票但贏得選舉人票而當選的美國總統，歷史上這種情況共發生 4 次。最後在哈里遜任內的最後一年 1893 年發生了金融危機。第 25 任總統是另一位被暗殺的總統**麥金萊**，副手爲影響深遠同時也是下任總統的老羅斯福。麥金萊領導美國在 1896 年美西戰爭中擊敗西班牙，讓戰敗的西班牙將菲律賓、波多黎各與關島都割給美國。至於第 26 任的西奧多・羅斯福，一般外界稱爲**老羅斯福**總統，與林肯信念一致，曾接待當時的黑人教育家華盛頓到白宮作客。老羅斯福的改革大體來說保守中帶點開明，他主張個人主義、財產受保護、西部精神與整肅企業。到了第 27 屆總統**塔虎脫**就任，他是一個用功的律師，但是思想保守倒退，讓同黨的卸任總統老羅斯大爲光火，甚至因此在 1912 年脫離共和黨加入進步黨再次參選總統。第 28 任總統威爾遜是這段時期另外一位民主黨總統，其進步主義呼應了老羅斯福的改革。但威爾遜一上台就調低關稅，並且支持國際聯盟，共和黨批評他是社會主義者。

　　就威爾遜的個性而言，他出身於大學教授，較喜歡說教，其領導風格對國會來說欠缺說服力。另外，他任內也發生了「第一次世界大戰」，同時間 1917 年也發生「俄羅斯革命」。到了第 29 任總統哈定，他是出身中西部的總統，是屬於會與人勾肩搭背而且也接地氣的鄰家大叔。他的政策有些反智

不過也較爲親民。哈定主張美國應該「恢復正常」以及「美國優先」，就這一點而言，與現在的美國總統川普有異曲同工之妙。哈定的問題在於擔任美國總統時的幫派政治猖獗，被外界認爲是俄亥俄幫，他的司法部長甚至收取酒商回饋，但哈定卻刻意放任。哈定只擔任總統兩年半即因心臟病死亡，算是美國少數未做完任期的總統。值得一提的是，哈定提名第 27 任總統塔虎脫擔任首席大法官，塔虎脫終其一生最想擔任的職務並非總統，而是大法官，塔虎脫的心願終於在哈定任內實現。

第 30 任總統爲柯立芝，這是一個話不多有「沉默的卡爾」暱稱的總統。柯立芝任內非常縱容大企業，也在他卸任前遇到 1929 年的股市大崩盤。下一任總統爲胡佛，胡佛任內擔心冒犯保守派的白人，因此無心照顧黑人社區。1932 年時有 100 位黑人領袖在大選期間拜訪胡佛，胡佛卻不讓他們踏進白宮，而只在室外接待他們。從 1880 年以降，共和黨開始立法反移民、主張強勢美元、以高關稅來保護大企業。共和黨也支持低稅率與解除管制，他們認爲這樣就可以創造無窮盡的經濟成長，但到頭來還是造成 1929 年的經濟大蕭條。

到了美國第 32 任總統富蘭克林・羅斯福（小羅斯福總統），小羅斯福總統是從 19 世紀後半葉開始除了威爾遜總統以外的另一位民主黨籍總統，其他總統都由共和黨擔任。小羅斯福推動新政，此新政使得共和黨分裂成兩派：一邊畏懼大政府與社會主義，另一邊是習慣政府干預的共和黨。就小羅斯福的種族立場來講，他親近黑人，也願意接納移民。另外小羅斯福總統儘管是小兒麻痺患者不良於行，但他藉由當時剛發明的廣播進行定期的「爐邊夜語」（The Fireside Chats）進行政令宣導。小羅斯福總統野心勃勃，雖然當時的新政廣受好評，但其中一項改革卻包括企圖擴編美國最高法院大法官的數目（court packing），此舉引發美國各界反彈，最後未果。小羅斯福總統也是所有美國總統中唯一做超過八年的總統，之後美國憲法增修條文也增列總統不得做超過八年的規定。

到了第 33 任總統杜魯門時，民主黨正式分裂爲三派，第一派可稱爲杜魯門正規黨組織。第二派爲進步的民主黨人華勒斯（Henry Wallace）所代

表。第三派為南方民主黨員（dixiecrat）。其中第三派的民主黨員仍為早期保守的民主黨員。到了第 34 任的總統艾森豪，其當時副手為尼克森。艾森豪雖為共和黨籍的總統，但其年輕從軍時曾親眼目睹納粹集中營，感到震驚，奠定他要防止美國極端主義崛起的決心。整體來說，共和黨的艾森豪走的是中庸開明的路線，也受不少自由派的民主黨員支持。另外，1950 年代也是麥卡錫參議院反共、反同志與支持蔣介石的年代。過了十年的 1960 年代保守主義大興其道，耶魯畢業的保守派思想家巴克萊創辦《國家評論》雜誌。巴克萊把種族融合、民權運動與共產主義綁在一起。當時的艾森豪雖然是個保守派，但他卻提名了華倫大法官，最後做出名留青史的自由判決「布朗訴托彼卡教育局案」，為種族融合拉開序幕。

到了第 35 任總統，總統黨籍由共和黨轉為民主黨的甘迺迪，儘管甘迺迪身為民主黨員，但在保守派共和黨眼裡卻常與共和黨員艾森豪總統放在一起談，因為他們都是東岸的建制派菁英。甘迺迪的一生是個傳奇，他在政治場域很受歡迎，最後卻在 1963 年遭暗殺身亡。甘迺迪遭刺後，副總統詹森繼位。當時詹森推動大社會計畫，引起保守派的反彈，後來越戰失利，詹森疑似因為越戰的挫敗，而未再尋求連任。在共和黨方面，1964 年高華德贏得共和黨總統參選提名。當時高華德的對手是紐約州長洛克菲勒，高華德最後勝出。高華德的思想比較接近自由意志主義者（libertarian），也就是在經濟面向與生活方式上，都傾向於有限政府的思想。最後，高華德在總統大選中被詹森總統以懸殊票數差距擊敗。

到了第 37 任總統是共和黨的尼克森總統，1968 年尼克森推動「南方策略」（Southern Strategy）訴諸種族主義，但有技巧的與公然主張種族隔離的前阿拉巴馬州州長喬治・華勒斯（George Wallace）做一個區隔。當時華勒斯為第三黨候選人，代表美國獨立黨參選，民主黨則是推出漢弗萊參選。尼克森當選後，他任命安格紐（Spiro Agnew）為副手，安格紐後因刑案辭職，福特繼任副總統安格紐的位置，安格紐是第二位任內下台的副總統，第 1 位是自行辭職的卡爾霍恩（John Caldwell Calhoun）。最後尼克森自己也因為水門案下台，福特繼位為總統。可以說福特從擔任副總統到總統完全

沒有經歷過選舉。至於第 40 任總統是共和黨的雷根總統，其實老布希與雷根在黨內初選競爭，雷根最後勝出，但也邀請老布希擔任副手。雷根不理會民主黨運用大量的數據，而是使用鄉民的故事來說服選民。雷根提倡供給面經濟學，同時又不徵稅，等於政府可以花錢又不用償付，因此讓政府產生赤字。雷根來自於加州，本身離過婚，也寬容同性戀者，但他為了贏得選舉卻利用保守主義來標記自己，包括大量任命保守派法官。最後其任內的伊朗門事件（Iran Contra Affair）也讓雷根醜聞纏身。

第 41 任總統是老布希總統，其經歷外交官與國家安全局（CIA）的歷練。其實，老布希任內風評不差，1991 年波灣戰爭發生時，老布希甚至成功打了一戰，而且這場戰爭也受到包括聯合國在內國際社會的支持。另一方面，當時國會議員金瑞契崛起，他與老布希很不合，金瑞契以「表裡不一的共和黨人」（RINOs）來暗指老布希是這樣的人。老布希雖然執政不差，但最後因為經濟沒有搞好，在連任時輸給了當時提出「笨蛋，問題在經濟」的小夥子柯林頓。另外值得一提的是，1992 年總統大選時，獨立候選人佩羅也加入戰局，拿下了 18.9% 的普選票，但未拿下任何選舉人票，是有史以來第三勢力總統候選人表現最好的一次。到了第 42 任民主黨的柯林頓總統是非常受歡迎的總統，但是保守派不喜歡他。1998 年眾議院因為柯林頓做偽證與妨礙司法起訴他，但最後參議院並沒有通過彈劾案。柯林頓的大麻案與緋聞案並沒有讓民主黨支持者遠離他，反而更挺他。而保守派大將女律師庫爾特（Ann Coulter）接觸到緋聞錄音帶，並企圖在柯林頓彈劾案中推波助瀾。此外，雖然金瑞契當時推動彈劾案，不但不成，最後金瑞契自己也爆發婚外情醜聞。

到了本節所關注的最後一位總統小布希總統，他出身於共和黨，在 2000 年的選舉中，小布希搭配錢尼（Dick Cheney）對上民主黨的高爾搭配李柏曼（Joe Lieberman），當年這場選舉呈現小布希普選票少但選舉人票多而當選的情況，是歷史上發生這種違反多數決四次情況中的一次。911 恐攻之前，小布希的聲望低落，但 911 恐攻救了他的聲望，甚至也順水推舟成立了「美國國土安全部」（Homeland Security）。此外，值得一提的是

當時廣播脫口秀主持人林博（Rush Limbaugh）的粉絲布萊巴特（Andrew Breitbart）在 2007 年創立「布萊巴特新聞」（Breitbart News），2011 年布萊巴特心臟病發死亡，班農（Steve Bannon）掌控布萊巴特新聞替川普助選。小布希雖然有德州牛仔豪放不羈的風格，但嚴格說起來，他也算是共和黨建制派的共和黨員。但到了 2016 年川普執政後，整個共和黨的路線受到川普牽引，朝非建制派的方向發展。

表4-5　南北內戰後歷任總統紀事

任	總統	黨籍	背景事蹟	在任年分
15	詹姆士·布坎南	民主黨	1856年時為**多黨制**，包括「一無所知黨」（反蓄奴、反對外國人與天主教）、「輝格黨」（反蓄奴）、「共和黨」（林肯發揚光大，一樣反蓄奴）、「民主黨」（贊成蓄奴）。	1857-1861
16	亞伯拉罕·林肯	共和黨	1858年蓄奴者推史蒂芬·道格拉斯出馬對戰林肯。當時首席大法官托尼（Roger Taney）做出惡名昭彰的判決「德瑞德·史考特決定」（Dred Scott Decision），黑人不享民權，導致內戰發生。林肯戰後遭暗殺身亡。	1861-1865
17	安德魯·詹森	共和黨	詹森為林肯副總統，雖為民主黨人，但當時總統、副總統的組合可以是跨黨的。在林肯被暗殺後，來自南方的詹森嘗試要恢復奴隸制，後遭國會彈劾未果。	1865-1869
18	葛蘭特	共和黨	共和黨分裂為經濟自由派與政府派（葛蘭特總統等）。自由派甚至與蓄奴的民主黨結盟。此時「大政府」與贊成解放黑奴連結在一起。葛蘭特時共和黨漸與財團結盟。美國人對1871年法國大革命有不良印象。	1869-1877
20	加菲爾德	共和黨	加菲爾德是捍衛黑人民權的林肯型共和黨人。才當選於謝票時在華府火車站遭暗殺身亡；為林肯後被暗殺身亡的第二位總統。殺手支持自由派共和黨與大企業，民眾憤怒開始懲罰保護大企業的共和黨。	1881

表4-5　南北內戰後歷任總統紀事（續）

任	總統	黨籍	背景事蹟	在任年分
21	切斯特·艾倫·亞瑟	共和黨	亞瑟在加菲爾德身亡後繼任。亞瑟理解選民極為不滿以「保護關稅」手段照顧大企業的共和黨，因此保持低調，也只做了一任即不再連任。1882年民主黨控制了眾院，國會也通過「排華法案」。	1881-1885
22	史蒂芬·格羅弗·克里夫蘭	民主黨	從1861到1933年七十二年間所有總統均為共和黨，唯二例外為克里夫蘭以及威爾遜。這期間儘管共和黨仍反奴但轉向保守。克里夫蘭還是唯一非連續擔任兩任總統的人，分別在1885到1889與1893到1897。	1885-1889
23	班哲明·哈里遜	共和黨	1.祖父威廉·哈里遜為第9任總統，他就任時已68歲，直至1981年雷根當選前都是就職時最老的總統。哈理遜因病去世在位31天，是美國史上首位任內死亡與任期最短的總統。此紀錄被2021年時78歲選上的拜登打破。 2.哈里遜輸掉普選票但贏得選舉人票。他的普選票輸給對手、現任總統克里夫蘭，但贏了關鍵州紐約，因此以較多的選舉人票贏得選舉。 3.1893年發生金融危機。 4.1896年美西戰爭爆發。西班牙將菲、波、關島割給美國。	1889-1893
25	威廉·麥金萊	共和黨	副手為後來下一任擔任總統的老羅斯福。1901年9月被無政府主義者里昂·佐克茲（Leon Czolgosz）暗殺。	1897-1901
26	西奧多·羅斯福（老羅斯福）	共和黨	與林肯信念一致，還曾接待當時的黑人教育家華盛頓（Booker T. Washinton）到白宮作客。一如1863年時林肯接待著名的黑人廢奴主義者佛瑞德里克·道格拉斯（Frederick Douglass）一樣。 老羅斯福觀點：個人主義、保護私產、西部精神、整肅企業（要求企業透明化但不反商）。老羅斯福的改革嚴格說起來仍舊是保守的。	1901-1909
27	威廉·塔虎脫	共和黨	曾任老羅斯福內閣戰爭部長。身高180公分，出身俄亥俄州律師，用功但保守，是個法匠。塔虎脫不喜歡衝突與進步思想。其表現讓老羅斯福大為光火，在1912年脫離共和黨加入進步黨再次參選總統，但未選上。	1909-1913

表4-5 南北內戰後歷任總統紀事（續）

任	總統	黨籍	背景事蹟	在任年分
28	伍德羅·威爾遜	民主黨	其進步主義呼應了老羅斯福改革，但威爾遜一上台就調低關稅，並且支持國際聯盟（League of Nations）與國際主義，被共和黨批評為社會主義者。威爾遜出身大學教授，喜歡說教。任內發生第一次大戰。1917年俄羅斯革命。	1913-1921
29	華倫·哈定	共和黨	哈定出生俄亥俄州馬里恩市（Marison），是那種會與人勾肩搭背、接地氣的鄰家大叔。其政策有點反智但親民。哈定主張美國應恢復正常（Back to Normalcy）與美國優先。但後來哈定的幫派治國被外界視為是俄亥俄幫，其司法部長收取酒商紅包，哈定視若無睹。後來哈定心臟病發死亡，未做完任期。	1921-1923
30	約翰·柯立芝	共和黨	哈定死後，副手柯立芝繼任。無所作為的柯立芝縱容大企業。又柯立芝話不多，因此有沉默的卡爾綽號。1920年後，美國家庭開始能夠用電，也有了電燈，提升了生活品質。但遇到1929年的股市崩盤。	1923-1929
31	赫伯特·胡佛	共和黨	胡佛擔心冒犯保守派白人，儘管當時社會面臨種族緊張，但胡佛無心照顧黑人社區。更糟的是，當時100位黑人領袖在1932年選舉期間拜訪胡佛，總統竟不讓他們踏進白宮，只在室外接待他們。共和黨也開始立法反移民。從1880年以降，共和黨主張強勢美元、高關稅（保護大企業）、低稅率和解除管制，認為可以創造無窮盡的經濟增長。但到頭來還是導致1929年的經濟大蕭條。胡佛別無他法卻只高唱節約、道德與個人主義。1892、1907、1929年為三大蕭條年代。	1929-1933
32	富蘭克林·羅斯福（小羅斯福）	民主黨	推新政抗蕭條。新政使共和黨分裂為兩派：一邊畏懼大政府與社會主義。而羅斯福卻以公共工程處理經濟蕭條。另一邊是習慣政府干預的共和黨，並且認為可以做得比民主黨好。小羅斯福親近黑人。	1933-1945

表4-5　南北內戰後歷任總統紀事（續）

任	總統	黨籍	背景事蹟	在任年分
33	哈瑞·杜魯門	民主黨	民主黨至此分裂3派：第一派，杜魯門正規黨組織；第二派，進步派的民主黨人華勒斯（Henry Wallace）；第三派為Dixiecrat，即南方民主黨員。	1945-1953
34	德懷特·艾森豪	共和黨	副手為尼克森。艾森豪從軍時曾親眼見到納粹集中營，奠定他要防止美國極端主義崛起的決心。整體來說艾森豪走的是一個中庸開明的路線。1950年代同時是麥卡錫參議院反共、反同志與支持蔣介石的年代。1960年保守主義興起，耶魯畢業的保守派思想家巴克萊（William Bucklay）創辦《國家評論》（National Review）。巴克萊把種族融合、民權運動與共產主義綁在一起。而保守的艾森豪提名了華倫大法官，最後卻做出歷史上著名的自由判決「布朗案」，開啟了種族融合運動。	1953-1961
35	約翰·甘迺迪	民主黨	甘迺迪雖為民主黨，但在保守派共和黨眼裡卻與艾森豪被放在一起，都是東岸建制派菁英。甘迺迪以不輕易課稅的方式吸引東岸企業頗為成功，卻惹惱了西部的國防工業界。而後甘迺迪遭到暗殺身亡。	1961-1963
36	林登·詹森	民主黨	甘迺迪遭刺身亡，副總統詹森繼位。當時詹森推大社會計畫，引起保守派反彈。後越戰失利，詹森疑似因此而未再尋求連任。在共和黨方面，1964年高華德（Barry Goldwater）贏得共和黨總統參選提名。當時高華德的對手是紐約州長洛克菲勒（Nelson Rockefeller），高華德最後勝出。高華德的思想比較接近自由意志主義者（libertarianism）。高華德在總統大選中被詹森總統以懸殊差距擊敗。	1963-1969
37	李察·尼克森	共和黨	1.1968年時尼克森推南方策略，訴諸種族主義，但有技巧的避開主張種族隔離的前阿拉巴馬州長喬治·華勒斯（George Wallace）。華勒斯為第三黨候選人（美國獨立黨）。民主黨則是推出休伯特·漢弗萊（Hubert Humphrey）。	1969-1974

表4-5　南北內戰後歷任總統紀事（續）

任	總統	黨籍	背景事蹟	在任年分
			2.尼克森副手為安格紐（Spiro Agnew），後因案辭職，補福特。安格紐是第二位任內下台的副總統，第一位是自行辭職的卡爾霍恩（Calhoun）。 3.後尼克森自己也因為水門案下台，福特完全沒選過就繼任總統。	
40	羅納德・雷根	共和黨	老布希與雷根有競爭過，雷根勝出，邀請老布希擔任副手。雷根不理會民主黨運用大量數據，以鄉民小故事說服選民。其提倡供給面經濟學，卻讓政府產生赤字。同時卻不增稅，政府可以花錢卻不用償付。雷根本身離過婚，也寬容同性戀者，但仍利用保守主義來彰顯自己。此外雷根也大量任命保守派法官。而關於雷根的醜聞則有賣武器給伊朗的伊朗門事件（Iran Contra Affairs）。	1981-1989
41	老布希	共和黨	老布希經歷外交官與CIA主任。但由於經濟沒搞好連任時輸給提出「笨蛋，問題在經濟」的小夥子柯林頓。1991年第一次波灣戰爭爆發，老布希打得很成功。此時金瑞契（Newt Gingrich）崛起，提出「表裡不一的共和黨人」，並與老布希疏遠。「與美國的契約」（Contract with America）很成功讓共和黨拿下1994年的參眾議院選舉，保守派如日中天。1992年總統大選時，獨立候選人羅素・裴洛（Ross Perot）拿下18.9%的普選票，但未拿下任何選舉人票，是有史以來第三勢力表現最好的一次。	1989-1993
42	威廉・柯林頓	民主黨	柯林頓是很受歡迎的總統，但是保守派不喜歡他。1998年眾議院因為柯林頓作偽證與妨害司法起訴他，但最後在參院沒有通過。柯林頓的緋聞案與大麻案並沒有讓民主黨支持者遠離他，反而更挺他。而保守派名嘴庫爾特（Ann Coulter）接觸到緋聞錄音帶。而金瑞契還領銜推彈劾案，不但不成，金瑞契自己也爆發婚外情。1998年選舉民主黨還在眾院增加5席。	1993-2001

表4-5 南北內戰後歷任總統紀事（續）

任	總統	黨籍	背景事蹟	在任年分
43	小布希	共和黨	在2000年的選舉中，小布希搭配錢尼（Dick Cheney）對上民主黨的高爾搭配李柏曼，當年這場選舉呈現小布希普選票少但選舉人票多，是歷史上發生這種違反多數決四次情況中的其中一次。911恐攻之前，小布希的聲望急墜，但911恐攻救了他的聲望，也因此美國國土安全部成立。 此外，當時廣播脫口秀主持人林博的粉絲安德魯‧布萊巴特在2007年創立「布萊巴特新聞」，2011年布萊巴特心臟病發死亡，班農掌控布萊巴特新聞替川普助選。	2001-2008

結語

　　美國總統藉由特殊的選舉人團制選出，在過去雖然是由這些身為選舉人的政治菁英間接選出，但時至今日，這些菁英早已淪為象徵，無實質功能，不論由誰擔任都很難見到跑票，可以說還是由各州的普選結果來決定由哪位總統候選人當選。也就是說，總統最在乎的，仍需回歸到廣大的基層選民。而總統制的總統之所有這麼多憲法保障與非制定性的權力，即源於普選票所授權，因此，每當總統想要喚醒世人對於特定議題的重視，甚至要推動立法，就會出面召開記者會作為訴諸公眾（going public）的方式。早自小羅斯福總統以「爐邊夜語」的廣播途徑來訴諸公眾，確立了訴諸公眾的常態性。1974 年，尼克森總統因為「水門案」下台，社會大眾對於總統的監督與挑剔益發深刻。在 1974 年的「美國訴尼克森案」（*U.S. v. Nixon*）的最高法院判決中，最高法院明定總統的「行政豁免權」（executive privilege）並不是無限上綱的，最高法院當時認定尼克森需要將「水門案」相關的錄音帶與證物繳給聯邦法院以供調查。「美國訴尼克森案」可視為是對總統權力的一大限縮。

　　但之後總統訴諸公眾以擴張權力的努力並未止歇，柯林頓總統在位期間，平均一年以各種形式對外發表演說 550 次，雷根總統也有 320 次，更早期一點的總統杜魯門則僅有 88 次。事實上，19 世紀的總統鮮少對外露面，所謂的訴諸公眾在當時並不是總統的主要選項。歐巴馬上任後，其推動歐巴馬健保與一連串的自由改革，以絕佳口才與個人魅力，藉由不斷在國內外的演講與造勢，協助其推動政務。歐巴馬首任時的總統支持度（presidential approval ratings）平均都有四成五以上，在民主黨支持者心中都有七、八成的支持度。到了 2016 年川普跌破所有專家眼鏡當選，可以看作是一個左翼急轉直下反轉到極端右翼的過程，與過去總統大不相同的是，川普從來就不是這麼在乎「所有選民」，他只在乎他的「鐵粉」，也許是因為這些鐵粉就足以繼續支持川普的強勢統治，事實上，2018 年的期中選舉，雖然川普所隸屬的共和黨失去了眾議院，但還是保住了參院多數，川普與共和黨並沒有在選舉中大敗。而如果說歐巴馬執政八年作為極化政治的培養皿，那麼川普就可以視為是這種極化政治的孵化，根據蓋洛普民調，在川普任內，保守派選民對其支持度都可以達到八成五甚至九成，獨立選民中僅有三成五支持川普，自由派選民更低僅有 5% 至 9% 的個位數。研究美國總統的人幾乎都承認這是一個極化時代的來臨，唯一不變的是，川普針對他在乎的選民仍舊「訴諸公眾」，一個不用靠普選票贏得大選的總統，其「選擇性」訴諸公眾當然也可以令人理解。

　　在 2020 年大選中，拜登與川普歷經選前各式負面選舉（假新聞、辯論會互相攻訐等）以及川普感染「新冠肺炎」等嚴峻競爭後，由拜登贏得破 300 張的選舉人票，並成為新任總統。2021 年 1 月 20 日拜登繼任為新總統之後，美國政府由非建制派回歸到華府菁英手上的建制路線，並由極右翼路線回到溫和左翼路線，值得世人持續關注。

2020年美國大選後記

　　2020 年美國大選完畢，雖然新冠肺炎疫情與郵寄選票使用等因素讓選舉充滿高度爭議性，但 12 月 14 日各州選舉人依照時程在州議會及其指定地

集會投票，整個大局往拜登當選的方向確立。2021年1月20日拜登順利就職，所有的聯邦文官體制與軍隊聽命於新總統，等於美國已經安然渡過這一次的考驗。此次大選也存在不少選舉過程可議之處，又主流媒體流於自由傾向對川普不利也是事實。同時川普在各州所發動大大小小的選舉無效之訴，也更加將社會撕裂成兩半。

　　川普敗選確定，是1993年老布希總統以來第一位只做了一任就連任失利的總統。2016年時川普拿下的威斯康辛與密西根州，這次皆由拜登奪回，但差距均不大，在數萬到數十萬票之譜。佛州與德州由川普拿下，亞利桑那州與喬治亞州由拜登拿下，而上次一向普選票精準預測大選結果但在四年前失準的內華達州，這次又精準預測了，由拜登拿下。就在川普以前紐約市長朱利安尼領軍的千人律師團就威州、密州、亞利桑那州等地發動大大小小訴訟的同時，拜登也開始任命新的閣員。

　　包括國土安全部長馬約卡斯（Alejandro Mayorkas），他曾為國土安全部副部長，就任後將是該部首位拉丁裔部長，還有曾擔任聯準會主席的葉倫（Janet Yellen），將擔任財政部長，也是二百三十一年來首位擔任該職位的女性部長。另國家情報總監由海恩斯（Avril Haines）擔任，他是前中央情報局副局長。前外交官格林菲爾德（Linda Thomas-Greenfield）擔任美駐聯合國大使。前國安幕僚蘇利文（Jake Sullivan）擔任白宮國家安全顧問。更重要的是前國安幕僚布林肯（Antony Blinken）擔任國務卿，由於國務卿職司外交，對台灣至關重要，像川普的國務卿龐貝奧（Mike Pompeo）就對台灣極好，讓台美關係升級許多。此外，前國務卿也是2004年民主黨總統參選人的凱瑞（John Kerry）則擔任氣候變遷事務總統特使。這一份名單可以看出拜登雖然自己是「老白男」，卻很注重有色人種與女性的任命。

　　此外，就算川普卸任，他也已經提名了許多在他卸任後多留任幾年的文官，這些部門遍布在郵政總局、特殊委員會（職司公務員行政中立）、聯邦選舉委員會與政府倫理辦公室。更重要的是最高法院大法官巴瑞特（Amy Coney Barrett）的任命，她雖然被認為是保守派人選，但在多次參院聽證會公開表明會依照憲法本文來審判，這樣一個嚴守「文本主義」的大法官人

選，連民主黨參議員都找不太到挑剔的空間。雖然文本主義暗示了巴瑞特將本於憲法超然審判，但畢竟她由川普提名，又由於大法官是終生職，因此對於延續川普風格的政治至關重要。

　　最後，拜登政府對台灣與對中國的關係有可能回到歐巴馬時期「建制派」的路線，也就是「多邊主義」與「戰略模糊」。不過，就在抗中已經成為美國民主、共和兩黨共識的同時（不然多項友台法案不會通過），拜登上任後可望維持抗中基調，包括美中貿易戰會持續與對台軍售規格提升，只是拜登抗中的途徑應該會與川普直接快速的「拳頭外交」有很大的不同。總之，拜登總統是否是一個美國經歷過川普時期極化效應之後能夠讓全美甚至全世界休養生息的總統呢？美國的右翼與極右翼風潮被川普挑起後是否仍舊方興未艾？還是會隨著拜登的當選又往左翼溫和修正回來？最後，台灣是否能在新政府之下持續接受川普政府所遺留下來的友台紅利？這些都是值得我們觀察的焦點。

國　會

　　2018 年 2 月 28 日，參議院全院無異議投票通過眾院版本的「台灣旅行法」（簡稱台旅法，Taiwan Travel Act, HR535），並由川普總統在白宮簽署生效，「台旅法」破除台灣高層官員——包括總統蔡英文前往華府訪問的障礙，通過之後引起中共高強度的文攻武嚇。2018 年 12 月，參、眾兩院再通過「亞洲再保證倡議法案」（Asia Reassurance Initiative Act of 2018, ARIA），重申基於「台灣關係法」及「六項保證」對台灣的安全承諾，籲請川普總統定期對台軍售，川普也藉此展現具體的「印太戰略」以圍堵中共。另外一個近期由美國國會通過的是「2019 年國防授權法」（National Defense Authorization Act），該法案認爲美國應強化台灣軍力，建議推動美台聯合軍演，擴大雙方軍事交流與聯合訓練，與派遣醫療船訪問台灣，並且作爲年度「太平洋夥伴」任務的一部分。

BOX 2020年台美合作法制化加深力道

　　到了2020年，友台法案還包括「台灣主權象徵法案」（Taiwan Symbols of Sovereignty Act, Taiwan SOS Act，參院外交委員會審查中），准許執行公務的台灣外交、軍方人員在美國領土展示國旗與穿著制服；「台北法案」（全名爲「台灣友邦國際保護及加強倡議法案」，Taiwan Allies International Protection and Enhancement Initiative Act，3月26日生效）旨在強化台美夥伴關係與支持台灣維繫邦交；「台灣獎學金法案」（Taiwan Fellowship Act）至截稿時爲草案階段，計畫每年提供10名美國聯邦官員，以爲期兩年的獎學金支助，讓美國官員學習中文，深化台美連結與了解印太地區。最後是美國參、眾議員正在提案的「台灣防衛法」（Taiwan Defense Act），維持美軍阻止中國對台灣造成「既成事實」的能力，也要求美國國防部長從2021到2026年，每年的4月30日前，向國會軍事委員會提交國防部提升能力進度報告。

　　通過這些法案非同小可，因為它們都是法案（bill），由總統簽署通過
即成為美國國內法，具有「強制力」。上一次美國對台通過的法案並成功變
為美國法律的即為 1979 年的「台灣關係法」（Taiwan Relations Act），這
部法律幾十年來成為美中台三邊關係的基石，由此可見通過具有強制力的國
內法影響之大。

圖5-1　川普簽署友台法案

說明：川普於2019年1月3日簽署參、眾兩院通過的ARIA入法，前一天中國國家主席習近
　　　平才發表「告台灣同胞書」，企圖說服台灣接受「一國兩制」方案。

　　自從 1979 年台美斷交之後，美國國會往往比行政部門的國務院對台友
善更多，過去台灣輿情常受到美國國內通過支持台灣的議案鼓舞，但卻忘了
那些決議案不像「台旅法」一樣具有強制力，這些決議案不是眾院單院通過
的「單純決議案」（simple resolution），不須總統簽署，主要用來「宣示
立場」也無約束力；就是比單純決議案強一點，需要眾院及參院通過用以宣
示立場的「協同決議案」（concurrent resolution）。最為嚴謹而需要兩院都
通過且經由總統簽署生效的，是聯合決議案（joint resolution）與法案。另
外，如果聯合決議案是用來修憲，則不須總統簽署。而像「台旅法」這樣的
決議案，就是屬於最嚴謹的「聯合決議案」。在選舉時程的部分，國會參、

眾議院的選舉有兩種舉辦年，一種是在總統大選年，與總統選舉一起舉行
（例如 2016、2020 年等），另一種稱爲期中選舉（midterm election），在
總統大選年的兩年後舉辦，也常被認爲是民眾對於新任總統做了兩年之後表
現良窳的期中考核。2018 年 11 月 6 日的期中選舉，選舉結果讓民主黨拿回
眾議院多數，參議院多數則仍在共和黨手中，也就是說川普當局又回到分立
政府（divided government）。總之，本章從談「台旅法」等美對台法律位
階開始，介紹美國參、眾議院議案種類與法律效力。循序漸進介紹參、眾兩
院的基本功能、組織與運作。

第一節　國會的功能與定位

　　美國國會包含參、眾議院，參議院不分州的選民數，大州（人口數
多的州）或者小州（人口數少的州）均各有 2 名代表，因此參議員共 100
名。眾議院則依照州的選民數，大州有較多眾議員，小州有較少眾議員，
總共有 435 名眾議員。而與總統或者最高法院一樣，國會作爲三權分立
的支柱之一，撐起美國政治體系，其任務繁重，影響政壇動態甚鉅，自
有許多功能。而國會的主要功能（primary functions）有三：包含立法
（legislating）、告知與教育大眾（informing and educating public）與代表
選民（representing constituents）。而其次要功能（secondary functions）則
包括彈劾（impeachment）、安置與訓誡國會成員（seating and disciplining
members）、人事權（leadership selection for the executive branch）與其他
政策責任。

1.國會主要功能

(1) 立法
　　「立法者」這個名稱隱含了需要進行立法之工作。所謂的立法，即分
配或重新分配資源或者價值，以回應社會上廣大的需求，並解決當今急迫的

問題。譬如在 1990 年通過的「清潔空氣法」（Clean Air Act），其立法精神開宗明義提及：「此法之通過對於所有美國人都有直接的影響，因為它增進了我們每天都在呼吸的空氣品質，此法對於國民健康、交通與經濟都有顯著影響，也會影響到電力供給、消費者物價、工作與家園的無數面向。」一條法案的通過不僅涉及到該法案所直接影響的面向（例如環保法律之於環境保護），還涉及到更多間接影響的面向（環保法律之於稅務、交通、能源等），有些是立法者設想到的，但有更多是立者未能設想到的面向。以「清潔空氣法」為例，這部法推了十三年，好幾次由於反對該法通過的利益團體的杯葛，使得該法胎死腹中，但終究在老布希總統任內通過。這部法案的通過，最能展現國會立法工作具有正反兩面效益的特質，正面來說，這一部法案被國會監督團體評斷為優質法案，但反面來說，這部法案的通過經歷重重波折，涉及多方角力與鬥爭，法案的內容也為了要通過而必須修改，過程曠日費時，甚至吵吵鬧鬧，民眾對於國會印象極差的原因多源於此。

　　另一方面，雖然參、眾議員具有的立法權看似很大，但事實上在美國歷史上，國會立法權漸漸被行政部門尤其是總統拿去，更不用說總統具有行政資源與公務員來執行法律與推動政策，但參、眾議員沒有這些優勢，因此參、眾議員常將立法權授予行政部門，有兩個原因：第一，參、眾議員並沒有太多的時間與專業來處理立法事務，參、眾議員多為通才而非專才，但是行政部門則有許多的專家公務員。第二，參、眾議員不願意站上第一線來執行法律通過之後所形成的政策，例如大家都會同意沒有任何企業應該排放有害的污染物，但是至於哪一些企業應該限制？哪一些企業不應該限制？這些規定與管制在選民間莫衷一是，往往淪為對立與衝突，因此參、眾議員不想牽扯進去，乾脆讓行政部門與公務員來執行比較保險。

(2) 監督行政部門

　　美國基於憲法是行政與立法分立的國家，國會監督行政部門天經地義，但前面說過行政部門有許多立法部門沒有的資源，因此立法部門監督起行政部門勢必更費力，也需要更用功。但立法部門對於行政部門仍有以下的法寶：

A.創造行政單位或使其式微。

B.交付行政單位特定任務。

C.通過或者凍結行政單位特定預算。

D.同意或者否定總統的人事任命案。

　　參、眾議院爲確認行政部門不違反憲政原則而濫權，也必須善盡服務選民之責，因此國會代表人民監督行政部門，當然行政部門向國務卿與總統效命，美國國會不似我國立法院有行政部門需向立法部門報告施政績效的義務。美國的行政部門相當的本位主義，各行其事之外，行政部門之間的橫向聯繫也相當薄弱。因此立法部門藉由以上四種途徑來監督甚至控制行政部門遂變得相當重要。

(3) 告知與教育大眾

　　政治學者大部分都同意參、眾議院必須善盡對於社會大眾說明國家所面臨的重大議題之責任，而參、眾議院剛好又是制定這些攸關國家發展法案的中心機關。因此，不但國會立法過程要藉由媒體如 C-SPAN 忠實與透明呈現給社會大眾知道，參、眾議員在立法過程中，也會舉辦多場公聽會，並邀請學者專家與各方代表與會，盡量讓多方立場能夠辯論溝通，形成一個審議（deliberative）的過程。另一個角度來說，國會議員也需要讓選民能夠看到自己所推動法案政績，以便拿來作爲連任時邀功之用，因此告知與教育大眾，哪怕是以偏頗有利於自己的方式，也是國會議員一直在努力的方向。

(4) 代表選民

　　參、眾議員的產生都是由選民票選出來的，民主國家當中幾乎不會看到國會議員完全不以選民立場出發來爲他們說話，因此代表選民可以說是國會議員的主要功能之一。然而，所謂的「代表性」（representation）是一個複雜的概念，亦即國會議員對於選民的需求與企盼做出回應。然而代表性也分爲不同種類，大體可以分爲下列四種方式：

A.託管模式（trusteeship）：又稱全權委託模式，由學識與教育程度較好的民意代表來代表選民，柏克（Edmund Burke）認爲這裡的關鍵在於「審慎的判斷力」與「明智的良知」。託管模式容許代議士與選民的意見相左。

B. 委任模式（delegation）：指代議士傳達選民偏好與觀點，鮮少或者無法行使代議士本身的判斷力或者偏好，嚴格說起來，代議士在此種模式之下是不被授予獨立思考的權利，要忠實呈現選民決定。

C. 授權模式（mandate）：前兩種模式皆早於現代政黨的出現，所以才將代議士視為實質上的獨立行為者，但授權模式是將代議士視為是政黨的步兵，並且因為該黨的公眾形象或政策計畫才獲得支持，此代議制度的代理人是政黨而非個別政治人物。實際上，代議士是藉由其對於政黨的忠誠與紀律來服務選民。

D. 反映模式（resemblance）：指代議士本身的性別、身分、財富等特徵直接代表了選民，又稱所謂的描述性的代表（descriptive representation），例如女性代議士可以代表女性選民、弱勢族群代議士可以代表弱勢選民。

2. 國會次要功能

在國會次要功能的部分，雖然執行的頻率不若主要功能頻繁，但同樣是國會非常關鍵的功能。這些功能包括：**彈劾、安置**（seating）與**訓誡**（disciplining）國會成員與**行使行政部門人事權**（selecting leaders for the executive branch）。在某種意義上，國會是一個解決爭議的準司法單位（quasi-judicial body），根據美國憲法第 2 條第 4 項（Article II, Section 4），國會可以彈劾的對象包括「總統、副總統與美國所有文官」（the president, the vice president, and all civil officers of the United States）。而聯邦法官才有可能經由彈劾程序去職，除此之外別無他法，而且聯邦法官都是終身職的，如果非自願退休，都可以擔任到生命終結。但針對國會議員與內閣部會首長（cabinet secretaries，稱為卿），仍舊有其他方法使這些人去職，例如參議院可以投票驅逐（expel）參議員，而部會首長一樣可以受到刑事起訴。在彈劾程序上，首先由眾院議員針對總統、副總統或聯邦高階文官依一項或者多項罪名進行彈劾案投票，若過半數（majority vote）眾議員同意，則通過起訴（indictment）。

　　此時，彈劾程序就會進展至參議院，由最高法院的首席大法官（chief justice of the Supreme Court）來綜理，而由一群眾議員組成的檢察官群（prosecutors）在參院中起訴，所有參議員擔任陪審團（jury），如果有三分之二的參議員投票贊成總統、副總統或者聯邦高階文官有罪，則彈劾案成立，被告就必須去職。值得特別說明的是，歷史發展至今，美國只有 4 位總統即將（尼克森）或者歷經過彈劾（詹森、柯林頓與川普），第一位是 1868 年南北內戰之後的詹森總統，他因為在林肯打贏了內戰解放了黑奴之後企圖調動軍事將領而遭致彈劾，彈劾案在眾院通過，但到了參議院以 35 票反對 vs. 19 票贊成未通過彈劾，最後詹森無罪釋放（acquitted）。第二位是柯林頓總統，他因為緋聞案（affair）、偽證罪（perjury）與妨礙司法（obstruction of justice）而被眾院提起彈劾，但這些起訴在參院都未達三分之二的票數同意，因此柯林頓也被無罪釋放。再來是 1974 年的尼克森總統，他因為「水門案」在眾院準備起訴期間就自行辭職了，換言之，尼克森還未進入到真正的彈劾投票程序。值得說明的是，在尼克森與柯林頓的彈劾案中，彈劾案是先送到眾院的司法委員會（The House Judiciary Committee）進行審查，但詹森的彈劾案則是由眾院直接進行起訴與否的投票。最後是川普總統，他在眾院通過起訴，罪名是「濫權」（abuse of power）與「妨礙國會」（obstruction of congress），與川普疑似介入俄羅斯政局有關。儘管這項彈核案在眾院通過起訴，卻沒有在共和黨多數的參院定罪。值得說明的是，川普在 2020 年連任失利後由於煽動叛亂被眾院彈劾第二次，成為目前美國唯一被彈劾兩次的總統。

　　歷史上除了總統、副總統無人被成功彈劾之外，包括聯邦參議員（William Blount, US Senator from Tennessee, 1798）與眾多聯邦法官都有被彈劾成功的前例。根據憲法（Section 4），包括總統、副總統或任何聯邦高階文官若被彈劾，其罪名包括叛亂（treason）、賄賂（bribery）與其他高階犯罪（high crimes）與各種道德瑕疵（misdemeanors）。有趣的是，這些政治人物可能受刑事定罪，但彈劾不一定成立；但也有可能被彈劾確定，卻不受刑事定罪。譬如當年尼克森的副總統斯皮羅·阿格紐（Spiro Agnew）犯

了貪汙、逃漏稅甚至恐嚇罪，被法院判刑之後，卻未遭受彈劾。另一方面，尼克森的監聽疑雲「水門案」未受刑事追訴，卻受到彈劾機制追究。這些弔詭之處在在顯示彈劾案的政治性而非司法性。

　　國會的第二個次要功能為安置與訓誡國會成員。不論是參院抑或眾院都有仲裁選舉是否有效的權力。尤其在國會選舉結果很接近時，選舉輸家常會挑戰選舉結果，儘管兩院都必須要無私地解決這種爭議，但歷史上兩院的仲裁都還是難免被質疑為不公且具有政黨色彩的。此外，兩院對於國會議員當選者還具有拒絕（exclude）國會選舉當選者就職的權力，尤其這些當選者後來被發現不具有美國公民資格、不居住在選區一定時間以上、沒有至少 25 歲以上（參選眾議員資格）或至少 30 歲以上（參選參議員資格）。在 1969 年之前，兩院甚至時常針對不忠的議員施行拒絕權，例如在南北內戰後拒絕承認內戰結果的國會選舉當選者，或者受到刑事追訴的國會選舉當選者，國會當然不讓他們就任。但 1969 年最高法院的「鮑威爾訴麥科馬克案」（*Powell v. McCormack*）判例即禁止了國會這項過於武斷的作為。而當參、眾兩院議員都齊聚一堂正式開會之後，同儕之間已有諸多針對國會議員能施行的集體權力，包括**驅逐**（expulsion）、**譴責**（censure，用於參院）、**懲戒**（reprimand，用於眾院）與**罰款**（fine）。儘管兩院的議員對於施行這種「懲罰自己人」的權力能免則免，但這些權力在歷史上的確常常被使用。驅逐權是這四種權力當中最為嚴厲的，只要有三分之二的參院或者眾院議員針對各自的議員通過這項權力，則該議員就被驅逐出國會，不再具有議員資格。歷史上除了數個不認內戰結果的議員遭受這種處分之外，在一般情況之下，僅有一個參議員與一個眾議員被驅逐出國會。1876 年，田納西州參議員布朗特（William Blount）因為受到刑事起訴而被驅逐。另外，1982 年哈里森·威廉（Harrison A. Williams）同樣因為收賄受到檢調調查，不同的是就在國會即將驅逐他之際，他自己先辭職。在眾院部分，則是 1980 年紐約州眾議員梅耶斯（Ozzie Myers）因為賄選醜聞案而被驅逐。

　　至於處分程度稍微輕微的譴責、懲戒與罰款，譴責案指以口頭方式來譴責參議員的不良行為，並且要求該參議員站在所有議員面前，並由主

席宣讀譴責案內容。至於在眾院，懲戒案一樣用來針對某一眾議員做錯事（wrongdoing）進行批判，只是該眾議員不必站在全體眾議員面前。過去參院已經譴責不少參議員，但用詞不一定是 censure，有時也交互使用reprimand condemnation 或者 denouncement 等詞。譴責或懲戒有時候會包括罰款，例如在 1997 年，眾院議長紐特・金瑞契（Newt Gingrich）因違反眾院內規不但被懲戒，也被罰款 30 萬美金。金瑞契當時濫用免稅組織作為其個人政治目的之用，並且提供錯誤資訊給眾院倫理委員會。

國會的最後一個次要功能為**行使行政部門人事權**，國會最為顯著的人事權莫過於總統選舉中，由於選舉人團數無法過半，也就是在沒有任何一組總統候選人拿超過 270 張選舉人票的情況之下，國會必須行使總統人事權。此時由眾院就「大選前三名」的總統候選人中選出一名當總統，同時，由聯邦參議院在前兩名總統候選人的副手間選出一名擔任副總統。同樣的，根據憲法第 25 條修正案，若副總統出缺，則兩院必須以過半數同意總統所提命的新任副總統人選，歷史上這個程序被使用過兩次，一次是尼克森在原副總統阿格紐因刑事案件辭職之後再提名福特擔任副總統。另一次是後來尼克森自己因為「水門案」而辭職，由福特繼位總統，這時由福特提名副總統納爾遜・洛克斐勒（Nelson Rockefeller）經過兩院同意而就任。在參院的部分，參議院同樣扮演行政部門與聯邦法院人事權的要角，也就是參院特有的建議與同意權（advice and consent），舉凡總統所提名的內閣部長（卿）、駐外使節、聯邦法官等，都需要參院同意才能就任，而且都需要過半參議員同意總統人事案才能生效。有一些總統的提命案如果遭遇到參院太大的阻礙，則總統也有可能收回這些提名，然而歷史上參院針對總統的提名案同意的比例超過 96%，顯示儘管參院中有總統的反對黨，但大多仍能尊重總統的提名權。最後，在其他參、眾兩院的權責方面，兩院都必須參與憲法修正案的起草（initiatives），此外，參院有特殊的權力來締結外交條約（treaties），但需要三分之二票數通過。最後，兩院也有責任集體來照顧首都，也就是華府特區的選民，然而這是很弔詭的，因為並沒有特定參、眾議員從華府選出，但由參、眾議院共管。

　　在國會議員數目方面，參議員共有 100 位，無論一州人口數多寡，都平等選出 2 名參議員，之所以不分大小州均一律選出 2 名參議員，是作為開國之初南方小州不願意加入聯邦的誘因。但在眾院部分，則依照人口數多寡而產生人數不等的眾議員（表 5-1），譬如人口數最多的加州（3,951 萬人），依照選區 53 位眾議員。人口數少的兩州如南、北科塔州（約 88 萬人），則各選出 1 名眾議員。事實上，各州參、眾議員數目也與各州的選舉人票相等，只是選舉人票還多了 3 張分給參、眾兩院共管的華府地區選民，共有538 票選舉人票。但單就參、眾兩院的議員人數相加則有 535 位。

表5-1　各州眾議員人數

州	人數
阿拉巴馬（Alabama）	7
阿拉斯加（Alaska）	1
亞利桑那（Arizona）	9
阿肯色（Arkansas）	4
加州（California）	53
科羅拉多（Colorado）	7
康乃迪克（Connecticut）	5
達拉威爾（Delaware）	1
佛羅里達（Florida）	27
喬治亞（Georgia）	14
夏威夷（Hawaii）	2
愛達荷（Idaho）	2
伊利諾伊（Illinois）	18
印地安納（Indiana）	9
愛荷華（Iowa）	4
堪薩斯（Kansas）	4
肯塔基（Kentucky）	6
路易斯安那（Louisiana）	6

表5-1　各州眾議員人數（續）

州	人數
緬因（Maine）	2
馬里蘭（Maryland）	8
麻州（Massachusetts）	9
密西根（Michigan）	14
明尼蘇達（Minnesota）	8
密西西比（Mississippi）	4
密蘇里（Missouri）	8
蒙大拿（Montana）	1
內布拉斯加（Nebraska）	3
內華達（Nevada）	4
新罕布夏（New Hampshire）	2
紐澤西（New Jersey）	12
新墨西哥（New Mexico）	3
紐約（New York）	27
北卡（North Carolina）	13
北科塔（North Dakota）	1
俄亥俄（Ohio）	16
奧克拉荷馬（Oklahoma）	5
奧勒岡（Oregon）	5
賓州（Pennsylvania）	18
羅德島（Rhode Island）	2
南卡（South Carolina）	7
南科塔（South Dakota）	1
田納西（Tennessee）	9
德州（Texas）	36
猶他（Utah）	4
佛蒙特（Vermont）	1

表5-1　各州眾議員人數（續）

州	人數
維吉尼亞（Virginia）	11
華盛頓（Washington）	10
西維吉尼亞（West Virginia）	3
威斯康辛（Wisconsin）	8
懷俄明（Wyoming）	1
總計	435
U.S. congressional apportionment	

資料來源：作者整理製表。

3.國會議員背景暨待遇

　　就國會議員進入國會前的職業，從過去國會紀錄來看，最大宗是地方民意代表，主要是州的參、眾議員，依序爲商業、法律、軍隊、教育、非營利組織、娛樂／媒體、醫學與農耕行業等，在20世紀前半期，事實上擔任國會議員都是屬於兼任的性質，參、眾議員在平時有自己的正職。到了20世紀後期之後，國會議員這個工作逐漸轉爲正職，薪水也不斷地調升。一個參、眾議員已經逐漸成爲一個足以爲正職的說法是：參、眾議院逐漸「制度化」（institutionalized），而立法也逐漸成爲一門「專業」（professionalism）。事實上，到了20世紀中後期，眾議員藉由連任成功在眾院持續服務的年分平均達十一年，而參議員也有約十年之久，比20世紀前期還要長許多。此外，現任參、眾議員在競選連任時有明顯的優勢（incumbent advantage）也助長了參、眾議員平均工作年限的拉長。但也由於現任者優勢，導致現任議員不易被挑戰者挑戰成功，因此遭致外界許多參、眾議院充滿既得利益者的批評，甚至有檢討聲浪希望能針對參、眾議員設立任期限制（term limit），不過至少到目前爲止，參、眾議員連選得連任，沒有任何任期限制。

在**國會議員薪資與待遇**的部分，首先，國會事務複雜難解，國會議員的生活忙碌不說，工作壓力之大可想而知，理論上如此位高責任重的職位享有厚祿自是可以理解，然而，另一方面美國民眾對於聯邦參、眾議員的調薪非常敏感，也不希望自己的納稅錢核撥太多給這些民意代表。早在第 1 屆國會時，國會議員的日薪為 6 元，到了 1816 年，眾議員投票將自己的薪水調整為一年 1,500 元，然而這個舉措遭到選民嚴厲譴責，隔年選舉 60% 的眾議員甚至因此而落選，眾議院不得已再調回日薪 6 元，隨後微調為日薪 7 元，就此維持了四十年。到了 1855 年，參、眾議員將自己的薪水調為年薪 3,000 元，十年之後調整為 5,000 元；1873 年則到了年薪 7,000 元，儘管如此，每一次的調薪仍舊引起選民極大反彈，1873 年的調薪案讓共和黨在隔年眾議員選舉中又掉了 96 席，過了一年調薪案被取消。

20 世紀後國會議員的待遇繼續嘗試往上攀升，1983、1984、1987、1989 年都有幾次國會議員調薪案，但也都遭受選民反彈，1992 年通過的憲法增修條文第 27 條，甚至要求在調薪前先舉辦一場國會議員選舉。為了掩人耳目，國會議員調薪常不以正式提案為之，而是藉由「生活水平的年調整」（annual cost of living adjustment, COLAs）來達成，COLAs 作為反映通膨（inflation）來調整薪水的途徑，也不僅是針對參、眾議員而已，聯邦法官與行政官員的薪水調整也受 COLAs 規則的庇蔭。因此 COLAs 不必經過國會提案年年自動生效，1989 年一條法律通過更規範國會議員的年調薪率設在通膨指數下 0.5 個百分點。到了 1999 年，國會議員的年薪已經到了 13 萬 6,700 元，絕大部分的民眾認為這樣的薪資水準已經相當充裕，但也有參、眾議員認為，參、眾議員職位若對照民間公司的高階經理人職如 CEO，仍是相距甚遠的；但不這樣認為的人則說參、眾議員的工作相對穩定，也享有更高的社會地位。

到了 2018 年參、眾議員的年薪為 14 萬 4,000 元，換算下來相當於新臺幣月薪 43 萬 5,000 元，而且這個行情是從 2009 年就已經開始的。基本上，參、眾議員的薪水是相同的，除了各院的領導職，譬如眾院議長的薪水是一年 22 萬 3,500 元，參、眾兩院多數黨與少數黨領袖是一年 19 萬 3,400 元。

這些薪資都已經相當豐厚，此外法律規定參、眾議員的外快收入（outside outcome）不得超過本俸的 15%。

在本俸之外，參、眾議員還享**額外津貼**（perquisites），或稱**補貼**（perks），分為兩方面：

第一，健保費補貼、便宜保費、充裕退休金。停車位、專屬健身房與髮廊服務甚至都是免費的，就連眾議員裝飾辦公室的材料費國會都會免費提供。美國園藝學會也每年供給每一位參、眾議員辦公室 6 株植物盆栽，同樣免費。

第二，津貼與協助立法工作有關。參、眾議員在華府有辦公室不說，辦公室用品與書櫥沙發都是免費提供。由於美國幅員遼闊，因此到華府辦公的各州參、眾議員需要打長途電話、郵寄、快遞等，郵寄部分又稱 franking privilege，這些費用也由國會買單。更重要的是助理群的提供，一個典型的參、眾議員辦公室都配置 12 個左右的助理擔任不同工作，如下：

(1) 行政助理（administrative assistant）：負責辦公室所有庶務。

(2) 法案助理（legislative assistant）：協助議員專注在一個或多個領域的專業立法。

(3) 法案主任（legislative director）：法案助理群的管理者。

(4) 人事主任（appointment secretary）：管理議員辦公室的人事聘用差遣。

(5) 新聞秘書（press secretary）：負責新聞發布與對外關係。

(6) 法案聯絡人（legislative correspondents）：專門回應選區需求。

(7) 專案工作人員（caseworkers）：一個或多個專案工作人員協助立法需求或者選區需求。

4. 國會內部組織構造

接下來我們來談談**國會內部組織構造**。首先，美國和許多歐陸國家一樣，都是兩院制（bicameralism），也就是有參議院與眾議院，與兩院制對立面的為一院制（unicameralism）。歷史沿革上，美國兩院制受英國兩院制影響，英國上議院為「House of Lords」，由貴族與教士組成，下議員則為

「House of Commons」，由百姓代表組成。回憶第二章所談及的「維吉尼亞計畫」、「紐澤西計畫」與「大妥協方案」，美國國會的兩院制其實是在人口大州與小州之間的一個權力平衡。但不管如何，美國兩院制比起先進國家的兩院制（英、法、德），都有更具權力的上院。事實上，美國參院與眾院的權力相當，與歐陸各國的上院多半權力受限不同（德國參院「Budesrat」卻仍有其功能）。

　　在兩院制優劣的部分，反對者會認為，如果是一條好的法案，一院就應該通過，何必還要曠日費時經過兩院審核；又如果是一條壞的法案，一院就應該成功阻擋，何必還要等到第二個院來幫忙阻擋？但不管如何，兩院制的主要精神，是希望將政府「四分五裂」，以防止其濫權。行政、立法、司法已經進行三權分立，如果立法權又可以分為參、眾兩院而上下分權，則政府的權力更不易濫用。同時法案的審查也可以經由兩院的斟酌而讓更多雙眼睛盯著，品質也許會更好，不過其實這是一個迷思，因為美國民眾對立法過程吵吵鬧鬧非常不耐的原因，也多半是因為兩院審查過程過於冗長，當中又涉及到許多的政黨鬥爭。

圖5-2　2020年彈劾川普時的眾院司法委員會

資料來源：美國之音（VOA）。

　　接著談到**國會委員會**，美國前總統威爾遜在 1885 年時稱這些委員會爲具體而微的國會，大部分的立法工作都在這裡完成，因此可想而知委員會的重要性。而依表 5-2 來看，而委員會又可分爲「常設委員會」（standing committee）與「專門委員會」（ad hoc committee）[1]。而所謂的常設委員會，顧名思義是不會因爲國會多數輪替而消失，會永久保留在那裡；而特定委員會則不是時時刻刻存在，會依特殊任務編組而出現。國會（不管在參院或眾院）所審議的法案，在經過一讀之後，就會依照法案的類別送到主審委員會進行「付委」的動作，以便進行「專業審查」，眾院有：農業、撥款、國防、金融事務、預算、教育與勞力、房屋行政、國土安全、外交事務、司法、自然資源、監督與改革、程序、科學、太空與科技、小型企業、倫理、交通與建設、退伍軍人、籌款、能源與商業等共 20 個委員會。其中撥款委員會爲撥付款項，籌款委員會則爲籌措財源。

　　在參院的部分，則有農業、營養與森林、撥款、國防、銀行、房屋與都市事務、預算、商業、科學與運輸、能源與自然資源、環境與公共工程、財務、對外關係、國土安全與政府事務、健康、教育、勞工與退輔基金、司法、程序、小型與大型企業與退伍軍人等共 16 個委員會。

　　值得說明的是，眾院的程序委員會爲議長掌控議程的關鍵機制，常被稱爲「霸王級委員會」，也被稱爲是眾院裡的「交通警察」（traffic cop of Congress）。不像是其他委員會只處理特定政策領域，眾院程序委員會規範法案審議的程序細節（順序與方式），包括辯論的形式與條文的修改，這些都能由程序委員會來特別限定，常成爲法案在眾院最後是否能順利通過的關鍵。而參院的程序委員會由於受限個別參議員能針對會議進行杯葛的設計，或者說參議員所參與的院會辯論是不受規則限制的公開辯論（open debate），因此參院程序委員會的影響力不若眾院的程序委員會來的大。但參院程序委員會仍舊負責參院議事規則的制定與推動，同時也負責參院行政事務與內部選舉有爭議時的化解與仲裁。

1　也稱「特殊委員會」（special committee）。

　　此外，**特定委員會**的成立則是爲了彌補常設性委員會遺漏掉較爲細部的議題，原則上特定委員會屬於任務編組，一段時間就會退場，不過也有一些特定委員會已經逐漸內化爲常態性，並且依據參、眾兩院法規定時召開。在眾院的部分有情報人員選材、氣候變遷危機與國會法規改革委員會。在參院的部分則有高齡美國人議題調查、國際菸草防治、國會倫理、原住民事務與情報委員會。這些特定委員會大體可以分類爲「人事功能」（select）[2]與「特殊功能」（special）兩種：人事委員會是爲了要通過行政部門任命案，特殊功能的委員會則屬於議題導向。最後，還有兩院聯合召開的委員會，稱爲**聯合委員會**（joint committee），包括在經濟、自由、印刷與稅務 4 個方面。

　　再回到常設委員會的部分，參院的常設委員會包括主要（major）與次要（minor）委員會，但在兩種委員會之上還有更爲菁英（elite）的四種委員會：撥款、財務、國防、外交關係。由於參院特有的權力包括外交權（另一是人事權），因此 4 個菁英委員中就有 2 個與外交有關，並不令人意外。根據參院規則，每一位參議員在菁英委員會中頂多只能選一個加入，另外其他的主要委員會不能超過 2 個。而根據 1950 年代所立下的林登・詹森規則（Lyndon Johnson Rule），任何一位參議員若想要進入第二個委員會，都必須等到每一位參議員已經都選到一個屬於自己的委員會之後才能這樣做。

　　在眾院的部分，委員會則分三種：獨享的（exclusive）、主要的與非主要的。獨享的委員會包括三種「撥款」、「程序」與「籌款」，而由於眾院獨有的權力爲稅務，因此 3 個獨享委員會中有 2 個就與稅務有關，也不令人意外。而程序委員會如前所述權力非常之大。就眾議員選擇上，一個眾議員若能選到獨享委員會，就只能有這一個委員會，其他沒選到菁英委員會的眾議員，能夠選一個主要委員會與一個非主要的委員會，但總數不超過 2 個。有趣的是，在參、眾議院都有少數不用要求就很容易分到的委員會（unrequested committees），亦即所謂的「菜鳥委員會」，在眾院包括房屋

2　雖然有些 select 委員會因爲時代的演化已經不再具有人事功能，但此名仍延續下來，例如參院的原住民選材委員會，或者參院國際菸草防治委員會。

表5-2　參、眾議院常設委員會、特殊委員會與聯合委員會

眾院	參院
常設委員會	
農業（agriculture） 撥款（appropriations） 國防（armed services） 預算（budget） 教育與勞力（education and labor） 能源與商業（energy and commerce） 倫理（ethics） 金融事務（financial services） 外交事務（foreign affairs） 國土安全（homeland security） 房屋行政（house administration） 司法（judiciary） 自然資源（natural resources） 監督與改革（oversight and reform） 程序（rules） 科學、太空與科技（science, space, and technology） 小型企業（small business） 交通與建設（transportation and infrastructure） 退伍軍人（veterans' affairs） 籌款（ways and means）	農業、營養與森林（agriculture, nutrition, and forestry） 撥款（appropriations） 國防（armed services） 銀行、房屋與都市事務（banking, housing, and urban affairs） 預算（budget） 商業、科學與運輸（commerce, science, and transportation） 能源與自然資源（energy and natural resources） 環境與公共工程（environment and public works） 財務（finance） 對外關係（foreign relations） 健康、教育、勞工與退輔基金（health, education, labor, and pensions） 國土安全與政府事務（homeland security and governmental affairs） 司法（judiciary） 程序（rules and administration） 小型與大型企業（small business and entrepreneurship） 退伍軍人（veterans' affairs）
特殊與選才委員會	
常設特別情報委員會（permanent select committee on intelligence） 環境危機的選才委員會（select committee on the climate crisis） 國會現代化的選才委員會（select committee on the modernization of congress）	老年（特殊）（aging (special)） 國際毒品管制小組（選才）（caucus on international narcotics control ethics (select)） 原住民事務（選才）（indian affairs (select)） 情報（選才）（intelligence (select)）
聯合委員會	
聯合經濟委員會（joint economic committee） 聯合自由委員會（joint committee on the library） 聯合印刷委員會（joint committee on printing） 聯合稅賦委員會（joint committee on taxation）	

行政與監督與改革委員會，在參院包括退伍軍人與程序委員會。

總體而言，一個參、眾議員進哪個委員會的分配，由參、眾議院領袖依照參、眾議員的資深程度（seniority）與興趣領域（interest）來做分發，由於參加一個委員會的參或眾議員對於該委員會所主審的議題會相對於院會的全體委員都還來的專精，因此「互惠規範」（norm of reciprocity）即國會成員都必須尊重各委員會的專業領域，如果有法案付錯委員會的情況，應盡速修正，不互踩地盤。

在**每個常設委員會到底有多少編制上的議員人數**方面，其實每一屆都會由多數黨與少數黨主席（在參院）與議長或多數黨主席（在眾院）依照當屆參議員或眾議員的興趣需求來進行調整，以第 115 屆國會（2017 至 2019年）為例，眾院的撥款委員會就有 52 位眾議員，參院的銀行、房屋與都市事務委員會就有 25 位參議員；又以第 109 屆國會（2005 至 2007 年）為例[3]，參院各委員會的人數從 13 到 28 位不等。**這裡有一個政治學科學家關注的政黨比例（party ratio）問題**：由於每一屆參、眾議院都有共和黨或者民主黨的多數，因此多數黨會不會想盡辦法將自己同黨的議員在菁英或獨享委員會中塞進更多席次？或者在較為主要的委員會中，盡量讓多數黨的委員能夠多一點？如果答案是肯定的，那表示政黨的影響力較大，又稱為政黨模型（party model）。如果各委員會的多數黨 vs. 少數黨成員的比例，大致上還是反映院會中多數黨 vs. 少數黨的比例，則政黨的影響力就沒有想像中的大，反映出其實委員會中沒有太多政黨角力，或者說多數黨「壓迫」少數黨的情形，這種情形下委員會著重專業，作為院會全部議員的代理人專注審理案子，又稱為資訊模型（information model）。從第 98 屆（1983 至 1985 年）到第 115 屆（2017 至 2019 年）國會來看[4]，參院多數黨在各委員會中的比例，都高於眾院多數黨在院會中的比例，在第 107 屆國會中此差異甚至高達 3.8%，因此在眾院政黨模型而非資訊模型勝出。

3 　請參考：http://faculty.washington.edu/jwilker/353/353Assignments/SenateCommitteeAssignmentProcess.pdf。

4 　見眾院報告：https://fas.org/sgp/crs/misc/R40478.pdf。

表5-3　「眾院院會多數黨強度」與「所有委員會多數黨強度」的比較（第98屆
　　　　至第115屆國會，1983-2019年）

國會屆期	多數黨	眾院院會多數黨席次比例	所有委員會多數黨席次比例	眾院院會多數黨席次比例與所有委員會多數黨席次比例的差距
115	共和黨	55.4%	57.5%	2.1%
114	共和黨	56.8%	58.3%	1.5%
113	共和黨	53.8%	56.0%	2.2%
112	共和黨	55.6%	57.5%	1.9%
111	民主黨	58.9%	60.4%	1.3%
110	民主黨	53.6%	55.5%	1.9%
109	共和黨	53.3%	55.5%	2.2%
108	共和黨	52.6%	54.6%	2.0%
107	共和黨	50.8%	54.6%	3.8%
106	共和黨	51.3%	54.9%	3.6%
105	共和黨	52.0%	55.4%	3.4%
104	共和黨	52.9%	55.3%	2.4%
103	民主黨	59.3%	61.2%	1.9%
102	民主黨	61.4%	62.1%	0.7%
101	民主黨	59.8%	61.2%	1.4%
100	民主黨	59.3%	61.0%	1.7%
99	民主黨	58.2%	60.4%	2.2%
98	民主黨	61.8%	64.2%	2.4%

資料來源：作者蒐集。

　　然而有趣的是，這個多數黨壓迫少數黨的情況到了參議院，幾乎可以說完全消失[5]。從第98到115屆國會，參院多數黨在各委員會中的比例，都未顯著高於參院多數黨在院會中的比例，就算在第104、107、108、110屆等

---

[5]　見參院報告：https://fas.org/sgp/crs/misc/RL34752.pdf。

差異較大的 4 個屆數，也僅達 1.4%，比起眾院仍舊小很多。換言之，資訊
模型在參院勝出。台美比較上來說，美國國會這種會在參、眾委員會產生多
數黨委員會比例超出院會比例的現象，在立法院就不會存在，因爲根據「立

表5-4 「參院院會多數黨強度」與「所有委員會多數黨強度」的比較（第98屆
至第115屆國會，1983-2019年）

國會屆期	多數黨	參院院會多數黨席次比例	所有委員會多數黨席次比例	參院院會多數黨席次比例與所有委員會多數黨席次比例的差距
115	共和黨	52.0%	52.6%	0.6%
114	共和黨	54.0%	54.3%	0.3%
113	民主黨	54.0%	53.5%	-0.5%
112	民主黨	53.0%	53.7%	0.7%
111	民主黨	60.0%	58.3%	-1.7%
110	民主黨	51.0%	52.4%	1.4%
109	共和黨	55.0%	55.0%	0.0%
108	共和黨	51.0%	52.4%	1.4%
107	民主黨	51.0%	52.4%	1.4%
106	共和黨	55.0%	55.2%	0.2%
105	共和黨	55.0%	55.2%	0.2%
104	共和黨	53.0%	54.4%	1.4%
103	民主黨	56.0%	55.8%	-0.2%
102	民主黨	57.0%	56.6%	-0.4%
101	民主黨	55.0%	55.0%	0.0%
100	民主黨	54.0%	54.8%	0.8%
99	共和黨	53.0%	53.8%	0.8%
98	共和黨	54.0%	54.7%	0.7%

資料來源：作者蒐集。

法院各委員會組織法」[6] 第 3 條：立法院各委員會席次至少爲 13 席，最高不得超過 15 席；同時，第 3 條之 3 提到：各黨團在各委員會席次，依政黨比例分配。

最後，還有幾種委員會形態需要認識：小組委員會、眾院全院委員會、協商委員會與專門委員會。所謂的**小組委員會**，係設置於各常設委員會之下，並由常設委員會的主席（僅有 1 位[7]）指派成立，在小組委員會中也會有 1 名任務型的主席，其任務在於針對常設委員會主審的法案逐條進行公聽會，以聽取各專家學者的意見，並在最後由小組委員會建議特定法案是否應該通過。而**全院委員會**係指將所有的眾院打散成爲一個大的院會，不再依照委員會編組，這樣打散形成一個巨型委員會，只有一個目的，即「審議與財政相關的議題」（Committee of the Whole House on the state of the Union），並且本書再次提醒眾院的特有權力爲「稅務」，所以很容易聯想到相關議題需要由全院委員會來處理。此外，當參、眾兩院針對法案審理有歧見，需要協調時，則由兩院各指派審查該法案的委員會成員相聚一堂，形

表5-5　各類委員會總覽與其性質

常設委員會（standing committees）	1. 眾院有20個常設委員會 2. 參院有16個常設委員會
專門委員會 （ad hoc committees or special committees）	針對特定議題所形成的委員會
小組委員會（subcommittees）	由委員會主席指派成立，並召開公聽會推薦或不推薦法案通過 Subcommittee holds hearings, committee recommends passage
眾院全院委員會 （the committee of the whole）	將眾院打散成一個大的院會，不再依照委員會編組，並審議與財政相關的議題
協商委員會（conference committee）	由參眾議院各推主審委員會的成員來協商

資料來源：作者自製。

6　該法請見：http://www.rootlaw.com.tw/LawArticle.aspx?LawID=A050010000000200-0980123。
7　立法院每個委員會則有 2 位主席，稱爲雙召委。

成**協商委員會**，這些被指派者稱爲「與會者」（conferees），希望藉由磋商折衷出一個兩院都能接受的法案版本，因爲畢竟法案都要能通過兩院，才能送到總統桌上簽署成爲法律。

第二節　國會的領導與運作

在國會的領導與運作方面，首先我們需要認識參、眾議院的領導陣容各有哪些。表 5-6 將兩院的領導結構做一個總覽，在**參議院**的部分，名義上的議長由副總統來擔任。由於美國參院共有 100 名參議員，副總統加入後理論上會變成 101 名，但其實這位副總統參議員幾乎沒有什麼功能，除了在罕見的 50 票對上 50 票形成僵局時，可以加入投下解開僵局的一票（break a tie），以產生勝負。從 1789 年至今，歷任副總統總共投下了 268 次這種票以解開僵局[8]，有些副總統任內常投下這種票，例如川普的副總統彭斯（Mike Pence）從 2017 開始短短兩年間就投下 13 票，又如小布希的副總統錢尼（Richard Cheney）從 2001 至 2009 年也投下 8 票，錢尼與彭斯都算是國會惡鬥較爲嚴重的時期，但彭斯投下此票的次數短短兩年間就是 2001 至 2009 年間的幾乎兩倍，顯示政黨惡鬥與極化現象[9]（polarization）更爲加劇；另外有些副總統相當自制，任期內這種票一票都沒投過，例如歐巴馬的副總統拜登（Joe Biden, 2009-2017）與老布希的副總統奎爾（J. Danforth Quayle, 1989-1993）。另外，在議長無法主持議事時，由多數黨提名最資深的參議員擔任參院臨時議長。而「多數黨領袖」（並非議長）才是參議院的實質領袖，參議院多數黨領袖是共和黨的麥康諾（Mitch McConnell，肯塔基州，第 116 屆國會，2019-2021），多數黨領袖之下還有一個多數黨黨鞭輔佐他，而少數黨領袖與少數黨黨鞭也同樣在參院領袖名單當中。

---

[8] 副總統解開僵局的票請見參院網站：https://www.senate.gov/pagelayout/reference/four_column_table/Tie_Votes.htm。

[9] 所謂的極化效應，就是自由的議員更自由，保守的議員更保守。

　　在**眾議院**的部分，實質的領袖就是議長，由眾院多數黨組織會議選舉
產生，握有實權，其下有一個多數黨領袖輔佐，再有一個多數黨黨鞭處理庶
務；當然，反對黨亦有領袖與黨鞭。值得注意的是，當任何一屆參院或者眾
院多數換黨時，則少數黨領袖自然會成為多數黨領袖，在參院搖身一變成為
實質領袖；而在眾院，如果選上議長，也會成為實質領袖。

表5-6　參、眾議院領袖陣容

參議院	眾議院
副總統（vice president）：參院「名義上議長」 參院臨時議長（president pro tempore）：由多數黨提名最資深參議員擔任 多數黨領袖（the majority leader）：握有實權 多數黨黨鞭（the majority whip） 少數黨領袖（the minority leader） 少數黨黨鞭（the minority whip）	議長（Speaker）：由多數黨組織會議（caucus）選舉產生，握有實權 多數黨領袖：輔助議長 多數黨黨鞭 少數黨領袖 少數黨黨鞭

圖5-3　參院領袖陣容（2019-2021）　　圖5-4　眾院領袖陣容（2019-2021）

圖5-5 現任眾院議長裴洛西（Nancy Pelosi，加州，2019-2021）

　　表 5-7 就參、眾議員的各種資訊進行比較，參院有 100 名，眾院有 435 名。參院任期六年，每兩年改選三分之一；而眾院任期兩年，每年改選全部；換言之，每兩年參院可能就有至多 33 名的新同事藉由挑戰現任者成功而入主參院，到了第六年所有的參議員都可以改選。反觀眾院的任期非常短暫，只有兩年，所以甫上任幾乎就在準備下一次選舉，但事實上至少從 1998 年開始，眾議員只要決定要競選連任，幾乎都有95% 至 98% 的眾議員可以連任成功，參議員也都至少有 90% 以上可以連任成功。如此難以擊敗現任者的原因，在於現任者擁有各種優勢，包括募款能力、國會資源與原本就有的知名度等[10]。就法定參選年齡而言，參議員是 30 歲而眾議員較年輕是 25 歲；選舉範圍參議員是一半範圍的州（一州選出 2 位），眾議員是州內各選區，每選區選出一名，但不管哪種都是單一選區。就特殊權力而言，參院有外交建議權與人事同意權，亦即行使總統任命最高法院法官、駐外公使等的人事權；眾院則是著重在歲入權，也就是與稅務有關。實質領袖參、眾兩院各是多數黨主席與議長。禮讓（comity）的意思指的是兩院的文明程度，由於立法涉及到許多的資源競爭，因此容易發生鬥爭甚至衝突，因此會

---

[10] 見國會報告：https://cusdi.org/faq/why-are-sitting-members-of-congress-almost-always-reelected/。

表5-7 比較參議員與眾議員

	參院	眾院
正式權力		
人數	100人	435人
任期	6年	2年
最低年齡限制	30歲	25歲
選舉範圍	州	選區
名義上領導人	副總統	議長
特殊權力	建議權與同意權	歲入權
非正式權力		
實質領袖	多數黨主席	議長
禮節	相對高	相對低
幕僚需求	高（較專業）	低
層級（黨團集體行動程度）	低	高
黨性	低（個人主義）	高
接觸議員難易度	難	易

希望參、眾議員彼此和睦相處（get along）與能夠團隊工作（go along），就這點而言，參院的禮節程度比起眾院高。不過也有研究發現，近年來由於政黨鬥爭激化，兩院的禮節文化都有毀壞的跡象。

　　就幕僚需求而言，由於每位參議員幾乎就是代表半個州，選民數比起眾議員多太多，管轄的事務非常繁雜，因此需要多一點幕僚與助理；眾議員則小兵立大功（每州眾議員數相對較多），因此幕僚助理需求較低。此外，參議員位高權重，一次又可以擔任六年，不用時時刻刻受到選舉牽制，因此比較特立獨行，較不服從黨團；相對的，眾議員兩年就需要選一次，頗需要黨團與政黨給予各方面的支持，所以黨性較高。最後，參議員由於數目少，因此難以接觸的到，眾議員則容易得多。

　　在**國會的運作**方面，每一條法案的出生若是藉由眾議員提案的話，就將案子投在木箱當中（bill hopper）；若是藉由參議員提案的話，則交給院會秘書，一條法案的生命即開始。法案由程序委員會給予編號之後，則交付相關委員會，委員會主席再轉交給小組委員會的主席去召開公聽會，並且深入研究，最後再對委員會提出是否通過的建議。如果法案通過委員會審查，則排定議程進入到全院會準備二讀（full committee markup），預算案也是如此處理，如果二讀沒有引起太多政黨鬥爭而形成僵持，則可以付三讀。委員會與二讀都是實質的法案審查，但到了三讀則塵埃落定，僅針對文字措辭是否有錯字或者瑕疵來修正，到了這個階段鮮少能夠翻案。最後三讀過的法案送到總統桌上，如果總統不否決（veto），則簽署後自動生效成為法律。

　　這裡有一些立法運作的詞彙值得了解與背誦。首先，在參院絕大部分的法案審理採取 **UCAs**（Unanimous Consent Agreements）規則，此規則的功能有點像眾院的程序委員會（Rule committee），眾院程序委員會對於院會辯論設下各種限制、為修正案排序與排定議程，而眾院做哪些決定，都只需要 50% 的議員同意即通過，也就是採簡單多數（simple majority）。但在參院，UCAs 的運作方式是：如果大家對於法案無異議則採取共識決通過，但只要有任何一位參議員反對，則必須要有絕對多數（absolute majority），也就是要有 60% 的參議員或者 60 席的參議員支持該法案才能通過[11]。UCAs 的運作讓參院充斥著個人主義的風格，因為任何參議員都是杯葛法案的最佳武器，尤其參院允許個別參議員進行毫無節制的冗長辯論，因此一、兩位議員或者少數議員藉由在發言台上念聖經、念電話簿就可以滔滔不絕，阻止多數黨支持的法案通過，這個就稱為費力把事拖（**filibuster**）或稱**冗長發言**。如果要終結這種杯葛就需要通過 60 票才能終結，又稱為「**辯論終結**」（**cloture**），60 票終結杯葛的目的達到後，才能將爭議不休的法案逐付表決。同時，任何參議員也可以對議案提出限制（**hold**），在生效後則該議案要逐付二讀前一定要告知該參議員，象徵意義上，如果有任何參議員提出限

---

[11] 1975 年之前，甚至需要 67 票才能終結冗長發言，由於難度太高，1975 年之後才下修至 60 票。

圖5-6　眾院的提案木箱

資料來源：維基百料。

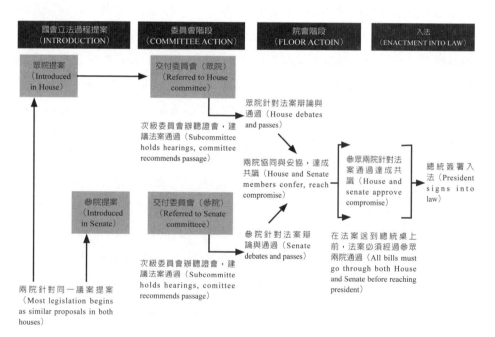

圖5-7　法案制定程序

資料來源：Congress A to Z. 2nd ed. Washington, DC: Congressional Quarterly, Inc., 233。

制，基本上就是即將提出冗長發言的前奏曲，也可以說是少數黨對抗多數黨的有利武器。但在 2005 年小布希政府年代，少數的民主黨參議員以冗長發言的方式，拒絕同意小布希所任命的保守派聯邦法官，這讓當時的共和黨參議員非常不滿，揚言要廢除冗長發言的制度。

然而，非常弔詭的是，在參院要通過停止「冗長發言」要 60 票，要修改參院內規要 67 票，但通過任何一個新議題卻只要簡單多數 50 票即可。順著這個邏輯，等於只要 50 票就可以終止「冗長發言」這一項參議員特權。這個制度通常是由多數黨來終結少數黨的冗長發言，是比武器（冗長發言）還更厲害的終極武器，因此被稱為是**「核子選項」**（**nuclear option**）。此武器途徑源於前述小布希的聯邦法官任命案，當時兩黨衝突到最高潮之際，民主黨參議員揚言要用冗長辯論來摧毀所有議事運作，所幸最後 7 位民主黨參議員同意在特殊情況下不會進行議事杯葛，另 7 位共和黨參議員則是投票支持保留冗長辯論的權利，因而有 14 人幫的妥協出現[12]。在歐巴馬執政前期，由於參院民主黨暨友好參議員超過 60 席（連同 2 席新英格蘭地區獨立參議員），因此不用害怕當時共和黨議員提出冗長發言來杯葛，所以後來的「歐記健保」（Obamacare）就順利通過。但核子選項後來用了幾次，其中一次是 2013 年時民主黨多數黨主席瑞德（Harry Reid）用來強推民主黨行政部門的官員任命案；另一次則是 2017 年 4 月共和黨多數黨領袖麥康納用來強行通過聯邦法官戈薩奇（Neil Gorsuch）的任命案。最後，2017 年時川普和共和黨員也採「預算調節」（reconciliation）的途徑通過「稅賦改革法案」，通過的門檻同樣是簡單多數，其表決形式等同核子選項。由於參院一般表決議案通過的 60 票門檻還是太高，因此在 2020 年 7 月時，前總統歐巴馬呼籲應該廢除這個門檻，改採更低門檻，但最後未獲得相對保守的新任總統拜登的支持。

---

[12] 見政大國關中心的研究員嚴震生的《聯合報》專欄文章：https://tw.news.yahoo.com/%E5
%90%8D%E5%AE%B6%E8%A7%80%E9%BB%9E-%E7%BE%8E%E5%9C%8B%E5%8F
%83%E8%AD%B0%E9%99%A2%E7%9A%84-%E6%A0%B8%E5%AD%90%E9%81%B8
%E6%93%87-100000976.html。

扮演國會議員角色的三種模型

　　國會的領導與運作最後一部分，即從理論觀點來談談立法行為，而影響民主國家國會議員的立法參與，因素不外乎 3 個部分：選區考量、政黨因素與立法所需要的資訊成本。選區考量指國會議員依賴選舉來延續政治生命，在連任壓力之下，對於顯而易見並且容易拿來向選民「邀功」的立法議題有較大興趣，尤其當這些議題藉由議員們的立法行為，具體落實為選區鄉里之間的政績，對於議員競選連任就會有幫助。因此，像造橋、鋪路、蓋捷運這類的建設，較受國會議員青睞。而假定選區或者選票考量，為國會議員立法行為主要動機的理論，又可以稱作是「分配性立法模式」（distributive model），意即國會議員在國會當中針對自己的選區，與其他議員進行零和競爭，並爭取選區利益，以換得連任時的選民支持。

　　在政黨因素方面，政黨藉由國會黨團來主導所屬議員的立法行為，對於政黨重視的法案，藉由議員來進行提案、連署、發言，最後投票來加以支持，儘管內閣制中的國會政黨，普遍比起總統制中的國會政黨來的有影響力，但總統制國家中的國會政黨影響力卻從未真正退卻。而台灣定位為一個半總統制的國家，國會內政黨的凝聚力在第一次政黨輪替之後也是逐漸提升。這種以政黨為立法主導的立法過程，稱為「政黨立法模式」。最後，立法所需的資訊成本，指立法議題多如牛毛，個別議員不可能樣樣精通，因此在資訊不完整的情形之下，議員要進行有意義的立法參與，就需要依賴國會內部的資訊交換機制——主要是常設委員會。為了能夠掌握法案的資訊，並且據此形成立場與態度，委員會成員慣於在委員會中交換資訊，甚至為了降低了解法案的資訊成本，選擇向握有資訊的行政部門諮詢，此即所謂的「資訊立法模式」。在此模式當中，不是黨團，也不是選區，而是委員會本身的資訊交換與交互討論作為形成法案立場的依據；換言之，委員會具有專業審查功能。最重要的是，在資訊立法模式當中，委員會成員因為不受委員會外部的黨團與選區的制約，因此在各自有意識形態與政策立場的情況之下，形成一群偏好呈現異質性的立法者。這群異質性的委員會立法者，自然反映各有立場與想法的院會立法者，也就是反映院會的多數委員的偏好

（majoritarianism）。由於在資訊立法模式中的國會委員會，政黨影響力被視為是高估的因素而顯得不重要；選區考量則沒有能力驅動委員會成員的立法行為，因此委員會成員各自的偏好與立場在「常態分布」的規律下，自然也會吻合同樣也不受黨團與選區制約的院會成員的常態分布性的偏好分布。

第三節 府際關係

所謂府際關係，指的是政府各部門之間的關係。三權分立下的美國，行政、立法與司法各有其功能職權。國會有權制定法律，總統有權否決法律，最高法院可以宣布法律違憲。因此從立法部門的角度出發，府際關係的部分可以分為兩部分：第一個部分是**「立法與行政」**與**「立法與司法」**之間的關係。在國會與總統之間關係的部分，在第四章已提及總統對於國會所通過的法案具有否決權，另外也有總統態度較為曖昧不明的「口袋否決」。再者，經總統否決的法案就必須退回參、眾議院，參、眾議院可以再以各自三分之

圖5-8 約瑟夫‧馬奎爾（右，Joseph Maguire）是川普政府國家反恐中心主任，他在2019年底川普彈劾案聽證會中，接受司法委員會主席亞當‧希夫（左，Adam Schiff）的嚴厲質問

資料來源：作者自攝。

二的票數維持原決議通過，是爲「反否決權」。此外，國會也具有調查權
（congressional investigation），並在聽證會上傳喚證人（subpoena），若
證人不來，國會甚至有權拘提證人。因此如果國會針對行政部門的不法行爲
進行調查，就能依此要領傳喚證人，當然也包括傳喚行政官員。這個部分的
例子不勝枚舉，遠一點的包括國會調查柯林頓緋聞案與尼克森「水門案」。
最近期的爲眾議院調查川普妨礙國會案件傳喚國安人員作證，當時爲了彈劾
川普，每一場聽證會中都能見到眾議員對相關人士高強度的調查與訊問。

　　至於立法與司法之間的關係，有兩種衝突形態的可能：第一種是如果
最高法院宣判某一條法律違憲無效，國會可以藉由立新法的方式類似「借屍
還魂」的途徑來產生同一條法律，也可以看作是立法對司法的反擊。第二種
是立法與司法部門在憲政層次的交手，如果最高法院宣判立法部門所立的法
律在憲法層次違憲，則立法部門也可以增修條文的方式來修改憲法。雖然國
會要修憲的門檻相當高，包括由參、眾議員各三分之二通過提案（以聯合決
議案的形式提出），並在四分之三的州議通過，極不容易達到。但就本質而
言，國會仍可以透過對憲法的修正，有效地檢視最高法院的裁決。

　　第二個部分是**參院**與**眾院**之間的關係，也就是兩個立法部門之間如果
有不同意見時的協調機制應該如何運作？即使當一個法案能夠很順利的在一
個院通過，這條法案還是必須兩個院都通過，法案經總統簽署後才能夠成爲
法律。在某些情況之下，參議員與眾議員之間非正式的接觸與溝通能夠協助
這條法律在參、眾議院的通過。然而，當參、眾議員面臨到爭議性極高的法
案時，私人的接觸效果就相當有限。這個時候就會需要協商委員會的設立來
協助化解兩院歧見。協商委員會通常包括在兩院委員會中處理這條法案的議
員。現今的協商委員會成員人數已經增多，也隨著現代事務的複雜化讓協商
的過程變得更爲複雜。譬如在 1990 年的「清潔空氣法」需要從 7 個眾議院
委員會共 130 名眾議員，與參議院 2 個委員會共 9 名參議員中選出代表來到
協商委員會，針對兩院在「乾淨空氣法案」之中的歧見進行溝通與協調。通
常這樣的委員會是對外開放的，而且當委員會的成員能夠在委員會中達成共
識時，該法案協商後的版本將分別送回參議院以及眾議院，此時參議院或眾

議院有三種選項：第一是投票支持這條法案；第二是投票反對這條法案；第三是將該法案再次送回協商委員會審議。換言之，經過協商委員會協商出來的版本，沒有任何一院有權力來修改法案內容，頂多就是全盤接受、全盤否決或者退回協商委員會續審。協商委員會通常有很大的審議權，而且能夠被視為是影響立法的另一個方式。

分立政府

　　開國元勳們在預想這個國家如何運作時，分權與制衡（checks and balances）的確是高舉的理想，否則不會有麥迪遜在撰寫《聯邦黨人文集》第 51 號時將「分權與制衡」作為解決野心家間互相鬥爭的良方。因此當選民進行分裂投票（split voting），將其中一黨的候選人選為總統，但另一黨的候選人選為參議員或眾議員，當這樣行為的大舉發生時，就會出現所謂的分立政府。比較徹底的分立政府是總統隸屬一黨，參議院與眾議院均隸屬於另一黨。稍微沒那麼徹底的分立政府，則是總統與參院或者總統與眾院隸屬於同一黨，剩下的那一個眾院或者參院隸屬另一個黨。有些政治學科學家例如菲奧里納（Morris Fiorina）認為分立政府的產生是選民刻意為之所致，而且選民越具有政治知識（political knowledge）越有可能刻意進行分裂投票來產生分立政府，因為這些選民不想要看到大一統的行政與立法，因為這樣的政府容易濫權。事實上，稍早時我們提過從 1911 年以來分立政府時期很長，約占所有政府時期的 43%，如果選民在投票時有意識的進行分裂投票，的確有可能造成這樣的結果。然而，政治學者佩特羅西克（John Petrocik）與雅各臣（Gary Jacobson）卻認為，所謂的分裂投票根本就是選民無意識的一種行為，他們只是針對不同議題在不同的選舉中有不同的政黨選擇。不管如何，在分立政府如此府際關係之下，也可能導致行政與立法之間的衝突（legislative gridlock），尤其在總統與眾議院多數黨立場衝突的情況之下，行政部門的預算就可能遭到主管預算的眾議院刪減，而導致行政部門運作癱瘓。不過分立政府是否會導致行政僵局曾經是一個大辯論，但幾乎由政治學者梅修（David Mayhew）的研究做了一個總結，也就是分立政府並不會導

致立法僵局。

　　圖 5-9 呈現從 1855 到 2021 年參、眾議院分屬哪一政黨控制的動態圖。可以看到在 1933 年之前，參、眾議院大部分都是由共和黨同時掌控參院與眾院。到了 1933 年之後民主黨掌握參、眾議院的時間變多了，尤其在眾議院，從 1957 到 1997 年這四十年間，民主黨長期掌握眾議院。同時從 1957 年之後，參、眾議院隸屬不同政黨的時間變多了，而且這還是沒有考量總統是哪一個黨的情況之下。

　　如果也考量總統的黨籍，配合表 5-8 來看，以兩年為一屆國會，從 1975 年開始，第 94 屆（1975-1977）、第 97 到 102 屆（1981-1993）、第 104 到 110 屆國會（1995-2009）、第 112 到 114 屆（2011-2017）、第 116 屆國會（2019-2021），總共四十六年間就有三十六年都處於分立政府狀態，顯見分立政府近年來已經成為常態。

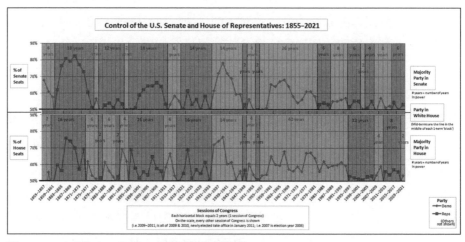

圖5-9　1855到2021年參、眾議院政黨控制

資料來源：By Chrisn Houston - File: Control of the U.S. Senate. PNGFile: Control of the U.S. House of Representatives.PNG, CC BY-SA 3.0, https://commons.wikimedia.org/w/index.php?curid=28885585。

表5-8　1975到2021年總統與參、眾議院的政黨控制

國會會期	眾院	參院	白宮	年分
94				1975-77
95				1977-79
96				1979-81
97				1981-83
98				1983-85
99				1985-87
100				1987-89
101				1989-91
102				1991-93
103				1993-95
104				1995-97
105				1997-99
106				1999-2001
107				2001-03
108				2003-05
109				2005-07
110				2007-09
111				2009-11
112				2011-13
113				2013-15
114				2015-17
115				2017-19
116				2019-21

註一：深色代表民主黨在該部門是多數，或民主黨人擔任總統。淺色代表共和黨在該部門是多數，或共和黨人擔任總統。

註二：2021年之後，拜登當選總統，眾院、參院與總統皆由民主黨控制，成為三個連成一貫的深色，進入一致政府時期。

第四節　國會極化效應

　　如果說選民的分裂投票造成了分立政府的發生，另外一個麥迪遜可能也預料到的「政黨鬥爭」即為國會內部的極化現象，意即共和黨與民主黨的參、眾議員更難有共同支持的法案，不論在國會內部發言上或者在投票上越來越呈現壁壘分明的差異性。國會內部極化現象幾乎是從歐巴馬總統之後在學術界就有許多討論，甚至到了川普總統時代，這項討論幾乎變成國會研究的顯學之一。圖 5-10 以非常視覺化的方式顯示聯邦眾議院在 1960 年代、1970 年代與 2000 年之後的成員投票紀錄，左邊的點代表民主黨眾議員，右邊的點代表共和黨眾議員，任兩位成員之間的距離越近則代表兩人的投票紀錄越近，越遠表示兩人投票紀錄越不同。我們可以清楚的看到，1960 年代與 1970 年代的眾議員，還有跨越政黨線（across the aisle）彼此間討論後

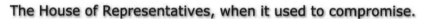

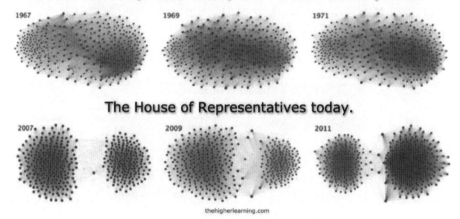

圖5-10　1960年代、1970年代與2000年之後眾院投票紀錄極化效應

資料來源：Clio Andris, David Lee, Marcus J. Hamilton, Mauro Martino, Christian E. Gunning, John Armistead Selden, in PLOS ONE[14]。

13　http://thehigherlearning.com/2015/05/03/this-visualization-shows-how-ridiculously-divided-our-congress-has-become/.

進行合作的可能。這種情況到了 2007 年之後變得困難。民主黨與共和黨成員就已經變成兩團涇渭分明的投票部隊,彼此合作的可能性降到極低,也提供了眾院極化效應的鐵證。整體而言,政治科學家西恩・泰爾特(Sean Theriault)發現:國會從 1970 年代中期就開始極化,從 1973 年開始,參院增加了 29 個百分點的極化效應,眾院則更為明顯,增加了 47 個百分點的極化效應。參院極化效應的速度與強度雖然沒有眾院來的強烈,但也明顯呈現極化。圖 5-11 做參議院第 101 屆(1989-1991)、第 107 屆(2001-2003)與第 113 屆(2013-2015)極化效應的比較,同樣是測量參議員的投票紀錄,左邊的點代表民主黨參議員,而右邊的點代表共和黨參議員。很明顯的光是在 1989 與 2002 年時的民主黨與共和黨參議員就比較有機會就各項法案的通過與否進行合作,但是到了 2013 年的第 113 屆國會,這種合作的可能也降低很多。不管是眾院的投票紀錄視覺圖,還是參院的投票紀錄視覺圖都還沒有延伸到川普當選總統之後的第 115 屆(2017-2019)與第 116 屆國會(2019-2021),如果這部分的資料出來,相信眾院與參院的極化效應一定更驚人,暗示了美國聯邦立法部門現在所面臨的局面。

結語

　　本章鉅細靡遺的介紹了美國參議院與眾議院的各項職權,也提及了參、眾議員對於在其立法工作之外的工作項目,包括與選區之間的關係。身為一個立法者,最大的挑戰就是如何在立法工作與選區服務之間求取一個平衡。美國聯邦參、眾議員與其他國家的立法者類似,都有一個民意支持度不高的一個宿命。最主要的原因除了參、眾議員必須親上火線,不管是在媒體還是在選區捍衛自己所隸屬的政黨立場,常常讓選民有一種國會議員只會逞口舌之勇的不良印象之外,其實民眾對於立法工作的誤解也是導致國會議員不受歡迎的一個主要原因。正如希濱(Hibbing)與塞斯摩斯(Theiss-Morse)的研究所發現:美國民眾一方面認同各項民主原則,包括不同意見者需要充分討論與交流,但另外一方面卻不喜歡立法過程中的吵雜與惡鬥,但前者勢必會導致後者,因此美國民眾不喜歡國會的原因充滿了矛盾。此

民主黨與共和黨參議員投下相同選票決定的演變

民主黨   共和黨

第101屆國會，1989年開始

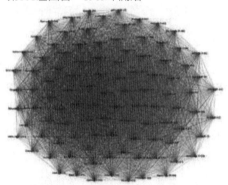

第107屆國會，2001年開始

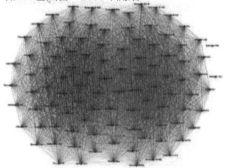

第113屆國會，2013年開始

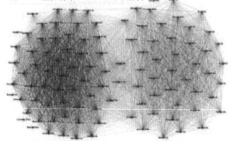

圖5-11   第101、107與113屆參議院極化效應比較。

資料來源：GovTrack.us, Renzo Lucioni。

外，在立法過程當中國會議員考量的重點不外乎選民、政策與政黨三項。當然這三項立法考量不會是絕對互斥，而常常是混淆在一起的綜合考量。國內外研究立法行為與立法者的學者們，都花了絕大部分的心力在鑽研這三項立法考量與立法產出或立法者行為後果之間的關係。

在分立政府的部分，本章也討論了其成因與效應，並且提到分立政府並不會導致立法僵局。又針對近年來學術界討論熱烈的國會極化效應，我們也理解到了從 1960 年代以降，參、眾議院極化現象不斷加深的趨勢，並且在本章中以視覺化的方式來呈現這個趨勢。最後，就台灣人所關注的台美關係而言，美國的立法部門長期以來比起行政部門對台灣更友善。尤其在川普總統上任之後，也一反過去行政部門對台灣較為冷漠的態度，由行政之姿主動推動各項友台法案，其實也是在川普政府之前比較罕見的情況。不管如何，國會絕對是任何民主國家的政治中心之一，也值得關注美國政治的讀者細細品嚐。

Chapter 6

最高法院

　　2019 年時美國總統川普的彈劾案已經通過眾議院二分之一的起訴門檻（眾議院是民主黨多數），該案送到參議院進行審理，最後仍未通過三分之二位參議員的同意，彈劾未成立，川普也不必下台。而彈劾過程中有位關鍵人物，其於參議院彈劾過程中坐鎮參議院，他是聯邦最高法院首席大法官羅伯特（John G. Roberts Jr.），當然在彈劾過程中他僅是主持會議，因爲重點還是總共有 100 名的參議員都將成爲陪審員，進行最後有罪或無罪的投票。從這個背景來看，最高法院的首席大法官在美國司法與政治中扮演多項重要角色。當然，大法官們最具影響力的職權在於審查聯邦政府部門之作爲是否合宜，這部分本章會詳加討論。

　　美國的總統制如前幾章所言是分權制衡的概念，尤其是行政、立法與司法，不同於我國政府是行政、立法、司法、考試、監察，美國人爲何那麼強調分權，這是因爲他們害怕政府濫權，很害怕一個大政府什麼都要管，所以立法權會去制衡總統的權力，包括審核對外宣戰之必要與核准政府預算等，參、眾議院各自有其節制行政權力的方式，同時最高法院法官也有意識自己作爲一個「政治行爲者」，同樣可以制衡行政權。

　　美國大法官的任命是由總統提名、參議院同意才通過。有些地方層級的法官則是直接民選。美國行政層級有 3 個層次：地方、州與聯邦，而聯邦法官優秀者便會被總統提名爲大法官，大法官任期像是教宗一樣可以做到死，不但任期無限，除了內亂外患罪之外也鮮有方法逼退他們，在這麼長的職業生涯之下，法官任內的判決既多又影響深遠，往往是歷史性的。相對的，美國總統頂多做兩任八年，所以對總統而言，其任內重要的目標與政績之一，就是盡快提名大法官。而會被提名作爲大法官的人，想當然爾其意識形態與

提名他的總統相同。總統保守，大法官就會保守，總統自由，大法官就會自由。

　　相較於內閣制國家，總統制國家「司法審查」（judicial review）的特徵比較明顯。而所謂的司法審查，係指大法官針對總統、聯邦行政權與立法權進行是否違反憲法的宣判，這幾乎是大法官最主要的任務。和台灣大法官不同的是，美國大法官不只要進行違憲審查，還要受理下級法院上訴的司法案件，凡是和聯邦、州際間但不是跟州內事務有關者皆由大法官進行審理。根據調查最高法院總共 9 位的大法官，一年要審查超過 2 萬件的法案。如此單薄的人力要處理這麼多法案當然不可能，所以法官助理特別重要，這些「法助」是由耶魯、哈佛等頂尖法學院的研究生中精挑細選而來的。

　　至於擔任大法官的資格，他們不需要是美國公民，也無年齡限制，會被總統提名通常是基於雙方良好關係或相近的意識形態，據統計 83% 的大法官在擔任大法官前都有明顯的政治傾向，且通常偏向總統那方。在美國人的觀念中，法官本來就該有政治傾向——甚至某些州的法官是藉由選舉出來的——所以美國民眾也常有釋憲案的過程就是政治過程的認知。

　　既然美國大法官可以做到死，那在他們被提名之初的意識形態和他們任職後的意識形態總是會完全一樣嗎？答案是不一定，因為人的想法會變。通常在年輕時傾向自由，老了會轉向保守，多數的大法官都有如此的發展軌跡，但也有人相反。不管是任職後變保守或者變自由，難免都和當初提名他的總統意識形態漸行漸遠，如此一來當年提名他的總統看到這些改變難免都會大失所望，尤其這些轉變會反映在判決的立場之上。1953 年共和黨總統艾森豪提名華倫（Earl Warren）時，華倫沒那麼自由派，但華倫擔任首席大法官後，所謂的華倫法院時期是美國有史以來最自由的時期，華倫所領銜的法院針對墮胎合法化、有色人種投票權的判決，也許都和艾森豪總統當初的預期有大大的不同。另一方面，民主黨總統如柯林頓也有類似的失望，他當初提名的大法官後來甚至表態支持柯的性騷擾案成立。

　　對於大法官的「變心」，林肯曾說：「一旦把一個人放進最高法院，那他就會變成不是你的朋友。」即使如此美國總統從未放棄提名自己的朋友

與黨友擔任大法官。我們來細數一下美國現任大法官的提名者，9 位依序如下：第一位約翰・羅伯特是 2005 年由小布希任命；第二位克拉倫斯・湯瑪斯（Clarence Thomas）則由老布希任命，為少見的黑人保守派大法官；第三位魯絲・金斯伯格（Ruth Bader Ginsburg）於 1993 年由自由派的柯林頓任命；第四位史蒂芬・布雷耶（Stephen G. Breyer）也由柯林頓任命；第五位阿利托（Samuel A. Alito Jr.）又是在 2006 年由小布希任命，看得出來小布希於任內抓緊機會任命保守派的大法官；第六位則是歐巴馬趕在連任之前任命的桑妮雅・索托瑪約爾（Sonia Maria Sotomayor），她是第一位女性拉丁裔大法官，屬於自由派；第七位艾雷娜・凱根（Elena Kagan）在 2010 年由歐巴馬任命。最後的兩位都是由川普任命，分別在 2017 年任命第八位的尼爾・戈薩奇（Neil McGill Gorsuch），2016 年川普甫當選聲勢正旺，任命戈薩奇沒有遭遇太大的困難；2018 年 10 月，川普任命第九位大法官卡瓦諾（Brett Michael Kavanaugh），同樣也屬於保守派[1]。整體來看，現任大法官中 9 位就有 5 位是保守派，川普和小布希兩人任命的大法官看起來都是年約 5、60 歲的保守派，若這五位大法官身體無恙至少還能撐個三十年，所以在這三十年間的釋憲案，我們幾乎都可以預期最高法院的判決將往保守派的方向發展。

接下來介紹兩個概念，一個是「司法積極主義」（judicial activism），另一個是「司法消極主義」（judicial restraint）。司法積極主義是指，最高法院法官在判決時將自己的意識形態帶入判決中，政治系和法律系的學生看待法律會有一些差別，政治系會認為「司法即政治的一環」，事實上過去美國跟民權有關的判決，像是墮胎、有色人種投票權的判決都帶有司法積極的味道；當然也有人認為不該這樣，這種想法便叫「司法消極主義」。無論如何，這些都顯示大法官並非完全公正無私，但這些「私」也不是為了個人利益而私，而是這些自由或者保守的法官希望能藉由其判決為國家發展注入全

---

1 2020 年 11 月自由派大法官金斯柏格逝世，川普趕在大選前強勢提名巴雷特（Amy Coney Barrett）通過，讓新的最高法院有 6 名保守派法官與 3 名自由派法官。

新元素。

事實上，在 1960 年代之前，大法官都被認為是歷史正確的一方，讓國家往好的、光明的方向前進，像是解放黑奴、給黑人投票權、給非法移民一個保障方向（畢竟他們都是來實現美國夢）。但是請不要忘記，這些看似歷史正確的背後，是美國開國之初難以言喻的汙穢祕密：蓄奴是合憲的。能宣布合憲除了大法官之外別無他人。直至南北內戰後北方勝利並全方位的解放黑奴，大法官才以憲法增修條文第 13、14 與 15 條確保「黑人的確是人」，撤銷先前這個荒謬的判決，而此判決即 1857 年惡名昭彰的「史考特訴山福特案」（*Dred Scott v. Sandford*），此判決嚴重損害了美國最高法院的威望，更是導致南北內戰的關鍵原因之一，這個判決認為國會沒有權力禁止奴隸制度擴散到西部任何領地，當時的首席大法官是羅傑·托尼（Roger Taney）。由此觀之，大法官一開始也並非站在歷史的高度做出判決。以下我們把美國法院系統從州到地方做一個完整的介紹。

第一節　最高法院的功能與定位

最高法院是在所有司法體系的最上層，它轄下除了初等法院之外還有上訴法院。它對於所有接受審理的案件有絕對的審議權，並且能夠針對法律或政府的行動做出具有強制性的判決。聯邦最高法院的職權功能，基本上於建國之初由美國國會所制定。它有兩個部分：第一個部分是審理來自於美國聯邦上訴法院的案件；第二個部分主要是審理來自於各州最高法院的上訴案件。

圖 6-1 為美國法院系統簡介。美國的法院系統可以分為左邊的州層次的法院與右邊聯邦層次的法院。先從州層次的法院一一來解釋。首先，各州有限管轄權的地方法院僅受理某些類型的案件，例如家事案件或破產事務。再上一級各州有所謂的初級地方法院受理絕大部分一審案件，如果一審案件的檢方或者訴訟人不服判決的話，還可以上訴到各州的上訴法院。然而，並

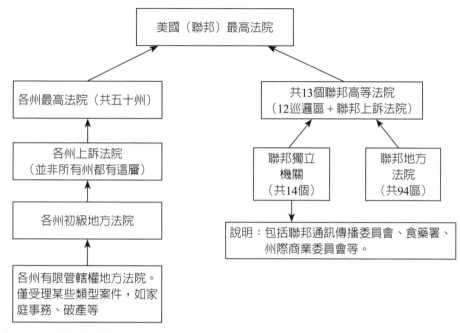

圖6-1　美國聯邦法院組織架構圖

資料來源：作者整理自製。

非所有的州都有這一層法院系統。最後，案件還能夠上訴到各州的最高法院（共五十州），有時候人們常稱這級法院為州最高法院。由於美國為聯邦制，所以州內的事務基本上都可以在州三級或四級法院當中獲得解決。如果州內法律事務涉及到跨州事務或是美國憲法層級的議題，則有機會再送到美國聯邦最高法院來審理。儘管這樣的情況非常的稀少，但是在歷史上有時候也會發生。譬如在 2005 年時就有涉及到安樂死的案件與憲法人權有關，或者是色情報章雜誌的發布也涉及到憲法修正案第 1 條「言論自由」之規定。這些上訴案件，就算是在州內的法院系統審理但無法獲得解決，最後就能夠送到美國聯邦最高法院來審理。另一個方面，任何涉及到憲法層次或者跨州層次的法律案件，則就從右邊的三級法院系統開始審理。

　　首先，全美共有 14 個聯邦獨立機關，包括美國聯邦通訊傳播委員會（Federal Communications Commission, FCC）、美國食藥署（Food and Drug Administration, FDA）、美國州際商業委員會（Interstate Commerce Commission, ICC）等，這一類聯邦獨立組織的定位比較特殊，對於大部分習慣台灣司法體系的讀者來說可能比較陌生。這一類的聯邦獨立組織都有半立法或者半司法的身分可以進行行政上的裁決，想像一下我國的通訊傳播委員會能夠去針對不良的電視節目內容，包括暴力或色情進行裁罰，聯邦獨立機構的功能與此類似。在右邊最下面的部分是聯邦地方法院，全美共有 94 區。如果，民眾對於聯邦的事務有訴訟的需要，即可在聯邦地方法院逕自提起告訴。相同的，如果獲得敗訴判決的告訴人心有不服，或者是不服敗訴結果的檢察官，他們可以上訴到聯邦高等法院。全美共有 13 個巡邏區的聯邦高等法院。如果在聯邦高等法院的案件，仍舊無法獲得最後的解決，則可以上訴到聯邦最高法院。

　　簡言之，聯邦法院處理聯邦法律，州法院處理州法律。儘管聯邦法院與州法院常常對於某些事務有交疊的管轄權，但是州法院並不是屈從於聯邦法院。州法院針對州的事務有自己的一套法律架構、過程與人力。州法院有絕對的法律自主權。但是如果州的法律涉及到數州事務的時候，依照美國憲法此時就得送交聯邦法院來審理。最高法院由於一方面必須處理解釋憲法事務，另一方面必須要接受下級法院上訴的案件，因此異常繁忙。事實上，每一年大概有超過 7,000 件以上的案件上訴到聯邦最高法院，但是聯邦最高法院會決定審理少於 200 件的法案。也就是說，聯邦最高法院事實上只針對這少於 200 件的案件進行投票。甚至少於 100 件的法案最後可以獲得大法官的書面意見書。事實上，送到聯邦最高法院的案件中，超過 95% 的案件是無法獲得聯邦最高法院的正式決定的。這也說明了聯邦最高法院的神聖性與接受聽審案件標準的嚴謹性。聯邦最高法院通常能夠藉由調卷令（writ of certiorari）來去聽審案件，而這聽審案件是否成立又取決於 4 人成案（rule of four）。換言之，在 9 位大法官當中必須要有 4 位大法官同意審理該案，才有辦法進入到聽審程序。而在審判之後，9 位大法官中必須至少要有 5 位大法官贊成或反對一個案子，這個案子的判決才會成立。

　　另外，就聯邦最高法院的庭期而言，庭期爲一年，並始於每年 10 月的第一個星期一，直到次年 10 月第一個星期一的前一日爲一個週期。但若計入尚未審完案件的時間，則庭期會提前自每年的 7 月 1 日起算。庭期對於美國最高法院來說不僅是各種行政作業的時間單位，在庭期中的開議（in session）、休議（recess），甚至是言詞辯論日都需要與庭期相容，經年累月下來已經形成相當穩定的制度運作了。

　　從憲法的淵源來看，憲法給予國會很多關於制定最高法院功能與結構的權限。事實上，國會常常藉由制定規則來決定每一個法院的法官人數，這當中也包含了最高法院的法官人數。在 1869 年最高法院有 9 位大法官，而這個人數到了 1789 年掉到了 5 位大法官。到了 1863 年這個人數甚至又增加到了 10 位大法官。在南北內戰後，大法官的人數才決定在 9 位。而所謂的司法會議（judicial conference），旨在爲美國司法體系決定政策方針。其運作由最高法院的首席大法官召集聯邦地方法院與聯邦高等法院的法官一同開會，並審閱聯邦法官對於法官數量的需求，再把這個需求上報給國會。國會定期會回應這些需求，然後透過立法來配置新法官。例如說，在 1990 年國會通過一系列的法案產生了 11 個新的聯邦高等法院與 74 個聯邦地方法院。雖然對於法官數目增加的需求往往來自於工作量的激增，所以必須這麼做，但其實有些政治科學家發現政治考量也扮演了一個很關鍵的角色。具體而言，當不同的政黨控制國會與總統的時候，或者在總統任期尾聲之際，國會不太可能給予新的聯邦法官職位空缺。這個理由很簡單，主要是因爲跟總統分處不同政黨的國會不想要給總統提名聯邦法院法官的機會。另外，當總統大選來臨之時，如果是分立政府時期，國會最大黨的反對黨會盡量將總統提名大法官的日期往後挪移，無非是希望反對黨推出的總統候選人不要因爲總統這項權利而屈居劣勢。

聯邦地方法院（District Courts）

　　聯邦地方法院是聯邦層級的初審法院。雖然有時候聯邦地方法院會受理來自於州法院聲請「再審」（retrial）的案子，這是因爲州法院發現所審理

的案件其本質其實是聯邦性質的，所以應該改由聯邦地方法院開始審起。另一方面，上訴到州最高法院的案件，在審判後如果發現其實具備聯邦性質，則可以直接「上訴」（appeal）到聯邦最高法院，而不用由聯邦地方法院開始審起。「再審」與「上訴」說明了聯邦法院與州法院系統之間的連結關係。

　　聯邦地方法院是聯邦法院系統的實際執行單位，大概90%的聯邦案子會在聯邦地方法院開始也會在聯邦地方法院結束。這級法院負擔著大量的工作量，包括兩造律師、證人與陪審員在庭上的攻防。在聯邦地方法院中常常可以看到陪審員不被賦予決定有罪或無罪的責任，反而是由法官來判決。同時每間法庭均配置一名聯邦法官。聯邦地方法院處理各式各樣的案件，譬如聯邦政府對於大企業提起「反托拉斯」（anti-trust）的訴訟，也會對於違反聯邦刑事法律的嫌疑犯提起公訴，譬如在1995年於奧克拉荷馬市引爆炸彈而殺了168人的罪犯麥克維（Timothy James McVeigh）就在聯邦地方法院受審。麥克維也是1963年後首位由聯邦政府處決的罪犯。通常聯邦地方法院審理法案的最大宗非破產官司莫屬，此外如果兩州的居民發生車禍或者違反契約，甚至是一些勞權的問題基本上都必須要在聯邦地方法院受審。

　　就聯邦地方法院的編制而言，總共有94個選區共646位法官來審理的案件。每一州至少要有一個選區。24個州有2個選區、3個選區或者4個選區，但是沒有任何一個選區跨越州際線。每一個選區的法庭至少都有一個法官。紐約南方的選區有最多的法官共28位。這些選區內法官的多寡主要還是端視於他們要審查多少案件，工作量越大的選區，法官配置當然就越多。必須強調的是，雖然聯邦地方法院的法官是聯邦政府設置在地方的法官，但他們的目的並不是用來處理地方事務，聯邦國會為這些地方法院設定了很明確的法案審理界線，而聯邦地方法院所審理的案件不會跨越州際線有一個很重要的意涵就是：聯邦地方法院的法官由當州所選，當他們被任命後就必須住在當州。因此這些聯邦地方法院跟各州都有緊密的社會連結。最後，比較少見的情況是聯邦地方法院的法官會被派到其他的選區來進行聆審，譬如在1957年時有一位來自北科塔州的法官被派任到阿肯色州來針對小岩學校（Little Rock Nine）的種族隔離案件審理。

聯邦高等法院（Courts of Appeals）

聯邦高等法院作為聯邦法院系統中唯一的上訴法院，僅接受在聯邦地方法院尚未獲得解決的上訴案件，通常這些案件涉及到民權與刑事。另一方面，有關於聯邦獨立機構，譬如聯邦通訊傳播委員會運作方面的案件也會送到聯邦高等法院來受審。大概在聯邦地方法院所審理的案件中有 10% 會上訴到聯邦高等法院，而 90% 都會在聯邦地方法院獲得解決。只有極少數的案件會進到聯邦最高法院來做最後的裁決。

全國有 167 個聯邦高等法院法官在 12 個「巡邏區」擔任法官，這些巡邏區又稱為 Circuits Courts，並且遍布全美各地。各巡邏區所配置的法官從 6 位到 22 位，端視於各巡邏區的大小。如圖 6-2 所示，聯邦高等法院是按照區域而非各州來安排的，通常三個州或更多的州會聚集為一個巡邏區。唯一一個例外是哥倫比亞特區（華府）巡邏區，這區只有包含華府本身，成為第 12 個巡邏區。此外，在聯邦高等法院這個層級還有一個特殊的法院，其管轄為全國，稱為「聯邦法院上訴法院」（the Court of Appeals for the Federal Circuit），在圖 6-1 中簡稱為「聯邦上訴法院」。此法院受理比較特殊的案件，不像是其他 12 個巡邏區一樣是以區域為分野，聯邦上訴法院是以全國不分區的議題為分野，只要與商標法（Patent Laws）、國際貿易（International Trade）或聯邦訴訟（Federal Claims）有關的聯邦案件都會在此受理。而聯邦上訴法院的所在位置也在華府裡頭。最後，既然聯邦高等法院受理來自於各州聯邦法院的上訴案件，因此聯邦高等法院法官就比較不會跟特定的州或地方有緊密的連結，這當然是為了公正的目的而設計。

另外，聯邦高等法院有一個制度叫做合議庭（collegial courts），在合議庭中有一群法官審視由下級法院上訴的案件內容。事實上，在聯邦高等法院當中並沒有陪審團的配置，而且聯邦高等法院也不進行案件的事實審查；而是依據多數決來決定聯邦地方法院所判決的案子是否符合法律或程序上的要求，若是違反這些要求才有可能發回更審或要求補正。因此，為了要加速審理這些案件，在聯邦高等法院當中都會組成團隊，每一隊包含 3 位法官，而且這 3 位法官所組成的團隊可以同時審理多件案子。這些審案的隊伍成員

由庭長來做任命，通常庭長是由 65 歲以下最資深的法官來擔任。而且這些任命會以隨機方式進行，以確認相同法官不會總是湊在同一隊伍中審案。如此流程主要是要避免任何隊伍裡的法官由於時常共事而導致特定審判模式的發生。現在美國彎多巡邏區的聯邦高等法院是採用電腦隨機分配的方式來產生審判的隊伍。而如果原告或被告涉及到聯邦高等法院法官本身，此時法案就應採「全院庭審」（en banc），由所有法官一起來審理案件。但這類案子發生的機率占所有案子中不到 5% 的比例。

　　就聯邦法院與州法院兩種法院系統所審理案件不同而言，聯邦法院系統所審理的案件必須嚴格遵守以下幾種特質：首先，是審理的法律必須要涉及到憲法性質的探討，或者是美國對外締約（treaties）的案件，抑或是與出使外國的外交官與聯邦官員有關的案件。另外，如果案件涉及到兩州或兩州以上也會由聯邦法院來審理。最後「海商法」、破產與人身保護令的審理範疇也歸聯邦法院所有。另一方面，州法院系統審理絕大部分的刑事案件與遺囑認證和財產繼承問題。另外，絕大部分的契約、侵權行為含人身傷害、家事法含婚姻、離婚與領養等也屬州法院管轄。州法院系統是州憲法的最終仲裁者，其地位並不亞於聯邦法院系統。州法院對於聯邦法律或聯邦憲法的解釋如為外界所不服，則可以上訴到聯邦最高法院。但如前所述，由於此類上訴

表6-1　聯邦法院與州法院系統審理案件之比較

聯邦法院系統	州法院系統
·審理法律憲法性質的案件。 ·審理美國對外締約的案件。 ·審理大使與聯邦官員有關的案件。 ·審理兩州或者兩州以上的案件。 ·審理「海商法」（Admiralty Law）、破產與人身保護令（Habeas Corpus）案件。	·絕大部分的刑事案件與遺囑認證（probate）與財產繼承。 ·絕大部分的契約、侵權行為（tort cases）含人身傷害（personal injuries）、家事法含婚姻、離婚、領養等。 ·州法院系統是州法律與州憲法的最終裁量者，州法院對於聯邦法律或者聯邦憲法的解釋可以被上訴到聯邦最高法院。但聯邦最高法院可以自行決定是否要受理這些上訴案件。

資料來源：作者整理自製。

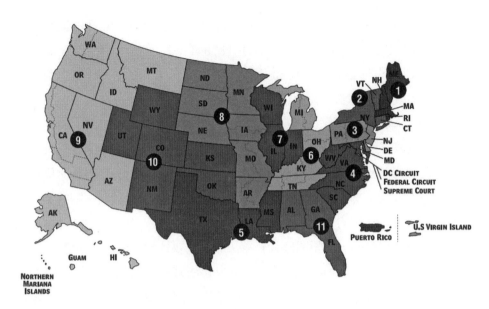

圖6-2 美國聯邦上訴法院與地方法院轄區

資料來源：作者蒐集自製。

到聯邦最高法院的案件數量相當多，因此聯邦最高法院大法官可以自行決定是否受理這些上述案件。

開國初期的聯邦最高法院

　　1787 年時所制定的「司法制度法」明定大法官人數爲 6 人，人數雖比現在少 3 人，但事實上最高法院建立前五十年很冷清，前十年所審議的案件甚至不到 60 件。由於最高法院剛設立時宛如一場憲法實驗，沒有人會知道這樣子的一個機構最後會如何演變？所以第 1 任總統華盛頓找了一個德高望重的政治人物來帶領與形塑最高法院，因此任命傑伊（John Jay）作爲首位首席大法官。傑伊與麥迪遜、漢彌爾頓都是《聯邦黨人文集》撰寫的 3 位作者之一，聲望與知名度都極高，可以說開國年代的大法官比較像是政治人物而比較不像是法官。最高法院成立採取強制司法管轄權，這種強制聆審的做法即所有上訴案件都必須受理。進入到 19 世紀之後，案件量慢慢累積，強

制聆審令大法官負荷激增，1860年時大法官議程表上有310件法案須要做出判決，但只有91件做出判決。到了1870年，待審案件已衝至636件，最後做出判決的有280件。1880年待審案件則有1,202件，做出的判決卻只有365件。有些訴訟人甚至苦等數年，其案件才會被最高法院審理。

1891年國會終於介入，以兩個方式來舒緩大法官的工作量：設立下級的高等法院與調卷令（certiorari）。前者作為中層機構希望案件能在較低層的法院就獲得解決；後者則是國會首次引入調卷令，但大法官的負荷仍舊沉重。1988年開始，調卷令的使用已成為常態，所有上訴到最高法院的案件並非都強制受理。一年約有90至159宗調卷令，都是從一年約8,000宗申請調卷令裡面海選出來的，並須明確具有憲法層次重要性的才能雀屏中選。

另外，在1789至1891年間，令不少大法官感到苦惱的是騎乘巡迴，許多大法官必須要風塵僕僕地騎馬到西方甚至南方審理案件。當時許多地方民智未開，大法官甚至要冒著惹怒地痞流氓的生命危險來進行審判。譬如1849年的大法官史蒂芬・蕭從紐約到了當時掏金熱的加州聆審涉及採礦權的訴訟，當時被告律師一言不合即建議被告要對包括大法官本人的現場人士大開殺戒，讓也不好惹的蕭大法官拿出了左輪手槍對著被告律師的腦袋，才壓下這個囂張律師的氣焰。這一個故事是從近代的大法官珊卓拉・歐康納（Sandra Day O'Connor）口中說出的，儘管可能有些誇張，也說明了當時騎乘制度讓大法官陷入危險的可能。事實上，在最高法院成立初期不少大法官就是因為最高法院任務不多，又加上令人感到疲累的騎乘制度做不下去而辭職的，最有名的當屬首席大法官傑伊，他任職僅六年便於1795年辭職。

到了1897年的「埃瓦茨法」（Evaarts Act）確立了3個原則：第一是聯邦法院的三層架構，第二也確立了調卷令的使用，讓最高法院可以酌情審查，第三則是終於取消了巡迴法官的騎乘制度。廢除了巡迴法官制之後其實後續法界對於巡迴法官的設置仍存有辯論，反對廢除者的主張是騎乘可以讓大法官「接地氣」，大法官才不會都關在充滿菁英的東岸。事實上，對於法官巡迴騎乘的辯論可以回溯至1801年亞當斯與傑佛遜的鬥爭，前者擔任總統時才廢除法官騎乘，但卻被接連擔任總統的傑佛遜又恢復。要一直到了

1925 年的「大法官法」與「司法官法」才催生了現代聯邦最高法院,當時的首席大法官,同時也是擔任過第 27 任總統(1909-1913)的塔虎脫主導整個現代聯邦最高法院的誕生,塔虎脫認為當時上訴到最高法院的案件起碼有六成缺乏上訴的理由,因此在國會推動立法讓聯邦最高法院得以自由裁量大部分的待審案件。塔虎脫雖然連任總統失利,但他在擔任最高法院首席大法官時對於建構當代聯邦法院制度卻是居功厥偉。

第二節　大法官

絕大部分的大法官任命是從下級法院也就是聯邦高等法院中來任命。而大法官之前擔任法官的經驗與受到任命之間的關係的確高度密切。總統、參議員與美國律師公會常認為在比較低階的聯邦法院中任職過,是作為被任命到最高法院擔任法官的前提要件之一。然而,最高法院法官工作極為特殊,法官所擔任的角色與一般承審法院法官甚至是上訴法院法官都很不同,最高法院需要就政治運作與社會情感來進行審判。由於憲法本文與增修條文都是很模糊的,所以需要法官有相當縝密的思維甚至更巨大的創意來進行裁決。就此而言,是否曾擔任過低階法院的法官就與擔任最高法院的法官沒有直接的關係?大法官法蘭克福(Felix Frankfurter)就曾經說過:「先前的法官經驗與擔任大法官之間的關係幾近於零。」也就是說最高法院法官的位置需要結合哲學、歷史等各方面的知識與渾厚的生命經驗,而法學素養是一個充分要件,但卻非必要條件。

過去大約有 62% 的最高法院法官在擔任該職位之前都有其他的法官經驗,然而,好幾位留名青史的大法官並沒有擔任過法官就被任命為最高法院大法官,包括 1910 年任命的約瑟夫・斯多利(Joseph Story)、1916 年任命的查爾斯・埃文斯・休斯(Charis Evans Hughes)、1916 年任命的路易斯・布蘭迪斯(Louis Brandeis)、1925 年任命的哈倫・斯通(Harlan Fiske Stone)與菲力克斯・法蘭克福。在所有留名青史的法官當中,只有 1902 年

提名的小奧利弗‧溫德爾‧霍姆斯（Oliver Wendell Holmes Jr.）與 1932 年
提名的班傑明‧卡多佐（Benjamin Cardozo）在擔任大法官之前有廣泛的法
官經驗，但法蘭克福認為他們之所以是一個偉大的法官，不是因為他們豐富
的法官經驗，而是他們是思想家，尤其是偉大的法律思想家所致。

參議院的任命權

　　決定誰能夠擔任大法官並且擁有非常關鍵性的司法審查權，是何等重要
的一件事情。由於最高法院法官的任期是終身制，因此他們對於美國政治的
影響不但遠超過對他們行使同意權的參議員，也遠超過任命他們的總統。這
些大法官上任之後以一錘定音的方式擘劃了美國司法的走向，也深深地影響
了美國政治的發展。行使大法官同意權是參議員的職責。過去總共 145 件
大法官任命案送到了參議院裡頭，大概就五分之一會以失敗收。在美國
建國後的第一個世紀，參議員常常否決總統的大法官任命案。從 1894 年往
後一百零六年間，共 22 件大法官任命案無法在參議院通過。到了這個國家
進入第二個一百年時，對總統來說通過大法官任命就變得相對簡單一些，
至少總統對於大法官的提名是一件特權（privilege）在參議員的心中獲得了
確立。從 1895 到 1967 年之間，總統任命了 45 位大法官，僅有一位在 1930
年任命的帕克（John Parker）沒有通過參議員的同意。

　　然而這個情況從 1960 年代後期開始丕變，任命大法官的過程變得更為
政治化了，不同政黨的參議員變得更傾向阻撓總統的大法官任命案。如此
改變也反映出在 1950 年代大法官任命程序慣例上的一些變化。斯通在 1925
年，與法蘭克福在 1939 年是唯二在參議院司法委員會參加聽證的大法官候
選人。從那時開始，大法官被提名人就被期待要在參議院司法委員會前接
受參議員各式各樣的提問，這些提問都具有極高挑戰性，有時甚至流於攻擊
性。這些問題從大法官被提名人的司法哲學到他們對於特定立法議題如墮胎
的立場為何，雖然讓大法官被提名人親赴參議院參加聽證會能夠增加立法端
對於被提名人的了解，但也因此讓整個提名過程引起外界更高度的注意，往
往成為一個政治角力的過程。

最後，值得注意的是「參議院禮貌」（senatorial courtey）的慣例，也就是如果總統要提名一州的聯邦法官（非大法官），可能是聯邦地方法院法官或者聯邦高等法院法官，則總統必須先知會當州的參議員以示禮貌，如果總統忽略了這一個步驟，則該參議員會無情地否絕這個提名，哪怕是這個參議員與總統隸屬同一個黨也一樣，而整個參議院也會基於參議院禮貌原則附和該參議員否絕這項任命案，群起而攻之讓總統的任命案流產。

卓越與爭議的大法官

至於在卓越超群的法官方面，在前面提到的斯多利、休斯、布蘭迪斯、斯通、法蘭克福、霍姆斯與卡多佐之中，**霍姆斯**是值得多加說明的大法官。他由共和黨的老羅斯福總統提名，他的司法哲學是克制論、務實主義者與菁英主義者，他也力推司法不應該插手經濟。霍姆斯出生哈佛講堂與波士頓知識圈，可以說是聯邦最高法院最博學多聞的大法官之一。他所出版的《普通法》（*The Common Law*）為經典，是蒐集法官於庭上的判例。1905年聯邦最高法院在「洛克納訴紐約案」（*Lochner v. New York*）中做出惡名昭彰的判決，否決紐約立法限制麵包工人的工時上限為每週60小時，或每天10小時的規定，這項紐約立法原本的目的當然是為了保障勞工權益，避免勞工過勞。雖然最高法院順從當時的潮流認為此案違憲，認為紐約這項立法違反了麵包業與工人的契約自由原則，但霍姆斯發表強硬的反對意見，認為憲法不宜偏袒特定的經濟理論。儘管在此判決中，霍姆斯看似是自由派的法官，但他其實相當務實。他的觀點是勞資雙方的糾紛必須透過政治手段來解決，或者只能由雙方自行協調解決。事實上，他是菁英主義者並非勞方的朋友。總之，他不認為司法應該介入市場運作，也就是所謂的克制論。

第二位是**道格拉斯**（William Douglas），道格拉斯與極度反動保守的麥克雷諾茲（James McReynolds）恰恰相反，他是極度自由的激進派，有最奔放的「狂野比爾」之稱。同時道格拉斯終其一生最想擔任的其實還是總統，但終究是南柯一夢，無法如願以償。他是憲法第一修正案的絕對捍衛者，縱使當時的社會氛圍是反對共產主義，但縱然如此，道格拉斯仍舊希望

左派的言論能夠受到美國憲法的保障。道格拉斯在 1965 年所判決的「格里斯沃爾德訴康乃狄克州案」（*Griswold v. Connecticut*），裁定隱私權爲憲法基本權利，該案涉及康乃狄克州禁止民眾使用「任何避孕、有助流產的用品」。後來最高法院以 7 比 2 表決結果，認爲此法「違反婚姻隱私權」，並以隱私權爲由宣告法律無效。這個法案後來成爲 1974 年「羅伊訴韋德案」（*Roe v. Wade*）的基礎，確立了憲法對於女性墮胎權的保障。道格拉斯熱愛大自然也反對越戰，但人非聖賢，儘管道格拉斯在公領域成一家之言，但私領域則備受爭議，因爲他是最高法院首位歷經離婚的大法官。1970 年眾議院少數黨領袖對道格拉斯提出彈劾案，稱道格拉斯在其新書中支持嬉皮革命，悖離美國道德，此彈劾案在眾院就先被否決。1975 年道格拉斯在任內中風不良於行，思考也大爲混亂。最高法院每每遇到這種年老體弱卻堅不退休的大法官，柔性的作爲只能避免將案件分發給他審閱。道格拉斯支撐數月之後，終於向他在政界的死對頭共和黨的福特總統遞出辭呈。

　　既然提到地位崇高備受尊重的大法官，當然就有極具爭議性的大法官。歷史上唯一被彈劾過的大法官是 1805 年的蔡斯（Samuel Chase），他由華盛頓總統任命，蔡斯在當時被認爲是一個說話尖酸刻薄的人，他出任大法官後不斷言語攻擊傑佛遜與民主共和黨人，就算傑佛遜後來當選第 3 任美國總統蔡斯依然故我，完全不想收斂。終於在傑佛遜任內眾議院以「重罪與不當行爲」彈劾蔡斯，眾院通過後卻在參議院以 4 票之差未通過。另外一位評價極差的法官是麥克雷諾茲，他以反對小羅斯福新政而臭名遠播。麥克雷諾茲由威爾遜總統提名，他和蔡斯一樣說話刻薄之外，不但反猶太人還是個公然的種族歧視者，他是不折不扣的反動派，這一類的保守派對只要是非我族類者都可以將辯論升級爲口角，麥克雷諾茲對其他的大法官同僚就是這種態度。

　　麥克雷諾茲討厭小羅斯福的程度是到公然以綽號稱之，由於小羅斯福是小兒麻痺患者，麥克雷諾茲稱他爲「跛腳公驢」（crippled jackass）。雖然羅斯福新政尤其是企圖改變大法官數目（court packing）受到包括自由派本身的反對，但羅斯福在當代非常受歡迎。因此雖然麥克雷諾茲反對羅斯福

改變大法官數目這件事情算是站在歷史正確面，但整體來說麥克雷諾茲的狹隘心胸與平庸的法律見解就是他留給後世的印象，據說麥克雷諾茲過世時還沒有人願意參加他的喪禮。此外，在小羅斯福時代另外 3 位同樣反對新政的保守派法官爲喬治·薩瑟蘭（George Sutherland）、威利斯·凡·德凡特（Willis Van Devanter）與皮爾斯·巴特勒（Pierce Butler），他們與麥克雷諾茲合稱爲保守的「四騎士」（The Four Horsemen）。

優退制度與大法官退而不休的生活

　　大法官從早期的工作量少，到了開國後一百年的騎乘巡迴備感疲憊，再到 20 世紀後的提名與審判工作充滿政治性，大法官對於美國司法與政治的影響與日俱增。既然大法官爲終身制，影響力又遠高於總統與國會議員，一個比較棘手的問題是，大法官到了年紀很大時還不見得願意退休，畢竟權力是相當誘人的東西，或者說有些大法官仍懷有強烈使命感。因此，爲了讓年老的大法官願意退休，必須要有一些退休後的保障安排。1869 年時，終於規定年逾 70 歲且年資達十年的大法官可以申請退休，並與最高法院做永久式切割，也就是不再過問聯邦法院事務。這個退休規範到了 1937 年年初所通過的「退休（辛拿─麥卡倫）法案」（Retirement Summers-McCarren Act）做了一些修改，規定大法官退休後雖然不再理最高法院事務，但可以擔任下級法院也就是高等法院法官，而且薪水照領，成爲所謂的「優遇大法官」，此修正讓更多年紀大或者體力不濟的大法官更有意願退休了，因爲他們可以「退而不休」轉任下級法院擔任較爲輕鬆的法官工作。

　　到了 1980 年代時法規轉爲「80 制」（rule of eighty），大法官可以在 65 歲退休，但前提是「個人年齡與在聯邦最高法院的工作的年資兩者相加達八十年」，只有到達此條件他們才可以按離職時的職等繼續領取終身俸。同時如果大法官選擇退休成爲優遇大法官，他們可以繼續領取在職薪資，而當聯邦最高法院調薪時，他們也能夠享有調薪福利。根據大法官歐康納的統計，目前退休大法官中有三分之二都成爲優遇大法官，在聯邦高等法院服務當中，也有不少在民間非營利組織進行司法教育與社會公益的工作。

　　根據大法官麥康納的歸類，大法官在任內辭職的原因主要有 3 個：

1. **在任內死亡**。自從 1937 年退休法案退休後，只有 8 位大法官在任內死亡，絕大部分都轉為優遇大法官。1954 年後更只有首席大法官倫奎斯特（William Rehnquist）在任內撒手人寰。

2. **年老或體弱**。歷史上明確以騎乘太過勞累辭職的大法官有 2 位：1796 年的小約翰·布萊爾與 1857 年的班傑明·柯蒂斯（Benjamin R. Curtis），其他則都是在任內生病、中風或其他私人因素而選擇辭職。事實上，當大法官過於年邁無法視事卻拒絕辭職時，其法官同僚常常需要聯手施壓用盡各種方式讓老法官避免審案。第一個的例子是 1974 年中風後喪失活動能力的道格拉斯，不但受疼痛所苦也無法待在法庭內聽完整場辯論而必須提早離席，其同事們用盡各種方法變相限制他的法官職能。另一例是 1932 年的霍姆斯大法官，當時他的大法官同事們聯手阻止霍姆斯工作並強烈建議他退休。那時霍姆斯已高齡 91 歲，不但身體衰弱腦筋也不靈光了，最後才帶著遺憾離開法官職位。霍姆斯至今仍是最高法院年紀最長的大法官紀錄保持人。

3. **另謀高就**。有些大法官是尋求更高的政治職位，例如大法官約翰·拉特利奇於 1791 年轉任南加州首席法官一職，而聯邦最高法院首位首席大法官約翰·傑伊便於 1795 年向聯邦最高法院辭職，轉任紐約州的州長。戴維斯大法官在 1877 年從聯邦最高法院辭職轉任參議員。艾文斯·修斯大法官在 1916 年辭職，以共和黨候選人的身分競選總統，選舉失敗後再獲任命加入聯邦最高法院，並在 1930 年成為首席大法官。另外一些大法官選擇加入行政機關，例如 1942 年的詹姆斯·博文斯（James Francis Byrnes）當了兩年大法官，即轉任經濟穩定局（Office of Economic Stabilizatoin）的局長；後來杜魯門總統執政時邀請他擔任國務卿，最後則擔任南卡羅萊納州的州長。亞瑟·戈德伯格（Arthur J. Goldberg）則在 1965 年轉任美國駐聯合國大使。

　　其他大法官因私人因素請辭，諾亞·施維爾（Noah Swayne）於 1881 年辭職，主要是要讓時任總統海斯兌現任命其友人填補最高法院空缺的承

諾，海斯也履行承諾。大法官湯姆・克拉克（Thomas Clark）於 1967 年因為利益迴避而請辭，聯邦最高法院首位女性大法官歐康納則於 2006 年辭職，希望有更多時間陪伴健康欠佳的家人。另外，也有一些大法官離職的原因不是這麼正面，1969 年亞比・福塔斯（Abe Fortas）因為操守問題而辭職，當時他與一個涉及詐騙案的金融家過從甚密。

第三節 判決過程

聯邦大法官面對巨量的卷宗，絕對無法只依 9 個人的力量就竟其功，他們背後的「無名英雄」法官助理（law clerk）扮演著極重要的角色。以下我們先來介紹法官助理。

法官助理

通常每位大法官每一庭期（per court term）可以聘用 4 位法官助理，首席大法官甚至可以聘用到 5 位。這些法官助理通常是全國頂尖大學法學院畢業的高材生，工作期限為一年，工作內容為替大法官蒐集資料、撰寫公務備忘，有時甚至可以替大法官起草意見書。這些助理參與資格小組（cert pool），由於上訴到最高法院的「申請調卷令」的受理是以每週為單位，因此這些湧進的申請調卷令由 9 位大法官協調分配，每位大法官分配到這些調卷令之後，會再分配給他的 4 或 5 位助理去進行閱讀並消化整理，然後再將這些個案寫成短的備忘錄（brief memorandum），並同時撰寫是否應該受理這些案子的建議。助理將這些建議呈給各自協助的大法官們，大法官再帶到大法官會議（The Justices' Conference）與其他大法官分享並討論，最後做成是否接受的投票決定。法官助理的職位並不是在最高法院設立之初就有的，這個職位是由霍格斯・格雷（Horace Gray）首創，霍格斯本人是一個神童，17 歲就從哈佛畢業。1882 年時他成為最高法院第一個聘用法官助理的大法官，當時由於沒有這個制度，所以法官助理的薪水全由格雷自掏腰包給付。一直到了 1974 年，每位大法官才能正式聘用 4 名法官助理。

　　前面提到在數千宗申請調卷令當中，大法官會依據案件的重要性來受理。而決定是否受理則由大法官們先開會，再由 4 張贊成票決定受理。早期申請調卷令往往長篇大論超過 1 萬字，今日聯邦最高法院則對申請調卷令下了 9,000 字以內的限制（不超過 50 頁），已經排入議程準備在庭上口頭辯論的案件摘要則不可超過 1 萬 5,000 字。參與最高法院庭審的訴訟律師必須要有精準扼要寫下摘要的能力，而且任何一方的開庭摘要通常要在口頭辯論前三個月就要繳交。這樣限制口頭辯論書面摘要的目的，除了是考量聯邦最高法院所審案件的極大負擔之外，另外也希望讓案件最重要的法律爭點直接突出，讓大法官能夠釐清案情與聚焦思考。當申請調卷令經過了 4 位以上的大法官投票支持受理之後就進入正式程序，聯邦最高法院即會要求案件的對造（被告）提出摘要說明。美國聯邦政府如果沒有直接涉案，則由檢察長（Solicitor General）代表政府提出一份摘要說明。另外，如果有社會上的第三方對案件有興趣，在聯邦最高法院的允許下，也可以提出「法院之友」（amicus curiae, Latin for "friend of the Court"），同樣也是一份摘要說明並且具體建議最高法院的判決方向。

口頭辯論（Oral Arguments）與律師風格

　　與申請調卷令同等重要的是口頭辯論，由於聯邦最高法院的庭期是從每年 10 月的第一個星期一到次年的 10 月的第一個星期一，而休庭為每年的 6 月底、7 月初到 10 月的第一個星期一。據此最高法院從 10 月到隔年 4 月舉辦口頭辯論，從 10 月到 12 月，口頭辯論在每月的前兩個星期舉辦，而在每兩個星期的週期中，除非最高法院另有調整，否則口頭辯論只在星期一、二與三舉辦。而且口頭辯論是開放給大眾參加的，通常每天會進行兩個案件，並從早上 10 點開始。每一案有 1 小時辯論時間，原告與被告各有半小時報告。對大法官來說，兩造這各半小時的時間並非是律師就案件本質進行論述的「個人秀」，而是大法官的「詢問時間」，大法官時常會打斷律師的發言提出各種問題。

BOX　口頭辯論開始前的握手禮

　　口頭辯論開始前有一個特殊的「大法官握手禮」，在開庭坐上大法官座椅前，大法官們會齊聚在禮服室，每一位大法官都要和其他8位握手及問好，因此握手的總次數會是36次。這項特殊的傳統背後所代表的意涵，是擁有各自立場與意識形態的大法官們需要同心協力一同為所審案件找出憲法層級的解方。儘管最後審判的結果可能無法盡如每一位大法官的意思，但是9位大法官仍舊構成一個團隊，代表著美國最高司法體系。

　　口頭辯論開始前大法官們會互相握手，然後莊嚴地進入法庭，映入眼簾的是有 4 根堂皇柱子的最高法院，大法官的入口有 3 個，根據歐康納大法官的回憶，大法官們會分別穿過這 3 個窄窄的入口進入法庭，而每位入口供 3 位大法官進入。法庭內有執行官（marshal）會進行最後的禮俗，他以小木槌敲出響亮的一聲，法庭內的人都要起立。這個時候執行官會以最大的音量對外宣布：「尊貴的美國最高法院首席大法官。肅靜！肅靜！肅靜！任何人要向聯邦最高法院尊貴的大法官們陳情的，我提醒你們要趨前留心，因為聯邦最高法院現在開庭。天佑美國，天佑這尊貴的聯邦最高法院。」

　　事實上，在聯邦最高法院設立之初，出庭律師與現在受制於大法官的詢問是很不一樣的，常以戲劇性的演說方式來感動大法官，例如辯護界的一代宗師韋伯斯特（Daniel Webster），其辯護的案子包括 1819 年的「麥克洛克訴馬里蘭州案」（*McCulloch v. Maryland*）與 1824 年的「吉本斯訴奧格登案」（*Gibbons v. Ogen*）。前者確立了憲法授予聯邦國會默許權，使其能夠履行憲法賦予的權利，並組建功能完備的政府；後者確立憲法授予國會監管州際貿易的權力包括監管航行的權力。韋伯斯特這位雄辯家的代表作主要是在 1818 年的「達特茅斯學院訴伍德沃德案」（*Dartmouth College v. Woodward*），韋伯斯特身為達特茅斯學院優秀校友，當然挺身為母校辯論。該案主要是達特茅斯學院的信託管理委員會罷免了校長，新罕布夏州不認同此舉，所以想要立法將學校轉為公立大學。聯邦最高法院裁決此案的爭議點在於：憲法是否認為州政府給予大學私法人的特許狀（private corporate charter）屬於合約性質，因而受到憲法合約條款（Contract Clause）的保護，

州政府不得以強制力損害此合約權利？韋伯斯特在辯論庭上引經據典、滔滔不絕，甚至動之以情引用莎士比亞筆下凱撒大帝被圍攻的情節，比喻受到州政府打壓的達特茅斯學院。可以看出早期最高法院律師出庭的表現完全不遜於政治人物。

　　另外一位建國之初值得一提的頂尖律師是威廉‧平克尼（William Pinkney），他曾任美國司法部部長，而「海事法」是平克尼的專長。其最著名的案件是 1812 年的「交易號帆船訴麥法登案」（*Schooner Exchange v. McFaddon*）。此案背景是馬里蘭州一名商人的船隻被法國政府徵用為海軍艦艇，當船隻返回費城時，船隻擁有人要求收回該船。此案件對當時剛建國的美國至關重要，一方面船隻的確隸屬於美國私人，二方面如果船隻回收對於美法之間的關係就會有所影響。因此美國總統委託平克尼代表法國出庭應訊。當時的首席大法官馬歇爾在意見書中提到，因為此案子過去並沒有判例，所以法律條文並不能提供什麼線索。平克尼當時在庭上認為：當一個國家深處戰亂之際，而使另一方受損，這個時候雙方是無法透過司法部門來解決爭議的。有權提出糾正這個損害的是行政機關，行政機關是國家主權的唯一代表。馬歇爾大法官對此判決的意見書後來成為國際法的基礎，也就是：美國法院對於在美國港口的外國船隻並無司法管轄權。爾後聯邦最高法院甚至是其他國家的司法單位也常引用此判例。在近代的意涵即為「外國主權在美國擁有豁免權免被起訴」。馬歇爾當時在意見書中還特別讚揚平克尼優秀的口頭辯論，並大量採納其意見。大法官在意見書中特別提到辯護律師是非常罕見的一件事情。整體而言，辯護律師在最高法院庭上與大法官間的對話與交流對於最後判決的呈現是很關鍵的。

　　跟平克尼與韋柏斯特的年代不同，今日最高法院法庭辯論規則嚴格許多，整體氣氛更嚴肅，律師在庭上的陳述時間也不斷縮短，從 1848 年限制每方發言 2 小時；1925 年縮短至 1 小時；1971 年進一步限縮到每方 30 分鐘，這個時間就沿用至今。雖然口頭辯護的時間縮短了許多，但絲毫影響不了口頭辯護的重要性，甚至讓口頭辯護更為扼要聚焦。現在最高法院的庭辯也不鼓勵浮誇的辯護方式，對大法官來說，對公眾宣傳已不再是優先考量，釐清

案件脈絡與找出憲法層級的解決之道才是首要之務。口頭辯論風格的轉變，出現在 1954 年的「布朗訴教育委員會案」（*Brown v. Board of Education of Topeka*），這個案件中主張與反對種族隔離的律師都充滿慷慨激昂的情緒，此案劃時代地破除了種族隔離政策，直接推翻 1896 年「普萊西訴弗格森案」（*Plessy v. Ferguson*）維護黑白「分開但平等」（separation but equal）的判決。另外布朗案所展現的是從此之後聯邦最高法院的庭訊即盡可能的避免情緒與淚水，讓案件回歸憲法來討論。此外，在聯邦最高法院建立後的一百年間，除了律師動輒滔滔雄辯數小時，當時的法官也不太打斷律師的陳詞，但現代的最高法院庭訊，在律師 30 分鐘的陳詞中若沒有一句來自於大法官的介入與詢問，幾乎是不可能的事。換言之，現代的聯邦最高法院法官也一改過去被動聽訟的態度，改採積極問審的姿態。

大法官會議

在口頭辯論之後進入到大法官的閉門會議。當最高法院在庭期時，則每週有兩場大法官會議，一場在星期三下午，另一場在星期五下午。星期三下午的大法官會議審理星期一所舉行口頭辯論的案件；而星期五下午的大法官會議，則審理星期二與三所進行口頭辯論的案件。當最高法院不在庭期時，則沒有星期三舉辦的大法官會議。在進到大法官會議之前，大法官間就會頻繁交換意見。此外，在閉門會議之中能看出「資深制」（seniority）作為聯邦最高法院的傳統價值。如果在內部會議進行中有法院職員來敲門，則由最資淺的大法官去應門。此外，不論在內部會議或者在公眾場合（如受邀至白宮）當中，講話與現身同樣是長幼有序。由於歐康納是第一位女性大法官，她當時當了五年的應門員，身為女性還要擔任開門的工作，當時她的大法官同僚擔心會有性別歧視的問題，但歐康納認為這是一個很好的傳統，因此不以為意。

在閉門會議中資深的大法官先講完，才換資淺的講。然而，儘管長幼有序，資淺大法官在閉門會議中的陳述也能獲得尊重而不被打斷。在最後一個大法官講完之後，由首席大法官先投下第一張票，然後再依大法官年資依序

投票。投票過程中大法官仍不斷彼此說服，因此改變最初的投票意向是有可能的，甚至拉票也是有可能的。由於這個過程是在閉門情況下進行而顯得神祕，不過近代政治科學家以科學方式（如訪談或計票）來理解大法官的決策過程，神祕面紗得以逐一揭開。

判決決定

內部會議決議達成之後，最重要的兩個部分是「決定」（decision）和「意見書」（opinion），前者是違憲與否的決定；後者陳述違憲與否背後的原因。這兩個部分同樣可以反覆修改，目的在於獲得最多數大法官的同意。儘管如此，要所有大法官全部對於這兩部分無異議通過難度仍舊很高，這是由於社會發展越來越複雜的原因。1930 年代之前有超過 80% 的案子無異議通過，但近年來約僅有三分之一或者四分之一的案子無異議通過。

9 位大法官投票完，要找一個法官寫違憲與否的「決定」；另一個法官寫「意見書」。如果首席大法官剛好是在多數那群，則由他寫「決定」；如果首席大法官在少數那群，則由多數群的最資深法官來寫「決定」。不過「意見書」則由首席大法官分配輪流寫，以平均工作量。在策略運用上，首席大法官可以派一個少數群裡的大法官來寫意見書，以博取那一個少數群的大法官稍後可能轉向支持，事實上在意見書出爐之前多數群的大法官仍舊不放棄說服少數群的大法官。最後的判決產出有以下四種形態：

1. 絕對多數意見書（majority opinions）：5 名以上大法官贊成通過違憲與否的「決定」，也贊成「意見書」。

2. 協同意見書（concurring opinions）：如果有大法官贊成通過違憲與否的「決定」，但不贊成「意見書」，則可以寫協同意見書。

3. 相對多數意見書（plurality opinion）：如果沒有 5 名以上的大法官同時贊成「決定」與「意見書」，則可以退而求其次有 5 名以上的大法官贊成「決定」，但不到 5 名以上的大法官贊成「意見書」，這時候寫相對多數意見書。儘管在這個選項下釋憲案還是通過了，但此舉容易造成「通過」背後的原因不明。

4. 反對意見書（dissenting opinions）：由少數群大法官所寫，不但不贊成通過違憲與否的「決定」，也不贊成「意見書」。

　　值得注意的是，過去曾發生（雖然罕見）由於正反方票數太近，所以在寫意見書的前一刻 1 至 2 名多數群的法官「叛變」到少數群，讓少數馬上變成多數。而這樣的案件通常是極度爭議與社會高度矚目的案件。最後，當「決定」與「意見書」都決定之後，聯邦最高法院會對外公布。如果在最高法院還在舉行其他口頭辯論的日子裡，由於較為繁忙，違憲與否的「決定」有可能在「意見書」之前先公布。而無異議通過（unanimous）的釋憲案也會比大法官立場高度分歧的釋憲案還更早公布，前者有時早在 12 月就會公布，後者有可能要到庭期快結束才會公布。簡言之，判決決定與意見書的產生涉及到 9 位大法官間立場與意志的合縱連橫，縱使尊貴如首席大法官也無法隻手遮天。而大法官們的決策過程即為外界極度關注的環節，以下談談這三種模型。

三種法律決策模式

　　首先，聯邦最高法院大法官所做的工作基本上就是依照各種實際例子來審視憲法意涵是否遭受曲解或者違逆，這種針對政府其他部門（不管是立法還是行政端）進行違憲審查的工作，通常稱作「司法審查」。在司法審查的過程當中，不管意識形態偏向自由或者保守的大法官，都會有意無意的將自己的意識形態加諸在判決的意見書當中，這種情況的發生稱之為「司法積極主義」。但也有論者認為作為一名大法官，掌控國家名器就應該要維持中立的角色，不應妄加個人意識形態甚至是好惡於司法審查工作之上，這種說法又稱為「司法消極主義」。事實上，政治科學家普遍不認為聯邦法院的大法官能有全然的公正客觀，但是法學院的教授可能會對這樣的說法大加抗議，認為擔任一位公正的聯邦大法官當然是有可能的。而這些辯論被研究司法的文獻整理為大法官的三種決策模式：

　　第一種出自於法學院，即大法官的審判與決定均按照法律為之，又稱**為法律模式**（legial model），採此論者認為大法官審案僅重視證據、法律

邏輯與憲法本文，大法官在審判中不帶情緒與立場。第二種稱之為**態度模式**（attitudinal model），態度模式與法律模式剛好對立，認為大法官審判的依據，全來自於大法官個人的價值與心證。如果法律模式站得住腳，那麼真理只有一個，不管是天性自由還是保守的法官，理論上在所有判決都應該要有一致的決定才對（unanimous decrsion），但根據統計，聯邦最高法院的判決僅有四分之一至三分之一的決定是一致而無異議的，雖然這也說明了法律模式仍有可能，但更多時候法官個人的價值或者其他的考量影響著判決。

而司法政治學家艾波斯坦與奈特（Lee Epstein & Jack Knight）提出第三種**策略模式**，簡言之，就是當大法官發現局勢可為時，就會依照自己的個性與意識形態進行審判，但當情勢不可為，尤其是當大法官發現自己的立場獨樹一格或者在少數群法官當中，則為了避免他們最不想要見到的結果發生，這些大法官會願意轉向接受多數群的決定，至少讓他們能自己親自撰寫意見書，也能讓意見書不要與自己當初在少數群的意見相差太多，這種風險控管等於是「有總比沒有好」。另一方面，首席大法官如果剛好在多數群，他也常「讓利」給少數群的大法官來寫意見書以換取他們可能的立場轉向或至少比較不那麼敵對的後續反應（譬如寫反對意見書），即是策略模式的展現。研究顯示策略模式的確比起法律模式或態度模式更能夠解釋大法官的動態決策過程。

變心的大法官

總統所任命的聯邦法院法官在一開始與任命他的總統意識形態相近，儘管這是極其自然的一件事情，但人總會變，大法官年輕時自由，老年後變得保守，或者反之亦然，都是有可能的事。圖 6-3 顯現從 1950 年代以來 12 位大法官在任期中意識形態不變或者改變的情況。布倫南（William Brennan）、馬歇爾（Thurgood Marshall）、柏格（Warren Burger）、鮑威爾（Lewis Powell）是自始自終在判決的意識形態上維持一貫的大法官，前二者偏自由，後二者偏保守。至於其他更多的法官判決背後所隱藏的意識形態則會改變。布萊克蒙（Harry Blackmun）越老越自由。華倫資淺時保守，

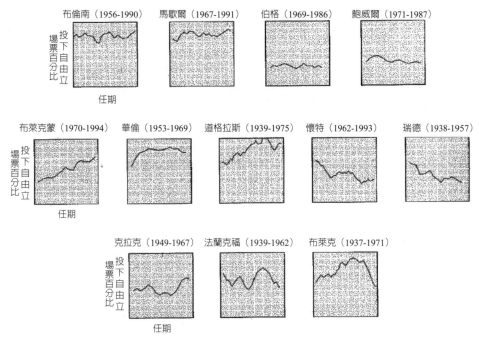

圖6-3　聯邦最高法院法官職涯中意識形態的改變

中間自由，到老時又偏保守。道格拉斯則大體往自由老去，雖然在晚年又拉回保守一點。懷特（Byron White）與瑞德（Stanley Reed）都是越老越保守。克拉克越老越自由。最後，法蘭克福與布萊克（Hugo Black）都在自由與保守間劇烈擺盪。如果你是提名這些原本保守或自由但最後卻變了心的大法官的總統，一定不會太開心。

在民權議題上分歧的最高法院

　　美國最高法院的法官跟台灣的法官常常強調自己是公正不阿其實有很大的不同，最大的不同是美國最高法院法官可以註冊自己的政黨黨籍。表6-2提供了一個有趣的資訊，顯示從1960年代開始到1980年代末期，最高法院法官分為民主黨籍與共和黨籍兩派，在民權、勞工與經濟管制、刑事犯罪等三大方面的案件判決是偏向自由的決定各有多少百分比。我們發現不管是

表6-2 聯邦最高法院法官針對不同案子所出現自由判決的比例（1969-1986）

	自由判決百分比		百分比差
	民主黨籍	共和黨籍	
民權類			
1969-1974	58	44	14
1975-1980	55	41	14
1981-1986	53	35	18
勞工與經濟管制類			
1969-1974	66	56	10
1975-1980	61	50	11
1981-1986	61	50	11
刑事類			
1969-1974	33	22	11
1975-1980	36	30	6
1981-1986	35	27	8

資料來源：Adapted from Rowland, C. K., and Robert A. Carp. 1996. *Politice and Jugdment in Federal District Courts*. Lawrence, KS: University of Kansas Press, 37。

偏向自由的民主黨大法官，或者偏向保守的共和黨大法官，在勞工與經濟管制議題的面向上，判決的差異並沒有隨著 60 年代、70 年代甚至到了 80 年代，而有加大的趨勢。在刑事犯罪的面向上，共和黨大法官與民主黨大法官的差異甚至是逐年遞減。

比較鮮明可見有加大差異的是民權議題。的確，美國作為一個曾經蓄黑奴的國家，從開國至今就受種族問題所苦，也顯示比較自由的 1960 年代，縱使是共和黨的大法官也能夠順應時代潮流，到了帶領共和黨復興的雷根總統的 80 年代，自由與保守派法官之間在判決的立場上就慢慢拉開了。最近也有一些研究顯示，在 2016 年川普當選之後，不但激化了聯邦國會中的自由與保守兩派議員的立場，這股政治極化的風氣甚至也吹進了最高法院。由於川普任命了兩位極為保守的大法官，包括 2017 年 2 月通過任命的尼爾・

戈薩奇與 2018 年 7 月通過任命的布雷特・卡瓦諾，再加上先前就已提名進來的保守派黑人法官湯瑪斯（老布希提名）、首席大法官羅伯特（小布希提名），以及阿利托（小布希提名），保守派法官已經有 5 位過了半數。另一方面，自由派法官包括金斯伯格（柯林頓提名）、布雷耶（柯林頓提名）、女性大法官凱根（歐巴馬提名），與首任拉丁裔女法官索托瑪約爾（歐巴馬提名），自由派法官僅有 4 位已居弱勢。最新的發展是 2020 年 9 月 18 日金斯伯格因胰臟癌逝世，享壽 87 歲。金斯伯格是歐康納之後的第二位女性聯邦大法官，終其一生推動性別平權。她離開之後最高法院又少了一位自由派大法官，自由派法官就僅剩 3 位。川普提名新任大法官巴雷特通過，美國右翼風向疾強，一時之間要拉回來還沒那麼容易。

　　另外一個因為金斯伯格逝世所引起的討論是，2020 年年末時，當時還是民主黨總統候選人的拜登，就呼籲川普不要在新總統選出前先提名新的大法官，畢竟新的總統與新的民意即將發生，但川普聽不進去。事實上，四年前（2016 年 2 月 13 日）當史卡利亞（Antonin Scalia）大法官逝世時，當時的總統歐巴馬也想在下任總統選出前趕快提名一位自由派大法官替補相對保守的史卡利亞，但由於當時參議院由共和黨控制，任何大法官提名都過不了關，所以歐巴馬總統無法如願。這個懸缺一直等到川普總統上任後的 2017 年 4 月 10 日，在共和黨為參院多數的優勢下由川普提名的戈薩奇繼任，中間懸缺了一年多。在戈薩奇上任前最高法院就是 8 名大法官，這在歷史上不算少見。尤其每年在聯邦最高法院有許多案件是需要其中 1 名大法官因利益迴避而放棄審案（recusal），在這種情形之下就剩下 8 位大法官。在一個只有 8 位大法官的聯邦最高法院，多數決意見（a majority decision）必須要以 5 票對 3 票通過，如果達不到這個標準，譬如說發生 4 票贊成對 4 票反對，則由下級聯邦法院的最終判決為依歸，但此情況就不立為判例了（precedent）。總之，川普成功增加 1 名保守派大法官，保守對自由的法官數目為 6 比 3，拜登上任後，已經面臨一個往保守傾斜的最高法院。

圖6-4　9位最高法院現任法官及其意識形態

資料來源：The New York Times。

聯邦最高法院的極化現象

　　我們在國會的章節曾提到參、眾議院的政黨極化現象，而最高法院的判決是否也有極化現象呢？也就是自由派與保守派的法官之間是否在判決上的歧見越來越深？這裡有幾個層面的探討。首先是聯邦最高法院法官彼此之間的關係，與前面提到艾波斯坦與奈特所論及大法官在做決策時的策略考量。這部分屬於最高法院內部的因素。另外一個是最高法院外部因素，包括社會各界對法官在關鍵法案上的判決所產生的期待，這時候也會對大法官產生極大壓力。另外輿論也可能在各種傳統媒體與網路媒體間發酵，過去研究顯示這些媒體輿論多半把大法官往自由派的方向帶去。研究最高法院極化效應的文獻不如研究參、眾議院極化效應的文獻來的有系統，這當然與最高法院大法官在決策過程時無法對外公開有關，也為最高法院蒙上一層神祕的面紗。不過，政治科學家艾普斯汀等人（Epstein, Andrew, Jeffrey & Chad）仍舊依照大法官的判決投票紀錄計算出一個叫做「司法共同空間」的指標（The Judicial Commmon Space, JCS），在這個指標當中法官判決極自由的分數為

1 分，判決極保守的分數為 -1 分，居於中間者為 0 分。

　　圖 6-5 為 2018 年 7 月時川普總統提名卡瓦諾，以取代另一位也是由共和黨總統雷根所提名的大法官甘迺迪（Anthony Kennedy）退休後，所空出來的位置。在 JCS 指數上，甘迺迪雖然出身共和黨，但他的判決還算中道，JCS 分數為 0 分。但川普新提名的卡瓦納的分數卻是很保守的 -0.8 分，圖 6-5 中顯示為 0.8C（conservative），大概與共和黨老布希總統所提的保守派黑人大法官湯瑪斯不相上下。2018 年 10 月 6 日卡瓦納的提名在共和黨多數的參議院通過，這項提名很顯然地把各項判決往保守派更拉向一步，也讓保守派法官與自由派法官之間在判決時要有共識更加困難，換言之，卡瓦納的提名增加聯邦最高法院的極化效應。事實上，政治科學家古居（Donald Gooch）認為最高法院所正經歷的極化效應，其實不輸國會內部極化效應與總統—國會之間差異所產生的極化效應。

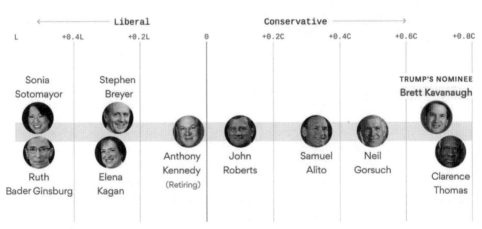

圖6-5　現任聯邦最高法院大法官的JCS指數

資料來源：Lee Epstein, Andrew D. Martin & Kevin Quinn, 2016。
製圖：Andrew Witherspoon, Harry Stevens/Axios。

聯邦最高法院三種極化指標

　　圖 6-6 展現此一現象，參院極化效應（Senate Polarization）指的是每一屆全體 100 位參議員意識形態分數的標準差（standard deviation），也就是他們意識形態的變化量，變化量越高表示大家看法越不一致，則極化效應越高。總統—參議員之間的差異（President-Senate Chamber difference (absolute value)）則是總統意識形態分數與擁有最中間意識形態參議員（median senator）之間分數的差。而「司法共同空間—克拉克極化效應」分數（JCS-Clark Polarization）則來自於政治科學家克拉克（Tom Clark）對於「司法共同空間」分數的修改，同樣也是分數越高極化效應越高。「司法共同空間—

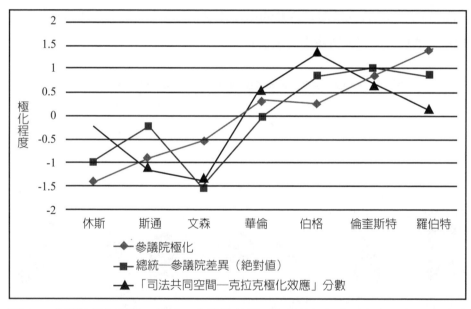

圖6-6　參議院極化指數、總統—參議院差異（絕對值）極化指數與聯邦最高法院「司法共同空間—克拉克極化效應」分數

資料來源：Donald Gooch, 2015。見blogs.lse.ac.uk[2]。

---

[2]　http://eprints.lse.ac.uk/64299/1/blogs.lse.ac.uk-The%20Supreme%20Court%20is%20just%20as%20polarized%20as%20the%20rest%20of%20US%20politics%20%20and%20this%20may%20have%20profound%20implica.pdf.

克拉克極化效應」的計算是綜合考量外界對於 9 位大法官意識形態爲左或右的評價（由分析報紙報導而來），再加上計算 9 位大法官的投票紀錄。在這個效應指標中，如果有任 2 位大法官的判決一樣，會讓整體的極化分數降低；同樣的，如果其中 1 位法官與其他任 2 位法官的判決均不一致，則會增加極化的分數。簡言之，就是 9 位大法官彼此間的投票決定越不同，極化分數越高；越相同，極化分數越低。最後，爲了可以比較參議院極化指數、總統—參議院差異極化指數與聯邦最高法院「司法共同空間—克拉克極化效應」分數，因此將三組分數全部標準化（standardized score）。

在圖 6-6 中，我們發現從休斯（1930-1941）、斯通（1941-1946）、文森（1964-1953）、華倫（1953-1969）、柏格（1969-1986）、倫奎斯特（1986-2005）到羅伯特（2005 至今）法院時期，這 7 位首席大法官任內逐漸看到了自由派與保守派的政治人物或大法官彼此之間歧見漸深，就最高法院的極化分數而言，休斯時期較高（-0.25），後一路下降到文森時期最低（-1.5），往後就是一路攀升至柏格時期（1.4），爾後又漸漸下降到倫奎斯特時期的 0.6，最終降在羅伯特時期的 0.1 左右。2000 年之後的最高法院的確是比 1930 年代的最高法院時期來的更爲極化一點，但近年來極化程度有比較低一點。就參議員內部的極化效應而言，則是從休斯時期到羅伯特法院時期一路升高，僅有從華倫到柏格時期有略微下降，1980 年代末期後又繼續升高。比較有趣的是總統與參議院之間的差異所呈現的行政—立法極化效應，似有隨著最高法院內部極化效應一起變化的趨勢。唯二不同的是在休斯時期，聯邦最高法院內部歧見較高，但總統與參院歧見較少；到了斯通時期反了過來，總統與參院歧見較高，但聯邦最高法院內部歧見較少。往後就是伴隨著成長，從文森到柏格幾乎是亦步亦趨，到了柏格之後聯邦最高法院的極化分數驟降，但總統與參院的歧見極化分數則持平。由於大法官的任命都必須經由參議院同意，因此圖 6-6 所顯示大法官內部的歧見與總統與參議院間的歧見一起發生，也暗示了：當總統與參院之間關係不睦時，總統勉強或者強勢通過的大法官任命案（由於參院反對黨強烈反對），與大法官內部對決的判決氣氛有關（大法官分爲對立的兩群）。

　　儘管圖 6-6 說明了比起 1930 年代，2000 年之後的最高法院內部是更為極化的，但是也顯示從 1980 年代末期以來，最高法院內部的極化效應也急速下降。所以最高法院內部到底是否有極化效應？我們又應該如何理解？圖 6-7 的資訊可以給一些蛛絲馬跡。其包含從 1971 到 2016 年聯邦最高法院判決呈現無異議通過與一票之差通過（one-vote margin）的比例，後者的例子包括以 5 票對 4 票通過某些判決，或者 3 票對 2 票，其他 4 票保持中立之類的結果。我們發現不管是無異議通過的判決票數，或者是一票之差通過的判決票數，從 1971 至 2006 年變化都不是太大，2006 年後兩種投票結果皆急墜，然後在 2016 年之後無異議通過的結果激增，但一票之差通過的結果卻急墜。事實上 2016 年一票之差通過結果急墜，是因為當時大法官史卡利亞突然死亡，有一段時間其位置補不進大法官，所以當時最高法院保守派與自由派大法官各半的情況之下，許多判決都是 4 票對 4 票平手，但其他判決的部分由於這兩派大法官歧見不深，所以無異議通過判決的比例很高。因此

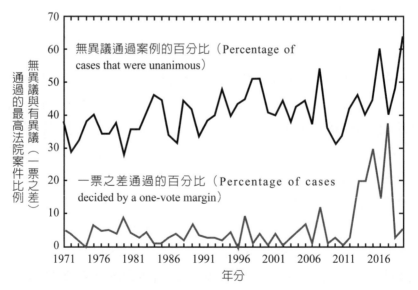

圖6-7　聯邦最高法院法案通過樣態及演變

資料來源：Epstein et al., 2015。

實際上我們應該看作是：2016 年後無異議通過的判決與一票之差通過的判決比例其實都是激增的。有不少司法政治的學者，包括巴特爾斯（Brandon Bartels）進一步研究發現，聯邦最高法院全部在處理兩類型的判決：一種是高度敏感性議題（volitional agenda），這種議題往往需要大法官的心證來做決定，包括墮胎與擁槍權等議題，當此種議題出現時，最高法院的判決就會呈現明顯分歧。另一種是需要緊急處理的技術性法律議題（exigent agenda），這類議題是處理聯邦與州在憲法從屬關係上未盡完整的規範，爭議性不大，因此最高法院的大法官遇到這類議題時，大多能齊心協力並且很快找到共識。因此，聯邦最高法院內部近年來是否極化效應加劇，如果就爭議性議題而言，則是；如果是看技術層次有關於修補憲法未竟事宜的判決，則不是。

最高法院大法官的罩門

前面我們已經詳述最高法院可以透過「違憲審查」來判決聯邦或地方的行政部門作為違憲，甚至也能判決國會所通過的法律違憲。儘管大法官有可能做出有良心的判決，但萬一大法官心術不正，做出來的違憲判決缺乏正當性時，誰又可以來制衡他呢？

這裡的一個關鍵思考是：**大法官非民選，他們憑什麼能夠宣判民選總統的作為與民選參、眾議員的立法違憲呢？**這顯然是反民主的一種制度設計。當然，也會有人反過來論述，認為正是因為大法官是由層層考核才選拔出來的政治菁英，所以不受通常不成熟的民意所擾，也能避免人云亦云的判決。所以由具高度專業的大法官來對行政與立法做出違憲判決，能夠導正民粹歪風。但不管如何，在憲法運作下還是有一些機制能夠制衡大法官。

首先，大法官和總統一樣，可以受到國會彈劾來作為一種制衡。和總統彈劾的流程是一樣的，彈劾大法官必須要經過眾院二分之一以上同意起訴，與參院三分之二以上同意通過彈劾，則大法官就必須下台。憲法第 2 條第 4 項明定（Article II, Section 4）：「彈劾的原因必須要屬於叛亂（treason）、賄賂（bribe）或其他高階犯罪（other high crime）或錯事

（misdemeanors）。」就此而言，國會實在不太可能是因為法官做的某些不受歡迎的判決而逕行彈劾。事實上，美國最高法院至今還沒有大法官被彈劾成功下台的，這一點和沒有總統曾經被彈劾下台是一樣的。但在 1804 年，蔡斯由於惡意攻擊民主共和黨的傑佛遜總統及政敵而遭受彈劾。他的彈劾案在眾院通過，但在參院並沒有通過。至於在其他的聯邦法官，總共有 13 位聯邦法官曾經被彈劾。大部分的原因都是由於他們涉及貪汙。其中 2 位在參院審理之前就自行辭職。另外 11 位的彈劾案送到參議院審理，其中 7 位彈劾成功而下台，另外 4 位因為參議院未通過彈劾案逃過一劫而得以續任聯邦法官。

　　另外一個制衡聯邦大法官的方式是針對憲法來增修。如果大法官針對國會議員所制定的法律來宣判違憲的話，那麼這些大法官在憲法層次上必定有其理由。如果國會議員對於大法官的理由心有不服，他們倒是可以另外通過新法來覆蓋大法官的判決。這樣的做法相對簡單，因為只要在參、眾議院各自過半的參、眾議員支持，新的法律就可能產生。而這只是在法律層次立新法而已，國會議員甚至也可以推動更高層次的憲法增修。當然要增修憲法門檻更為嚴苛，但歷史上也不是沒有發生過。在所有憲法增修條文 27 條當中，有 7 條可以被視為是推翻最高法院所做出的不正確判決。其中又有 4 條規定了聯邦最高法院認定聯邦法律合憲這件事情反而是違憲的，等於是直接推翻最高法院的判決。這 4 條增修條文包括：

1. 第 13 條禁止奴隸制度與第 14 條給予非裔美國人公民的權利，也包括投票的權利。這 2 條增修條文直接推翻最高法院在 1857 年所做出的「史考特訴山福特案」。

2. 第 16 條增修條文推翻最高法院 1985 年「波洛克訴農民貸款及信託有限公司案」（*Pollock v. Farmers' Loan and Trust*）的判決，這一條判決本來是宣稱針對民眾的收入徵稅是違憲的。但最後也被增修條文所推翻了。

3. 第 26 條增修條文將投票年齡降低至 18 歲，這個部分也推翻了最高法院在 1970 年所做出的「奧瑞岡訴米切爾案」（*Oregon v. Mitchell*），該案認定聯邦法律降低投票年齡是違憲的。

另外 3 條憲法增修條文改變了聯邦最高法院認定在憲法之下可行的作為。

1. 第 11 條增修條文給予州在聯邦法院之下得以免訴的特權。此條推翻了 1793 年最高法院的釋憲案「奇澤姆訴喬治亞州案」（*Chisholm v. Georgia*）。

2. 第 19 條增修條文給予婦女投票權，此條推翻了最高法院在 1875 年所做出的判決「許特霍爾姆案」（*Minor v. Happersett*），當時這紙判決認定憲法增修條文第 14 條並無意給予女性投票權。

3. 第 24 條增修條文禁止投票稅（主要針對當時男方的黑人），此條也改變了過去大法官認定這個部分是合憲的看法。

大法官無兵無將

值得一提的是，所有的聯邦法院都一樣，不管是大法官還是其他下級聯邦法官，他們儘管有憲法層次的判決權力，但是無兵也無將，也就是沒有軍隊也沒有警察的指揮權，此部分還是受制於行政單位。具體來說，大法官的判決若沒有總統或州長的支持，頂多是空中樓閣。然而一旦有了行政部門的支持，歷史上關鍵時刻通常就會發生，譬如 1957 年在南方破除種族隔離的政策，就是共和黨的艾森豪總統與 1954 年最高法院大法官的「布朗案」判決，所聯手進行的變革。

第四節　重要判決

在最後一節，我們整理聯邦最高法院劃時代的判決。這些判決不一定總是站在歷史正確的這一方，可以說有好有壞，但它們皆刻畫著這個國家的發展歷程：

1. 「麥卡洛克訴馬里蘭州案」（*McCulloch v. Maryland*, 1819）：馬里蘭州向美國聯邦銀行馬里蘭分行徵稅，主要是想要阻止其運作。聯邦最高法院

最後判決馬里蘭州敗訴。聯邦大法官在此案中建立「必要且合適」條款（Necessary and Proper Clause），有兩個意涵：第一，說明聯邦政府（尤其是國會）擁有未明定於憲法中但是卻合乎憲法精神的權力，又稱為國會的「默示權」（implied power）。第二，聯邦政府權限在州政府之上，因此州政府對於干預聯邦事務的能力是受限的。

2. 「史考特訴山福特案」（*Dred Scott v. Sandford*, 1857）：當時的黑人奴隸史考特隨主人到自由州伊利諾與威斯康辛，並住了兩年，之後返回蓄奴州密蘇里。史考特遂提起訴訟要求重獲自由，案件再上訴到聯邦最高法院。當時由於「內布拉斯加州堪薩斯法案」就要導致南北內戰的發生，因此此案備受關注。儘管當時林肯總統殷殷盼望史考特能夠重獲自由，但經由兩次庭辯，最高法院以 7 比 2 的票數決定了黑人沒有自由權身分的判決，當時的首席大法官羅傑‧塔內撰寫了判決意見。這樁判決嚴重地傷害最高法院的聲響。

3. 「奇澤姆訴喬治亞州案」（*Chisholm v. Georgia*, 1793）：審判的原旨為確立州可以被告，州不具有「主權豁免權」。細部來說，此判決認為聯邦法院有權審理公民針對一州所發起之訴訟，即使原告不是當州公民，該州也不享有主權豁免。後來，憲法第 11 條修正案推翻了「奇澤姆訴喬治亞州案」，明確指出「美國司法權不得被解釋為擴展至猶他州公民或外國公民，可以對美國一州提出法律或衡平訴訟（suit in law or equity）」。簡言之，現今許多針對州的訴訟，都適用該主權豁免原則。

4. 「普萊西訴弗格森案」（*Plessy v. Ferguson*, 1896）：此判決認證了種族隔離（racial segregation）的合法性，事實上，這是南方各州在學校、住宅與公共場所實施的「隔離但平等」的種族隔離法。其延續了半個多世紀，要一直到 1954 年最高法院的布朗案判決，與國會在 1964 年通過的「民權法」（Civil Rights Acts）、1965 年通過的「投票權法」（Voting Rights Act）後，法制上的種族隔離才在南方完全消失。但至今仍有許多檯面下有意無意的隔離行為在全美各地持續著，譬如有些白社區與白學校不歡迎黑人入住與黑學生就讀。

5. 「布朗訴教育局案」（*Browns v. Board of Education of Topeka*, 1954）：此案認爲美國的種族隔離政策違反第 14 條修正案，旨在破除種族隔離政策。當時很多南方抗議種族隔離的黑人與自由派白人所使用的手段即爲靜坐（sit-in），即進入實行種族隔離的商家，直接坐在黑人被禁止坐下的位置，這是一種公開違法的「公民不服從」運動。此手段後來受到最高法院的支持，認爲「sit-in」不違法。

　　另外，在刑事程序面還有以下判決：

1. 「馬普訴俄亥俄州案」（*Mapp v. Ohio*, 1961）：在該案中聯邦最高法院認定，在州法院進行的審判中，只要被告能提出明確證據，則政府非法獲取的證據將不爲法官採納。這一原則依據憲法增修條文第 4 條有關於保護公民免受非法搜查及扣押之規定，也根基於憲法增修條文第 14 條而適用於各州。

2. 「吉迪恩訴溫賴特案」（*Gideon v. Wainwright*, 1963）：本案中最高法院法官一致同意州法院應該在刑事案件中，爲無力支付律師費用的被告人提供公設辯護人。此判決根基於憲法增修條文第 6 條，該條中保障被告的各項基本人權。

3. 「埃斯科韋多訴伊利諾伊州案」（*Escobedo v. Illinois*, 1964）：此案有關於被告一定要有律師陪同。芝加哥市的埃斯科韋多被警察逮捕並訊問，他在過程當中不斷要求見自己的律師，但被警方無情的拒絕。最後，埃斯科韋多承認犯下謀殺罪行，幾經審理之後並在最高法院被定罪。這個案件後來上訴到聯邦最高法院，由 5 比 4 票認爲埃斯科韋多具有請求辯護律師陪同的權利。

4. 「格里斯沃爾德訴康乃狄克州案」（*Griswold v. Connecticut*, 1965）：該案涉及康乃狄克州的「考姆斯托克法」（Comstock Law），禁止任何人使用「避孕及流產用品」。聯邦最高法院以 7 比 2 票認定此法「違反婚姻隱私權」，而隱私權又爲憲法保障權利，隱私權被視爲「防止政府入侵」的權利。此宣判成爲後續「羅伊訴韋德案」的基礎。

5. 「米蘭達訴亞利桑那州案」（*Miranda v. Arizona*, 1966）：此案也是由最

高法院法官以 5 票比 4 票成立，在判決中明示警方在實施逮捕和審訊時，必須提醒被告 3 個事項：第一，有權保持沉默，拒絕回答警方提出的問題。第二，若回答警方問題，所有供詞將成為呈堂證供。第三，嫌疑犯有權請律師。

6.「羅伊訴韋德案」（*Roe v. Wade*, 1973）：此案明示女性的墮胎權屬於憲法保障的隱私權乃合憲行為，應受到保障。此案的根基源於憲法增修條文第 14 條，雖然並不十分明確，但第 14 條提到的「正當法律程序」給予隱私權保障的意涵。細部而言，最高法院給予「三階段標準」，認為婦女的懷孕前三個月，由於胎兒離開母體不具有「存活性」（viability），所以孕婦可自行決定是否墮胎；孕期達三個月後，政府得限制墮胎，但以保護孕婦健康為限；最後，當胎兒離開母體可以存活，也就是第二十四到二十八週後，政府保護潛在生命的權利，除非母體生命遭遇危險，否則政府禁止墮胎。

7.「哥倫比亞特區訴海勒案」（*District of Columbia v. Heller*, 2008）：憲法增修條文第 2 條保障美國人擁有槍枝的權利，在這個議題上禁槍派幾乎無法勝利。哥倫比亞特區（華府）曾經發布禁槍令，也就是在特區當中不但禁止攜帶手槍，所攜帶的來福槍也必須卸下子彈。後來聯邦最高法院宣判哥倫比亞特區政府的這項禁令違反憲法。雖然美國的賣場及學校槍擊案層出不窮，住在都市的美國人也常在思考為什麼擁槍權這麼必要，但由於美國憲法增修條文第 2 條已經明示這項權利，甚至因而讓美國成為一個是有別於歐洲的槍枝友善之國。

8.「聯合公民訴聯邦選舉委員會案」（*The Citizens United v. Federal Election Commission*, 2010）。此案認為政治獻金等同於憲法增修條文第 1 條所保障的言論自由，應該受到保障。聯邦最高法院在 2010 年做出判決，認定由共和黨議員約翰・麥肯與民主黨議員拉斯・法因戈爾德於 2002 年提出的「麥肯―費恩古爾德法案」違反憲法第一修正案。此案開啟了高額政治獻金不受政府限制的前例，後續有一連串因為保障言論自由是否就導致金錢政治橫行的辯論。

9.「麥卡銓案訴聯邦選舉委員會案」（*The McCutcheon v. Federal Election Commission*, 2014）：此法承接了「聯合公民案」，認為「聯邦選舉法」（Federal Election Campaign Act）限制捐款給政黨與候選人的數目是違反憲法第一修正案的。

10.「奧貝格費爾訴霍奇斯案」（*Obergefell v. Hodges*, 2015）：在此案中聯邦最高法院以 5 比 4 的票數，依據憲法增修條文第 14 條，在「正當法律程序條款」（due process clause）與「平等保護條款」（equal protection clause）兩項原則之下必須准許同性婚姻。此案也推翻了 1971 年時「貝克訴尼爾森案」（*Baker v. Nelson*）的判決。

結語

　　本章由淺入深、鉅細靡遺的介紹法院系統。而且不僅是聯邦法院系統，還有州法院系統。我們介紹了各自法院系統的職權功能與運作方式，也介紹兩者之間在怎樣的情況之下案件能由地方上訴到聯邦層級。然後我們就聯邦大法官的資格、背景與工作內容進行介紹，尤其是大法官們怎麼針對案件進行審理。從大法官的角度來看，他們在做決定時的策略運用。最後，我們也將 20 世紀以來比較重要的判決盡可能地羅列出來並詳細說明。當然，最高法院判決多如牛毛不會僅限於這些判決而已，還有待於有興趣的讀者進一步探索。

　　整體而言，關於聯邦最高法院很大辯論是：聯邦大法官們沒有一位是經由民選產生的，但他們為什麼可以具有違憲審查的權利，並且依此宣判行政部門或是立法部門的作為違反憲法呢？另一方面，法律是門檻極高的專業，雖然過去也有不少聯邦大法官並沒有任何法學的訓練背景，但不可否認的是非法律專業者要進行法律思辯還是很困難的。此外，藉由受到終身任期保障的大法官的宣判，對於很多美國民主基本原則的辯論才能獲得釐清，並且能避免在民意壓力下做出譁眾取寵的判決。美國作為全世界第一個建立司法審查制的國家，其判決不僅影響到美國自己的民主發展，還影響著許多其他舊民主與新民主，台灣的司法系統也常常引用美國聯邦大法官的判決。當然，

這並不意謂著美國的司法政治就已經完美無瑕，許多議題包括種族、政治獻金、同志婚姻、擁槍權在憲法層次上的討論仍在進行中，值得我們持續關注。

政　黨

　　早從美國開國之初，開國元勳之一的詹姆士・麥迪遜就曾在《聯邦黨人文集》第 10 號中寫到人類「派系」（faction）的黑暗。拉幫結派既是人之本性，接下來的發展就是形成政黨並互相鬥爭。因此他在《聯邦黨人文集》第 51 號中提出「分權與制衡」作為解決派系鬥爭的解方。分權制衡有兩個意義：一個是政府部門之間的制衡，不管是行政、立法、司法三權之間的制衡，還是國會上下議院，也就是參、眾議院之間的制衡，或者是聯邦政府與州政府之間的制衡。這些政府部門之間在建國之初都各由一幫人把持，後來漸漸演變為不同政黨。另一個意義是讓野心去制衡野心。既然我們沒有辦法把人的鬥爭慾望導正，那我們就只好讓野心家去制衡野心家，避免產生一個壓倒性的贏家，自然就不會有輸家。換言之，「恐怖平衡」是預防野心家濫權的最佳途徑。

　　一談到拉幫結黨有多黑暗，就不能不提一下美國第 3 任副總統伯爾（Aron Burr, 1801-1805）與開國元勳之一、財政部長漢彌爾頓（Alexlander Hanmilton）以槍戰（duel）論高下的故事。這是一場美國政黨史上最著名的政治恩怨，主要是因為伯爾與漢彌爾頓兩人長期政治立場相左。伯爾於 1804 年時參與總統大選，但尋求連任的傑佛遜選票高過於伯爾。眼見總統大選無望，作為傑佛遜副總統的伯爾就轉戰參選紐約州的州長。然而，漢彌爾頓極討厭伯爾，並在 1804 年之前與伯爾就有過決鬥的紀錄，因此在伯爾選州長期間，漢彌爾頓所屬的媒體就極力詆毀伯爾，兩人關係僵持不下，而且越來越緊張，最後只能以決鬥收場。由於當時在紐約開槍決鬥是違法的，所以兩人於 1804 年 7 月 11 日一大清早，相約在紐約城外的紐澤西鄉間決鬥。史料顯示兩人各開兩槍，伯爾第二槍擊中了漢彌爾頓下腹部，漢彌爾頓

立即倒下。伯爾開槍後走向倒下的漢彌爾頓，顯得有些悔意，但一天後漢彌爾頓仍不敵槍傷而逝世了。美國副總統竟然在槍戰中殺死了財政部部長！事實上，從開國之初到 1850 年，全國有 50 位高階政治人物死於槍戰，由此可見在建國之初美國人對於解決政治紛爭有多麼的「直接」。

圖7-1　1804年7月11日伯爾與漢彌爾頓槍戰決鬥

資料來源：維基百科。

　　從積極意義來看，在進入文明時代後，一群人基於政治理念相近而組成政黨，其實也沒有那麼糟糕。尤其在美國，從政黨員也有其理想性。同時，美國政黨的黨紀與規範並不如歐洲政黨嚴明，一般政治科學家都把美國的政黨稱作是「柔性政黨」，或者是「選舉機器」。換言之，美國的政黨不太能夠號令黨員，頂多只能在選舉時提供資源——包括人力與物力——給黨所提名的候選人。此外，不管是共和黨還是民主黨黨主席，都不是兵家必爭之地。與台灣、歐洲國家都不同的是，美國總統通常不會兼任黨主席，也沒有意願兼任黨主席。然而，美國政黨幾經演化，也不是沒有過政治菁英企圖強化政黨權威，並往歐陸模式改革。例如美國第 28 任總統的威爾遜，

他本身也是一位政治學家，他就提出負責任的政黨模式（responsible party model），也就是讓政黨能夠被賦予更多的權責，當然做得不好的時候也由政黨來直接負責。而威爾遜的想法是想將總統制改為議會內閣制。但不管如何，這些歐陸化的改革企圖都沒有成功，最後美國還是往總統制的方向發展，最後也定了下來。事實上，在總統制中政黨的主要功能在於輔助行政與選舉。

奠定政黨研究基礎的學者基伊（V. O. Key）在 1960 年代提到三種研究政黨的面向，第一是**群眾中的政黨**（the party in the electorate），第二是**政府中的政黨**（the party in government），第三則是**政黨組織本身**（the party organization）。接下來我們依照這個順序一一來介紹美國政黨。所謂群眾中的政黨即群眾能對特定政黨產生認同（party id），並且願意付出行動，以包括捐款、投票與參加政黨活動的方式來支持該政黨。不僅如此，這些特定政黨支持者也會與所支持的政黨具有類似甚至相同看待事物的方式，也可以說政黨與黨員分享著相同的意識形態。

到了政府中的政黨，主要指當政黨歷經總統選舉與國會選舉並且贏得勝利，這時政黨就會入主政府，行政端就是總統，國會端就是參、眾議員。甚至在行政端還能夠分為聯邦的總統、州的州長與地方的各種行政長官。這個時候執政黨就會在執政過程中把黨綱放進來，並且以政黨的願景作為國家的願景。最後，是政黨組織本身。政黨裡頭與任何一個社團法人或者公司行號一樣，也有許多的黨職人員每天兢兢業業推動黨務發展。他們除了在總統大選與國會選舉期間必須要投入輔選與造勢的工作之外，在非選舉時期，這些黨職人員一樣肩負著募款與訓練新人等常態性任務。在現在這個網路發達的時代，這些黨職人員還要經營臉書與 IG 的粉絲專頁，並且隨時注意網路輿情，除了「帶風向」製造對黨有利的輿論之外，還要嚴防假消息或者假新聞對黨的傷害。不管是民主黨還是共和黨，皆有黨的科層組織，只是這些科層組織不如歐洲政黨層層節制並且高低有序。

就**政黨的功能**而言，根據政治科學家畢比（John Bibby）的說法有六大功能。第一是作為**民眾與政府之間的溝通橋梁**。政黨可以匯聚選民的利益需

求，進而作爲政府政策制定與執行的重要參考。第二是**政黨給予參選的政治人物一個貼在身上的標籤**（label），而這點是其他組織譬如利益團體做不到的事情。政黨可以從「素人」當中尋找選舉的奇才，並給予資源使其投入選舉。儘管在網路時代，有策略甚至有資源的候選人藉由在社交軟體買廣告行銷自己，不必然靠著政黨推薦也可能當選，但整體來說，有政黨背書支持的候選人，還是比無黨無派的獨立參選人更容易當選。第三，**政黨協助所屬候選人競選，並且可以大規模的動員選民**。在競選活動當中，政黨甚至會給予候選人黨綱與理想，藉由競選活動的推波助瀾讓這些黨綱與理想傳播出去。政黨成立的最終目的，皆希望其所提名與支持的候選人可以順利當選。第四，**政黨組織政府**。一旦政黨所屬候選人當選之後，尤其是總統，則政黨就會成爲執政黨，執政黨所組織與運作下的政府人事案，大多都是由具有該黨黨籍的人士出任，黨綱也容易因此而形成政府政策。第五，政黨作爲**負責的對象**。在民主政治中，少數黨監督多數黨是天經地義的事。就好比將來少數黨贏得總統大選或者國會多數席次而轉爲多數黨，進而成爲執政黨一樣，仍然要受到那時的少數黨與反對黨監督一般。因此民主政治就是責任政治，而肩負責任政治的基本單位就是政黨。最後，**政黨疏通社會爭端**。在黨內，政黨針對僧多粥少的候選人位置進行協調，從中央的總統、國會議員，到地方的州長、州參、眾議員與各地方的行政官員，許多黨籍人士都想要投入這些選舉，但黨提名的人選有限，這個時候政黨就必須要辦理初選（primary），藉由黨員投票或者民調來決定黨最後應該要提名誰。在黨外，社會上各種利益與立場常常南轅北轍也互相衝突，因此政黨其實還肩負著捍衛某部分利益，並與選民和其他的政黨進行政策辯論的工作。更重要的是，政黨要懂得妥協，政治是妥協的產物。經由正當的選舉程序之後，作爲輸家的某一政黨需具有安撫支持者的能力，也要有接受贏家的氣度，畢竟選舉會定期舉辦，認輸的政黨痛定思痛與深切反省之後，還是有機會在下一次贏回來。

第一節　群眾中的政黨

　　所謂群眾中的政黨指的就是美國民眾對於政黨的認同，或者對特定政黨擁護。美國從 1951 年開始，即有強烈政黨認同者變少的趨向。而這種現象主要導致三種結果：

1. 越來越少的民眾將自己認定為強烈的政黨支持者。

2. 越來越多的民眾將自己認定為獨立選民。

3. 分裂投票（split-ticket voting）行為的增加，意即投給不同政黨的候選人來分別擔任總統與參、眾議員。

　　有許多可能的原因解釋為什麼群眾中的政黨認同會下降，但最直觀的一個原因大概是，政黨跟民眾的生活越來越不息息相關。比起對一個政黨無條件的維持忠誠，議題與候選人的特質更能夠吸引選民的注意。候選人的人格特質、觀點甚至是外表越來越能夠決定這位候選人是否能吸引選票支持。表 7-1 從 1950 年代開始，記錄認定自己為共和黨員、民主黨員還是中立選民的群眾。有一份民調是這樣問的：「一般來說，請問你認為你自己是一個共和黨員、民主黨員、獨立選民或是其他？」這裡的共和黨員或民主黨員不見得是有繳交黨費作為一名正式的黨員，而只要是認同該黨的都算。而如果受訪者選擇共和黨或者民主黨，訪者會再追問對方是否為強烈（strong）的共和黨／民主黨員；如果受訪者回答自己是獨立選民或者其他，則訪者會追問對方比較偏向共和黨還是民主黨。

　　從此表可以看得出來在 1950 與 1960 年代，標記自己為強烈的民主黨或共和黨員的比例都比在 1970、1980 與 1990 年代還來的高，至於認同較為薄弱（week）的民主黨員則從 1952 年的 25% 緩慢下降，到 1980 年代之後幾乎都在 20% 以下，最後到了 1998 年來到低點的 18%。

　　在共和黨員方面，儘管 1998 年有 16% 的受訪者認為自己是認同較為薄弱的共和黨員，比起 1952 年時的 14% 多了兩個百分點，但整體來說認同較為薄弱的共和黨員比例變化不大。比較值得注意的是，最中間那一欄的「儘管被逼問是否還是傾向民主黨或共和黨，但仍堅持自己為中間選民的比

表7-1 美國人的政黨認同，1952至1998年（包括偏向認同者）

年分	民主黨偏向			獨立	共和黨偏向			對政治無興趣	加總	樣本數
	強烈	薄弱	獨立		強烈	薄弱	獨立			
1952	22	25	10	6	14	14	7	3	101	1,784
1954	22	25	9	7	13	14	6	4	100	1,130
1956	21	23	6	9	15	14	8	4	100	1,757
1958	27	22	7	7	11	17	5	4	100	1,808
1960	20	25	6	10	16	14	7	2	100	1,911
1962	23	23	7	8	12	16	6	4	99	1,287
1964	27	25	9	8	11	14	6	1	101	1,550
1966	18	28	9	12	10	15	7	1	100	1,278
1968	20	25	10	11	10	15	9	1	101	1,553
1970	20	24	10	13	9	15	8	1	100	1,501
1972	15	26	11	13	10	13	10	1	99	2,694
1974	17	21	13	15	8	14	9	3	100	2,505
1976	15	25	12	15	9	14	10	1	101	2,850
1978	15	24	14	14	8	13	10	3	101	2,283
1980	18	23	11	13	9	14	10	2	100	1,613
1982	20	24	11	11	10	14	8	2	100	1,418
1984	17	20	11	11	12	15	12	2	100	2,236
1986	18	22	10	12	10	15	11	2	100	2,166
1988	17	18	12	11	14	14	13	2	101	2,032
1990	20	19	12	11	10	15	12	2	101	1,991
1992	17	18	14	12	11	15	13	1	101	2,487
1994	15	19	13	10	16	15	12	1	101	1,795
1996	19	20	14	9	13	15	11	0	101	1,695
1998	19	18	14	10	10	16	11	1	100	1,281

說明：原問卷英文問題為："Generally speaking, do you consider yourself a Republican, a Democrat, an Independent, or what?" If Republican or Democrat: "Would you call yourself a strong (R/D) or a not very strong (R/D)?" If Independent or other: "Do you think of yourself as closer to the Republican or Democratic party?"

資料來源：Stanley, Harod W., and RIchard G. Niemi, 2000. *Vital Statistics on American Politics*, 4th ed. Washington, DC: Congressional Quarterly Press, 112. National Election Studies data. Ann Arbor, MI: Center for Political Studies, University of Michig.

例」，很明顯的從 1952 年的 6% 一路上升，到了 1966 年之後幾乎都達兩位數，到了 1998 年也都維持在 10% 左右。而如果觀察「認爲自己是偏向民主黨的獨立選民」與「認爲自己是偏向共和黨的獨立選民」，就會發現這兩部

分的比例也都是顯著增加的，民主黨的部分從 1952 年的 10% 左右，緩慢上升到 1998 年的 14%；共和黨的部分也增加了，從 1952 年的 7% 到 1998 年的 11%。最後，選擇對政治完全沒興趣（apolitical）的受訪者變化都不大，這五十年來大致都維持在 4% 以下。這張表說明了一件事情：美國民眾的政黨傾向的確是在耗弱當中，但是當被追問若認為自己是獨立選民，則是否還是比較偏向共和黨還是民主黨時，有至多 10% 的受訪者還是會選邊站。從這個觀點來看，中間選民也沒有想像中的多。表 7-1 的資訊在協助我們回答一個問題：**政黨在美國是不是已經不重要了？**就選民而言，從 1950 到 1990 年代，都有大約五成的人認定自己是共和黨或者是民主黨員，因此說政黨不再重要似乎有點言過其實。

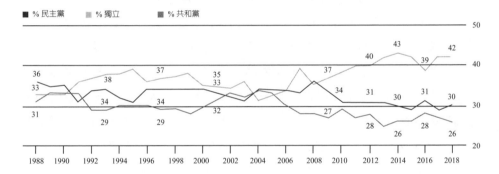

圖7-2　美國人的政黨認同，1988至2018年

資料來源：蓋洛普民調公司[1]。

為了能夠顯現更近期民眾政黨認同的資料，我們收錄從 1988 至 2018 年由蓋洛普民調公司（Gallup）所做的追蹤調查，這一份民調是由數份民調資料跨越時間整合而成，從時間軸來看，獨立選民的比例是增加的。但可能由於蓋洛普的題目並沒有考量「獨立選民中政黨偏向者」，所以獨立選民的比例增加很多，從 1988 年的 33%，上漲到 2007 年的 40%，在 2008 年下跌

1　https://news.gallup.com/poll/245801/americans-continue-embrace-political-independence.aspx.

到 37% 之後，一路攀升到 2014 年的 43%，最後在 2016 年下降 4 個百分點後到 39%，又上升到 2018 年的 42%。另一份未顯現的蓋洛普調查是從 2019年接續做到 2020 年 [2]，發現獨立選民的比例在 2019 年時曾經高達 45%，不過大部分在 38% 至 41% 之間徘徊，共和黨員的比例從 2019 年 1 月的 25%到了 2020 年 3 月曾達 30%。民主黨員從 2019 年 1 月到 2020 年 7 月的比例一直穩定維持在 30%。平均而言，2019 至 2020 年認同自己是民主黨員比起認同自己是共和黨員者多出 3 到 4 個百分點。至此我們得到一個很明確的圖像，獨立選民是美國近代的主流，但共和黨與民主黨都還是約 30% 的認同者。

選民間的政黨極化效應

　　2016 年是川普當選的開始，又由於其治理風格對於民主黨員尤其是自由派選民極不友善，而且川普在 2016 年的險勝也不是靠著最大選民數，而是憑藉選舉人制度以些微少數扳倒了希拉蕊的些微多數。川普從上任以來的語言與政策對於非裔、拉丁裔、穆斯林等弱勢族群不友善，對於外來移民更有諸多限制；但另方面中西部與南方較為鄉下州的白人選民又很喜歡川普，尤其是教育程度越低的白人越喜歡川普，因此產生了一個很鮮明的「極化現象」（polarization），也就是討厭川普的選民高強度的討厭他，但喜歡川普的選民也高強度的喜歡他。針對選民間政黨極化現象的研究正夯，已逝的電視專欄作家與政治評論家莫莉‧埃爾文斯（Molly Ivins）為政黨極化現象下了一個極好的註解：

　　當美國政治人物開始視大批的美國同胞為敵人之際，就應該要心生警覺。激化群眾是贏得選舉的良方，卻也是毀壞國家的最快途徑。

　　When politicians start to talk about large groups of their fellow Americans as "enemies", it is time for a quiet stir of alertness. Polarizing people is a good way to win election and also a good way to wreck a country.

---

[2]　https://news.gallup.com/poll/15370/party-affiliation.aspx.

　　何謂選民的政黨極化現象？即從意識形態上來看就是保守的選民越保守，自由的選民越自由。由於近代自由的意識形態大體隨著民主黨的認同，而保守的意識形態隨著共和黨的意識形態，因此這兩黨的支持者對於同一件事情的看法就會有南轅北轍的不同，彷彿活在平行世界。根據 2018 年皮耶民意調查（Pew Research Center，圖 7-3），美國人對於歷任總統的看法從艾森豪（共）、甘迺迪（民）、詹森（民）、尼克森（共），一路到小布希（共）、歐巴馬（民），最終到川普（共）時已經呈現一個前所未見的極化現象。以艾森豪為例，49% 的民主黨人與 88% 的共和黨人認為他做的很好，兩者相距 39 個百分點。

選民對不同總統施政滿意度的差距

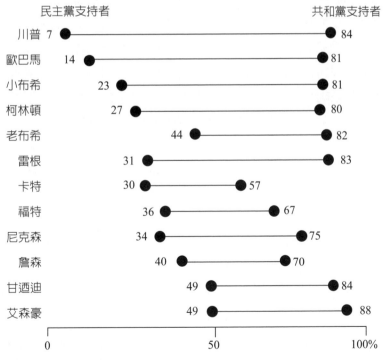

圖7-3　歷任總統滿意度調查

資料來源：皮耶民調（2018）。

　　備受保守派愛戴的雷根總統有 83% 的共和黨員肯定他，但只有 31% 的民主黨員肯定他，兩者相差 52%，差距已經很大。但到了小布希總統時這個差距更大，達 58%（共和黨員 81% vs. 23% 民主黨員），到了川普總統更達前所未有的差距，84% 的共和黨員肯定他，但僅有 7% 的民主黨員肯定他，差距高達 77%。很難想像往後有任何一任美國總統有能耐達到這種愛恨之間的差距。另外，其實在民主黨的歐巴馬總統時也已經產生了類似的極化效應，81% 的民主黨員肯定歐巴馬，但僅有 14% 的共和黨員肯定他。整體觀之，圖 7-3 透露一個訊息：從雷根總統之後，極化效應就越來越明顯，卡特總統之前兩黨認同者對於同一位總統的評價差距約在 40% 以內，尼克森較嚴重達 41%。但在雷根總統之後，兩黨認同者對於同一位總統的評價差距動輒都是 50% 以上，其中老布希又屬例外，其評價差距僅有 38%。這顯示民眾間的政黨極化現象從 1980 年代以來是越來越嚴重。

　　另外，皮耶在 2014 年的一項研究也顯示：從 1994、2004 到 2014 年，如果給問卷受訪者填寫 10 分的量表，0 分代表極度自由，10 分代表極度保守，在考量偏向民主或共和黨的中間選民情況下，我們會發現這兩黨認同者間的重疊越來越少了，而且兩峰之間的頂端也逐漸分離，顯見兩批意識形態迴異的美國人各自在民主黨與共和黨找到依歸，但同時這兩群人對各項議題看法的隔閡也越來越深，不管對於種族、槍枝、墮胎等議題都有非常不同的理解視角，於此情形之下，美國社會常常發生的暴亂自然可以獲得解答。

　　如果綜合前面發現有強烈政黨傾向的人從 1950 年代以來變少，同時中間選民增加，再加上後面發現政治極化現象在共和黨與民主黨認同者之間越來越明顯，那麼我們如何理解當今美國民眾對於政黨的想法？答案應該是如果包含具些微政黨傾向的獨立選民，中間選民仍占最多數有四成，但就民主黨與共和黨認同者而言，他們各自意識形態的強度越來越強，看法也越來越歧異。從中間選民增加的角度來看，政黨因素是減弱的，但從極化效應的角度來看，政黨因素卻是增強的。政黨因素的增強或減弱，端視於從哪一個角度來詮釋。

民主黨與共和黨選民意識形態上已經越來越分殊（指標由10題測量立場的問卷題目計算出來）

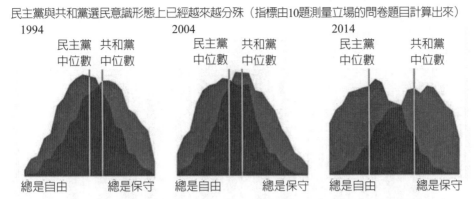

圖7-4　1994、2004、2014年民主黨員與共和黨員在意識形態上的距離

資料來源：皮耶民調（2014）。

分裂投票

　　另外一個觀察美國選民的政黨傾向的指標就是分裂投票（split voting）。所謂的分裂投票，就是在總統、參院與眾院的投票當中，各自的投票都不會投給同一黨的候選人，其結果之一就是產生了分立政府。而關於分立政府的討論，我們在國會那一章的第三節「府際關係」已有深刻的討論，但當時並沒有選民端所展現的資料。圖 7-5 即展現美國選民分裂投票行為的傾向。從 1950 年代開始，分裂投票的行為一路增加到 1970 年代，然後在 1980 與 1990 年代減少，進到 2000 年之後甚至更是逐年遞減。有些學者認為造成分裂投票的成因主要是選民針對議題與候選人印象來投票，而非依照黨籍來投票。但事實上，如同我們前面所看到的，美國人的政黨認同仍有各自約三成和共和黨或民主黨的認同一樣，這種不完全依照黨籍而只依照議題或者候選人形象來投票的分裂投票行為，不應該視為是政黨因素完全失效的表現。政治學家菲奧里納（Morris Fiorina）即認為：其實政黨與議題是分不開的兩個因素，會投給共和黨候選人的選民，基本上也關注共和黨關注的議題，如墮胎與擁槍權；同樣的，會投給民主黨候選人的選民，也會關注民主黨關注的議題，如社會福利與環境保護。事實上，從 1980 到 1996 年這十六年間的五場總統大選政黨都是一個非常關鍵的因素。甚至到了 2008

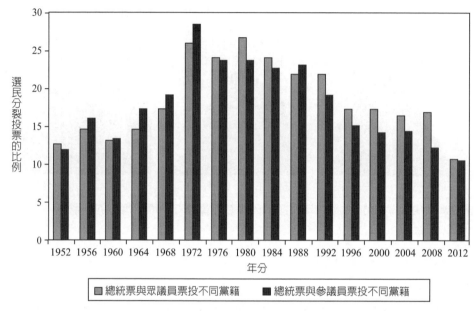

圖7-5　1952至2012年選民在「總統─眾議員」與「總統─參議員」之間各自分裂投票的比例

資料來源：Gary Jacobson, 2000。

年歐巴馬總統當選後，或者 2016 年川普總統當選後，由於政黨極化效應的強化，政黨在許多選民的投票抉擇中更是扮演至關重要的角色。

第二節　政府中的政黨

　　談完了群眾中的政黨，我們將目光移到政府中的政黨。當政黨成為執政黨，則表示政黨進入了行政部門。而當政黨贏得參院或者眾院的多數席次，則表示該政黨成為國會多數黨。而當聯邦最高法院的大法官一經共和黨或者民主黨的總統提名成功進入最高法院之後，由於大法官個人也有政黨偏好，並且通常與提名他的總統黨籍相同，則這時候我們會說政黨進入了最高法院。此外，我們前面章節也談論到分立政府的產生，等於是兩個不同政黨控

制了兩個不同的政府部門，因此也是政府中的政黨形態之一。政黨不管在行政、立法還是司法部門，近年來政治學界最常談論的主題之一即為政黨極化效應，而我們在國會那章已經鉅細靡遺的介紹了國會極化效應，在聯邦最高法院那一章，也介紹了最高法院的極化效應。

在這節當中我們來介紹一下國會當中的「政黨投票」（party vote），通常定義為針對同一個議題，多數共和黨眾議員有一樣的投票抉擇，但多數的民主黨眾議員有對立面的投票抉擇。同樣的道理，政黨投票也有可能發生在民主黨參議員與共和黨參議員之間。從圖 7-8 中我們看到從 1877 年開始，政黨投票的比例在參、眾議院可以從一開始的七、八成，一路下滑到 1965 年的四成左右。爾後又往上拉，一路攀升到 1997 年。由於 1997 年之後的資料難尋，所以圖中缺乏這個部分。不過 1997 至 2000 年，甚至是 2000 年往後二十一年至今，隨著國會內部政黨極化效應的強化，即有可能這個政黨投票的趨勢是越來越明顯的。而這個「政黨投票」越來越明顯主要是反映了參、眾議員黨性的增強。這背後的原因有兩個：

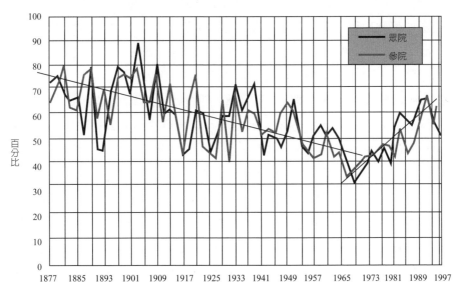

圖7-6　參、眾議院民主黨與共和黨成員進行政黨投票的比例（1877-1997）

資料來源：Patricia Hurley。1992年的資料是從*Congressional Quarterly Almanac*獲得。

1. 從 1965 年「投票法案」（Voting Rights Act）通過之後，讓更多南方黑人加入可以眞正投票的行列，而南方民主黨的參、眾議員對於南方黑人需要民權的要求，也變得更容易回應，一段時間下來南方民主黨的參、眾議員變得更自由，也越來越像他們在北方的民主黨參、眾議員同事，在種族議題上更加包容黑人的各項權利。另一方面，許多在南方的保守白人選民由於南方民主黨變得更爲自由，因此紛紛不再支持民主黨，轉向支持南方的共和黨，這當然也迫使南方共和黨的參、眾議員變得更保守。

2. 自從共和黨的雷根總統在 1981 年的大選中獲勝之後，同時期共和黨也在 1980 年拿下參院多數，共和黨員就將他們選舉的勝利視爲是保守勢力與黨綱的確立。在國會中每當民主黨員欲用選票來阻擋共和黨員推動各項保守立法之時，共和黨員不但對於溝通與妥協毫無興趣，反而就會訴諸各種鷹派的政治人物——尤其是後來擔任眾議院議長金瑞契（Newt Gingrich）——來壯大自己的聲勢。共和黨在金瑞契的領導之下，提出「與美國的契約」（Contract with America），推動各項有限政府與美國保守價值的改革，獲得保守派選民的歡迎與支持。甚至在 1994 年的國會選舉中讓共和黨一舉拿下參、眾雙院，這也是過去四十年來第一次。

除此之外，1990 年十年爲期一次的人口普查（census），根據普查所進行的「選區重劃」（redistricting）也促使了保守與自由意識形態的對立。當時許多州被聯邦鼓勵重新劃出以黑人爲主的選區，此舉大大增加了選進參、眾議院的新科黑人議員，也將原本投票意向很可靠，並且會將票投給南方「溫和」保守（不那麼保守）白人候選人的大批南方「溫和」選民排除。由於這些南方「溫和」保守白人候選人絕大部分都是現任者，在選區重劃前都還享有現任者優勢，但是在選區重劃後卻因喪失溫和支持者所以優勢盡失。甚至在選區重劃後的 1992 與 1994 年參、眾議院選舉中，這些地區出現數席南方溫和民主黨候選人輸給南方保守共和黨候選人的情況。也就是說這些重劃後的南方選區不只變得「更白」也變得「更保守」了，稍微溫和一點、選擇對黑人友善的白人候選人更難選得上。至於南方變爲以黑人爲主的選區則變得更自由，不是選出黑人參、眾議員，就是選出極爲自由的白人民主黨

員。這一來一往的效應，當然讓參、眾議員的民主與共和黨成員變得更為極化。

另外一個政府中的政黨，表現在國會中的政黨組織。在參、眾議院當中的主要政黨會定期在閉門的狀態之下舉辦「政黨會議」（party conferences）或者「黨團會議」（party caucuses），前者屬於共和黨的會議，後者屬於民主黨的會議。在會議當中，參與者決定立法議題、選舉委員會的成員與主席，甚至也會舉辦各種選出院會幹部的選舉。事實上，「共和黨政黨會議主席」（Republican Conference Chairman）或者「民主黨黨團會議主席」（Democratic Caucus Chairman）是共和黨或民主黨在每一院中排名第三高的人物，僅次於「多數黨／少數黨領袖」與「多數黨／少數黨黨鞭」。但這 2 位主席卻優於各院中的「競選委員會主席」（Campaign Commitee Chairman），這類的競選委員會包括「民主黨參院競選委員會」（Democratic Senatorial Campaign Committee）、「共和黨全國國會委員會」（National Republican Congressional Committee）、「共和黨全國參院委員會」（National Republican Senatorial Committee）與「民主黨國會競選委員會」（Democratic Congressional Campaign Committee）。就眾議院而言，如果其中一黨控制了多數席次與議長的位置（the speaker），則「共和黨政黨會議主席」或「民主黨黨團會議主席」就是排名在第四位（眾院議長＞多數黨領袖＞多數黨黨鞭＞共和黨政黨會議主席或民主黨黨團會議主席）。

正如我們在國會那章所提的，整體而言眾院由於一州選出從 1 席（達拉威爾、蒙大拿或北科塔州）到 53 席（加州）的眾議員，因此每一位眾議員講話的分量自然不如不管大小州每州均選出 2 席的參議員。在這樣的情況之下，眾議員比起參議員更必須要以「集體行動」來保護自己或者彰顯立法成果。也就是眾議員會比參議員更願意聽從黨團的指揮。另外，參議院在制度設計上就比較傾向保護個人，讓個別參議員在問政時有動機偏離所屬黨團的指揮，譬如必須要 60 票才能夠終止的議事杯葛——「費力把事拖」。總結而言，政黨的影響力在眾院比在參院來的大。

第三節　政黨組織

　　政黨組織的發展也是討論政黨的其中一個面向。不認為美國的政黨影響力正在衰退當中的學者，常常會提到政黨組織的韌性與發展。1980 年代時學者柯特等人（Cornelius Cotter）就曾就地方到中央的政黨組織進行研究，他發現從 1960 到 1980 年代政黨組織變得更為完善與專業。不但政黨組織變得更完善，政黨也為候選人籌措選舉款項與提供行政服務，讓候選人以此政黨之名來參與聯邦、州與地方的選舉時能夠降低成本。更重要的是，政黨在制定黨綱的這項工作上仍舊扮演不可或缺的角色。譬如 2020 年時民主黨所提出的黨綱即提到廢除「一中政策」，也就是不再認為「世界上只有一個中國，而中華人民共和國代表這個中國」的說法是唯一的選項了，雖然民主黨總統拜登上任後不見得要採納此一新的黨綱方向，但至少點出了 2020 年之後的民主黨對於中國與台灣的議題一個嶄新的指導方針。

　　事實上，政黨組織在過去 1 世紀已經失去了部分的權力，可以說在整個 19 世紀中，一些有識之士對於威權又腐敗的政黨機器感到嫌惡，因此開始推動改革。其中一個改革即為拿掉選舉過程中的候選人黨籍。基本上，在許多地方層級的選舉以及在內布拉斯加州（Nebraska）的州議會選舉，這種所有參選人都是無黨籍的改革算是相當成功的。而至今內布拉斯加州的州議會議員仍然不用標記自己是共和黨員、民主黨員或者其他政黨標籤。在當時由於政黨標籤的移除使得「政黨老闆」（party boss）很難動員選民支持同黨的候選人。當時另一個非常成功的改革是減少「恩庇侍從」（political patronage）的資源運用，也就是參與選舉的人一旦當選，便掌握了政府資源與人事任命權，因此這些民選官員可以分配穩定的工作給他們的支持者以作為犒賞。也就是「被抬轎」而當選的民選官員可以分配一官半職等油水給「抬轎」的助選者。而當時這些恩庇侍從的運作中心就是政黨，地方的政黨幹部藉由承諾要給支持者至少是穩定的工作，來換取他們對於政黨所提名候選人的支持。而這些陋習歷經了整整一百年的變革，藉由移除政黨所擁有分配資源的權力而逐漸獲得改善。

　　就政黨而言，目前最為重要的改革非「直接初選」（direct primary）莫屬。在直接初選當中，由一般黨員（rank-and-file）而非政黨領袖來決定誰能夠代表這個黨參與選舉，即非常徹底的權力下放。直接初選的制度到了 1900 年代為絕大部分的州所採用，以總統大選的初選為例，藉由一州一州的初選，參加初選的候選人必須下鄉跟黨員互動，用口才與魅力求取支持，這讓基層黨員有機會能夠親近每位候選人，更能夠依照候選人的能力與特質來決定支持與否。整個「去菁英化」的過程，對於美國的政黨來說是一個很關鍵的發展，因為它似乎讓政黨的運作更為「民主」了，能藉由初選，讓基層選民的聲音傳達到黨中央。然而，事情的運作都是一體兩面的，在政黨採取了直接初選之後，基層黨員就更不在乎黨的理想與規範了，比較民主的反義就是比較「民粹」。實際的例子很多，譬如白人優越主義 3K 黨（Ku Klux Kan）的精神領袖杜克（David Duke）就是在 1991 年時路易斯安那州首輪的初選中脫穎而出，而該州這種特殊的選制又稱「叢林初選」（jungle primary），當時杜克的出線不但跌破專家的眼鏡，也讓時任總統的老布希雖然與杜克同黨但也因為其白人優越的主張而不表贊成。

BOX 叢林初選

　　路易斯安那州的叢林初選：這是一種不論任何政黨任何人都能夠直接加入的「無差別初選」（blanket primay）。由於是各黨各路人馬都能夠參與的初選，因此又稱為「叢林初選」，是路易斯安那州的一種特殊初選形態。而又因不限黨員的黨籍都能夠參加，故為開放式初選。基本上欲參選該州州長或參、眾議員者均能夠投入初選，不需先經過各黨自己的初選就能夠同時名列在跨黨的初選名單之上，也因此可能出現同黨候選人出現在該名單上之「網內互打」的情況。在初選的選舉中，如果第一名的候選人其票數可以比過半數再多加1張票，則就算當選。如果初選中沒有任何候選人得票數過半，就必須挑選第一名與第二名進入到第二輪選舉。由於可能有同黨候選人分據初選第一名與第二名，因此也可能產生同黨候選人在最終局的第二輪選舉中互相廝殺的情況。到了第二輪的選舉，就由兩人中票數相對多的那一位當選，也就是採相對多數決（plurality system）。這種制度有助於選出黨性比較不強，且意識形態溫和的候選人。同時，這種叢林初選的邏輯也與法國兩輪決選制（run-off election）極為類似。

另外，極左卻反猶的爭議性人物拉羅奇（Lyndon LaRouche）曾贏得伊利諾伊州的副州長（lieutenant governor）初選，由於其爭議形象，因此民主黨中央並不支持其參與副州長大選（general election）。不管是杜克還是拉羅奇，儘管黨中央的反對，由於直接初選的制度讓這兩人由黨員直接選出，因此他們還是挾著基層黨意強勢參選，充分展現了直接初選的民主性與民粹性這個雙重面貌。

第四節　政黨解組與重組

前面提到政黨的發展歷程中變得更為成熟與專業。然而，政黨不是一直都很興盛，有可能經歷一些興衰的循環。這裡介紹兩個名詞，第一個是關鍵選舉（critical election），即首場產生「新多數」的選舉，通常是一個政黨由少數轉為多數的一個關鍵選舉。另外，所謂的政黨重組（electoral realignment）指的是一個新產生且後續穩定的政黨認同的發生。在政黨重組的過程中，選民的政黨認同呈現一個重新洗牌的狀態，新的社會議題浮現，但既有的政黨無法吸收，也無法容納支持新議題的選民，這個時候既有政黨就有可能流失選民，選民即會投入新政黨的懷抱。當然，政黨重組先要經歷政黨解組（electoral dealignment）的過程，也就是既有政黨喪失原有選民支持的一個狀態，政黨解組對該政黨來說是一個危機，可能顯示出政黨的發展方向已經不符合時代需求。美國歷史上最值得一提的一次大規模政黨重組，發生在經濟大蕭條時期（Great Depression, 1929-1939），在大蕭條之前長期由共和黨執政，很多選民認為共和黨已經無法處理美國經濟陷入谷底的窘境，因此一個支持民主黨的新選票聯盟產生了，這個新的聯盟選民包括傳統民主黨的南方支持者與天主教等保守選民，但另外一方面，傳統共和黨支持者包括黑人與工會成員也加入支持民主黨的行列。1932 年是一場關鍵選舉，因為民主黨的小羅斯福總統不但贏得大選，而且在參、眾兩院皆大勝。民主黨的盛世甚至開啟了小羅斯總統一連串的新政（New Deal）。

　　接下來我們從開國之初，細數美國政黨誕生、發展方向，政黨解組與改組的過程，請見圖 7-9。首先，美國在脫離英國變成一個獨立國家之前其實有兩個派別，當中一派不想和英國分開，稱之為大英派。大英派有諸如外界熟知「放風箏被閃電電到」的富蘭克林（Benjamin Franklin）就曾提議美國採用聯盟（union）的方式和英國統合——另一派則是獨立派，獨立派則包含了《獨立宣言》起草者之一的傑佛遜等人。

　　此後，獨立派又分成聯邦派和反聯邦派（confederalists，又稱邦聯派），邦聯派的前身是美國東岸的十三州成員，這十三州相當鬆散，類似現在的歐盟。由於這個邦聯缺乏共同國防抵禦外侮，也缺乏大一統政府進行稅收，使國家限於斷炊危機。因此，開國元勳譬如約翰亞當斯與漢彌爾頓即希望往聯邦派的統一國家形式發展。

　　而聯邦派又逐漸分為兩派：一派是由傑佛遜成立、史上第一個政黨「民主共和黨」（Democratic-Republican），另外一派是由亞當斯和漢彌爾頓（後與柏爾槍戰遭射殺）成立的聯邦黨（Federalist）。傑佛遜喜歡法國式的地方分權，而在傑佛遜之後地方分權派意識抬頭，反映了美國人討厭家父長式的政府形態。另方面約翰・亞當斯與漢彌爾頓的聯邦黨比較傾向建構一個英國式的大一統政府。這裡請注意約翰・亞當斯是美國第 2 任總統，其長子約翰・昆西・亞當斯是第 6 任總統，在第一次政黨重組時開始出現。

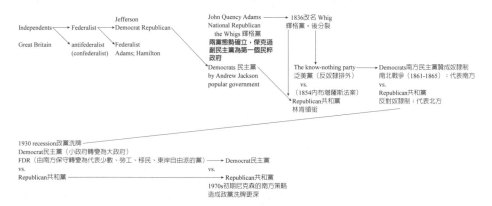

圖7-7　政黨解組與重組沿革

第一次政黨重組：1820年代

在 1800 年的前半段，美國經歷了**第一次政黨系統**，也就是民主共和黨對上聯邦黨的格局。當美國第 5 任總統門羅於 1817 年當選時，聯邦黨逐漸凋謝。之後有一段時間民主共和黨一黨獨大，到了 1824 年，4 位政治菁英包括約翰・昆西・亞當斯、安德魯・傑克森、威廉・克勞福德（William Crawford）與亨利・克萊（Henry Clay）參選總統，而且 4 位都是民主共和黨人。在這場選舉之後的 1828 年，傑克森才領銜著民主共和黨轉為民主黨（Democratic）。當時傑克森的民主黨在南方與西方非常受歡迎，絕大部分美國人口住在鄉間，僅有少數人口住在都市當中，而民主黨也受部分都市人口支持。在傑克森 1829 年贏得總統大選之後，由約翰・昆西・亞當斯與亨利・克萊組成了一個新的政黨稱為「國民共和黨」（National Republican），1836 年演變為輝格黨（Whigs）。輝格黨在北方發展非常好，尤其受到中產階級與生意人的支持。輝格黨的黨員多是實業家和專業人士，他們希望政府積極投入公共建設，為美國興建一條跨越西北方的公路，可以看作是主張政府影響力的大聯邦政府思維。

另一方面，輝格黨的對立面為傑克森領銜由民主共和黨轉成的民主黨。民主黨與輝格黨對峙時期我們稱為**第二次政黨系統**。傑克森領銜的民主黨從 1829 到 1837 年執政了八年，再由同為民主黨的范布倫從 1837 到 1841 年接續執政，為第 8 任總統。接續的哈里遜（William Henry Harrison）與泰勒（John Tyley）為輝格黨，前者擔任總統才 30 天 12 小時又 30 分鐘即因病逝世，後者接續擔任四年總統。從 1845 到 1857 年又經歷了兩個民主黨總統與兩個輝格黨的總統，則進入第二次政黨重組時代。

第二次政黨重組：1850至1860年代

在 1855 年時有一個美國本土政黨運動（Native American Party），產生了泛美黨，這是一個反天主教，排斥愛爾蘭、德國與義大利移民的政黨，當時泛美黨由祕密結社而起，因此成員若被外人問到這個組織，他們的制式回應就是「我不知道」，所以有了「一無所知黨」的稱號（Know Nothing

表7-2　1824年總統大選四人賽局

261 members of the Electoral College
131 electoral votes needed to win

Turnout	26.9%▲16.8 pp	
Nominee	John Quincy Adams	Andrew Jackson
Party	Democratic-Republican	Democratic-Republican
Home state	Massachusetts	Tennessee
Running mate	John C. Calhoun	John C. Calhoun
Electoral vote	84	99
Delegate count	13	7
States carried	7	12
Popular vote	113,122	151,271
Percentage	30.9%	41.4%
Nominee	William H. Crawford	Henry Clay
Party	Democratic-Republican	Democratic-Republican
Home state	Georgia	Kentucky
Running mate	Nathaniel Macon	Nathan Sanford
Electoral vote	41	37
Delegate count	4	0
States carried	2	3
Popular vote	40,856	47,531
Percentage	11.2%	13.0%

資料來源：維基百科。

Party，正式譯名爲泛美黨）。另外，泛美黨在奴隸的立場上相對中立，不
偏北方反奴也不完全偏南方贊成奴隸政策。1854 年時國會通過了「內布拉
斯州堪薩斯法案」（Kansas-Nebraska Act），該法案告訴南方「北方也有蓄
奴的權利」。儘管當時北方人普遍反對蓄奴，但也有一部分的北方人忌妒南
方可以因爲大規模蓄奴而獲取農業利益。也就是經濟利益的分配不均與北方
有些人感到的相對剝奪感讓這些北方人贊成蓄奴，也贊成「內布拉斯州堪薩
斯法案」的通過。後來這個法案在社會極大爭議下通過，但引來大部分北
方人的不滿，因爲當時的堪薩斯與內布拉斯州還不是「州」，而只是領地
（territory）而已。企圖在北方開放蓄奴這件事情，完全違反了北方對於自
由的堅持。

　　當時輝格黨與民主黨是反對該法案通過的。而這些人再加上「自由土地
黨」（Free Soilers）成立了共和黨（Republican）。自由土地黨是一個頗爲
短命的黨，活躍於 1848 年，直至 1854 年與共和黨合併。當時該黨關切單一
議題，意即反對將奴隸制擴大到美國西部。這個時期輝格黨因爲蓄奴議題內
鬨而正式分裂，有部分加入泛美黨或其他在 1856 年選舉期間成立的小黨；
但是更多輝格黨員加入共和黨。到了 1860 年的總統大選，泛美黨與南方民
主黨成立憲法聯盟黨（Constituional Union Party），這也是一個反奴隸的政
黨，從後來發生的南北內戰期間到戰後，這個黨始終作爲反對奴隸的共和黨
側翼，甚至可以說是共和黨的一部分。而在 1860 年時，遭眾多黨員背棄與
離去的民主黨再分爲南方與北方兩塊，南方支持蓄奴，但北方反對蓄奴。到
了 1868 年，民主黨又匯聚了過去離開的黨員，這時候兩黨態勢又確立，也
就是民主黨 vs. 共和黨，史上稱爲**第三次政黨系統**。

　　而在這個時期林肯脫離了輝格黨加入了甫成立也更明確反對蓄奴的共和
黨。1860 年時林肯代表共和黨參選總統，打敗了代表民主黨南方勢力的史
蒂芬・道格拉斯（Steven Douglas）。南方民主黨當時強烈捍衛蓄奴權益，
最後南北正式決裂，南方各州包括南卡羅萊納、密西西比、佛羅里達、阿拉
巴馬、喬治亞、路易斯安那與德州皆立即退出聯邦，林肯遂率軍攻打南方，
至此從 1861 到 1865 年打了四年的南北內戰，是美國國土的首次分裂。

內戰的過程也導致了前述的第二次政黨重組。需特別強調的是這裡的民主黨並非我們所知反對種族歧視、支持移民與對有色人種友善的民主黨，那是「之後」的民主黨。在當時剛好相反，他們是代表南方的「南方民主黨」，立場上很保守也反對移民。明確反奴隸的反而是林肯所帶領、代表北方的共和黨。也就是說後來川普總統所領銜的共和黨在林肯時期反而是自由的，而現在大家所提到自由的民主黨在當時反而是保守與贊成蓄奴的。

第三次政黨重組：1930年代

第三次政黨重組發生在介於 1929 至 1939 年的經濟大蕭條。從 1921 年開始至 1933 年，共和黨在總統寶座上擔任了整整有十二年的時間，歷經了哈定、柯立芝與胡佛。當時的社會氣氛傾向支持財團發展，因此那時的共和黨政府就往保守的方向去治理國家，但是在都會區域如紐約則變得非常自由。又在內戰之後，南方仍舊不友善的環境讓許多黑人逃離南方奔向北方大城如紐約與芝加哥。這讓這些都市區域的選民意識形態變得更為自由，這些北方的黑人選民要麼不投票，要麼都逐漸把票投給民主黨。在過去民主黨這麼保守的情況之下，民主黨開始質變，尤其是在北方的民主黨。原先代表南方保守思想的民主黨員開始由支持小政府（保守派）轉為大政府（自由派），領銜者為做了 3 任十二年總統的小羅斯福。他將民主黨由南方保守轉為代表少數族群、勞工、外來移民、東岸自由派的黨。既然民主黨轉變了，那共和黨呢？共和黨在北方當時並沒太大轉變，但共和黨當時逐漸靠攏大企業，也容忍大企業發展所帶來的貧富不均與對於勞動者的剝削。同時整個 19 世紀後半葉幾乎都在執政的共和黨對於當時的景氣蕭條束手無策，只會訴諸個人道德，要百姓為自己的生計負責。但整體而言，當時兩黨相對而言都是自由的，儘管有部分共和黨人開始質變，因此進入第四次政黨重組。

第四次政黨重組：1960至1980年代

在 1964 年的「民權法案」通過之後，黑人獲得了較為完整的投票權。許多保守反動的南方民主黨白人憤而脫黨加入了共和黨。那個南方民主

黨已經不是他們所認識與所熟悉的民主黨了。另外，南方的選民有很多是以價值（value）來看待這個世界，他們是所謂的價值至上的選民（value voters）。這些在基督教價值中找到救贖的選民對於某一些正統的生活方式非常堅持，他們反對墮胎、反對同志的生活方式，甚至認為同志的存在就是一種疾病。事實上，第四次政黨重組與尼克森有關，1971年尼克森提出「南方策略」（Southern strategy）來吸引南方鄉下與保守的白人。共和黨遂從林肯轄下支持移民的自由政黨轉為反移民的保守政黨，至此「民主黨左，共和黨右」的政治態勢便大致確立了。

　　1980年在雷根總統上任後，「共和黨 vs. 民主黨」與「保守 vs. 自由」兩條路線更為分道揚鑣，該現象為我們前面介紹的政黨極化，讓自由者更自由，保守者更保守。這也是為何後來川普如此爭議，提出了那麼多對弱勢族群與移民不友善的政策，卻仍能夠取得一定支持度的原因。基本上美國有一半的人是保守、討厭大政府與力挺財團的，但有另一半人覺得政府還是很重要，認為政府可以保護弱勢族群、窮人、有色人種、移民。這兩群人不管在總統大選、國會問政，還是在最高法院中都呈現兩極對立情況。

第五節　主要政黨與第三勢力

　　圖 7-11 呈現從 1789 至 1996 年的政黨系統演變。基本上 1996 年至今美國其實已經走到很穩定的兩大黨系統，變化不大。不過開國之初可不是如此。一開始聯邦黨是在華盛頓的麾下，而民主共和黨則在 1820 年代獨占鰲頭，史家又稱這個時期為「好心情的時代」（era of good feeling），反映了當時 1812 年第二次獨立戰爭（美英戰爭）後，美國人民族主義高漲的心情。事實上，第二次獨立戰爭之後也將當時反戰的聯邦黨送進歷史。從建國以來美國政治可以說與兩黨政治畫上等號。在至今兩百三十年的國祚中，雖然有各種小黨企圖在兩黨制下突圍，但都很難有顯著的成效。

　　近代比較令人印象深刻的第三黨勢力，是 1992 年美國德州巨賈裴洛的

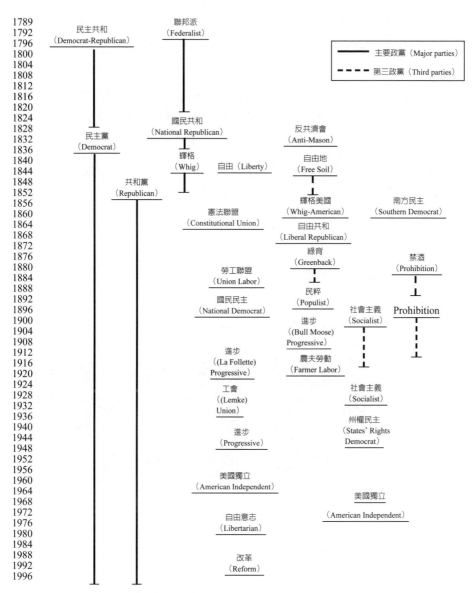

圖7-11　美國主要與次要政黨的演變

經驗，他在 1990 年代初期開始關注政府失靈的問題，甚至在 1992 與 1996
年以第三勢力之姿參選總統，各拿下 18.9% 與 8.4% 的得票率。1992 年那
次的得票率甚至是自 1912 年老羅斯福以來，美國兩黨政治中的最成功的一
次突圍行動。如在總統那章所述，1912 年那次的總統大選老羅斯福是以進
步黨（Progressive）的黨籍，而不是以共和黨的黨籍參選，當時老羅斯福的
得票率為 27.4%。第一次競選期間，裴洛更在各項民調中領先，儘管第二次
參選聲勢弱化，但很多保守派評論認為，要不是裴洛在兩次大選中瓜分掉共
和黨總統候選人老布希與杜爾（Bob Dole）的選票，共和黨不會將江山拱手
讓給一個「花心的」小夥子柯林頓。事實上，裴洛的政治立場相當分歧，他

表7-3　1992年美國總統大選結果

538 members of the Electoral College
270 electoral votes needed to win

Turnout	55.2%▲ 5.0 pp		
Nominee	Bill Clinton	George H. W. Bush	Ross Perot
Party	Democratic	Republican	Independent
Home state	Arkansas	Texas	Texas
Running mate	Al Gore	Dan Quayle	James Stockdale
Electoral vote	370	168	0
States carried	32 + DC	18	0
Popular vote	44,909,889	39,104,550	19,743,821
Percentage	43.0%	37.4%	18.9%

資料來源：維基百科。

反對槍枝管制與贊成平衡政府預算，這些是共和黨的傳統論述；另一方面，他贊成婦女墮胎權，反對工作機會外移，這些卻是當時民主黨的立場。裴洛雖然來自保守的德州，但一個「德州牛仔」竟可以在 1992 年的賓州拿下 18%、紐約州拿下 16% 的普選票，讓這些「都市佬」大開眼界。兩次大選裴洛的選票構成中，各自有兩成多是來自於共和黨與民主黨的支持者，另外的一半才是中間選民。換言之，裴洛並沒有瓜分掉共和黨的票源。他當時是真正的中間候選人，許多的政黨賭爛票、首投族與溫和派流進他的票匭，讓美國第三勢力像流星雨一樣劃過天際。不過流星雖然閃亮，卻稍縱即逝，只爲後世傳爲佳話。

表7-4　1996年美國總統大選結果

538 members of the Electoral College
270 electoral votes needed to win

Turnout	49.0% ▼6.2 pp		
Nominee	Bill Clinton	Bob Dole	Ross Perot
Party	Democratic	Republican	Reform
Home state	Arkansas	Kansas	Texas
Running mate	Al Gore	Jack Kemp	Pat Choate
Electoral vote	379	159	0
States carried	31 + DC	19	0
Popular vote	47,401,185	39,197,469	8,085,294
Percentage	49.2%	40.7%	8.4%

資料來源：維基百科。

結語

在本章當中我們從漢彌爾頓與柏爾之間的槍戰作為開始，來理解開國元勳間的恩怨情仇，既然派系是人類政治活動發展的必然結果，那麼政黨就是這些派系制度化的呈現方式。同時在民主規則下政黨藉由公開的辯論與選舉競爭來彰顯民主社會的多元價值。當然，麥迪遜所說「用野心去制衡野心」也是讓派系政治轉為政黨政治的一帖良方。此外，我們除了在國會與最高法院的章節中談到了政黨極化效應，在本章中我們也提到美國選民亦有兩極化的趨勢，社會分裂成兩半對於國家治理顯然很不利，而這種選民間的極化現象顯然到了川普總統的時代又更加劇了。

接著我們談到了政黨的解組與重組，也理解到除了在開國之初政黨系統的變動較大以外，美國從開國至今就是沿著兩黨制的軌道在運行。根據杜瓦傑定律（Duverger's law），單一選區的選舉制度必然會產生兩黨制，而美國除了少數情況之外（譬如在路易斯安那州的開放式初選），從國會議員到州長，甚至到州議會的參、眾議員都是採取單一選區制。單一選區所隱含的邏輯就是贏者全拿（winner-take-all），不管占據第二名的候選人距離第一名候選人票數有多近，哪怕是只輸了 100 票也是落選，在贏者全拿的邏輯之下，不管有多少參選人，只要是輸掉的參選人其獲得的選票皆不計入；反過來說，如果當選者拿了 45% 的選票而當選，也還是有 55% 的選票不是投給他的。不管如何，在這種情況下為了要當選，候選人必須要成為第一名才有用。所以在單一選區之下小黨影響力有限，還不如意識形態相近的小黨結成一個大黨，而在人類最初意識形態能簡單區分為自由與保守兩種的情況之下，自然大黨就只會有兩個。

最後，比起歐洲，美國的政黨務實（pragmatic）了許多，在左派和右派之間的分野不是太大，每到總統大選時的普選，不管是共和黨還是民主黨的候選人都會想盡辦法往中間選民的立場去靠攏，當然這會讓兩個黨的候選人訴求看起來幾乎一模一樣，似乎也失去了政黨應該代表進步和保守立場的功能，不過同時也讓美國政黨的發展不至於太過偏激。儘管共和黨或民主黨走溫和路線的態勢到了川普總統的時代遭受挑戰，不過拜登的當選又將政治

主軸拉回溫和。總之，政治科學家與美國政治的觀察家大概都會認同，那就是美國政黨的影響力仍舊非常關鍵，在極化政治發生前政黨政治先轉爲柔性的選舉輔助角色，但在極化政治發生之後，政黨因素又變得能夠解釋許多複雜的現象了。

利益團體

　　利益團體（interest group）這種組織可以說在美國比在世界上任何一個國家都更為蓬勃發展。這當然與美國的資本主義本質有關，在資本主義的社會當中，市場的重要性大於政府，私部門的發揮空間大於公部門的影響力。又在私部門優先的狀態下，替私人企業或者機構說話的組織——利益團體——就油然而生。所謂的利益團體，指「由個人組織起來的團體，旨在接觸政府並希望政府能夠制定對特定行業或立場有利的政策」。而利益團體的組織不一定要定期開會，成員之間也不一定要實際碰面，但絕大部分的利益團體有會籍設計，只要參與者有志一同，可以藉由書面或者網路通訊彼此聯繫與傳播訊息，而且擁有越多會員的利益團體當然就有越大的政治影響力。

　　如果你問美國人對於利益團體的看法，幾乎每一個人都有一套自己的理解方式，但大致可以分為正反面兩種，正面是利益團體替不同的私人團體或企業發聲，尤其利益團體可以捐贈政治獻金給候選人，因此不管是以發聲的方式為企業說項，或者捐款支持特定候選人並希望他們當選後為企業發聲，都是言論自由的表現，也應受到憲法第一修正案的保障。反過來說，利益團體的蓬勃發展其實代表的是美國政壇長期所為人詬病的金錢政治，被利益團體「收買」的州或聯邦參眾議員常淪為「口袋民代」。一般沒權沒勢也沒錢的小老百姓就沒有利益團體為他們的權益把關，而縱然有非營利組織（NPO）可以照顧一般民眾，但 NPO 的作用可能還是遠不如以利益為出發的利益團體。以下舉兩個利益團體關注的議題作為例子，並就其背景與利益團體間角力的焦點為何進行討論。

歐巴馬健保

2010 年的「病患保障與平價醫療保險」（the 2010 Patient Protection and Affordable Care Act, ACA），俗稱為歐巴馬健保，代表了美國醫療保健系統的重大改革。由於 ACA 已經很接近台灣全民健保的概念，除了美國並沒有像台灣一樣有一個由政府設立的全民健保局之外，ACA 的概念和台灣的全民健保一樣都希望讓人人都有基本的醫療保障。然而，ACA 的推動衝擊了美國長期以來健保由個人或者雇主負擔的傳統，自由派人士叫好，但保守派人士反對。因此來自於保險業、醫院、醫療器材製造商以及代表醫生、病患和雇主的利益集團代表（遊說者）都發出聲音，試圖影響 ACA 的立法與運作方式，許多民眾也走上街頭陳情抗議。另外有一些州州長提起行政訴訟，嘗試阻止該法在這些州長所管轄之州的醫療補助範圍。此外，一些利益集團開始在法庭上對 ACA 提出質疑，但最高法院的兩項裁決支持了 ACA。支持和反對 ACA 的利益團體相互競爭，竭盡所能接觸各層級政府官員（聯邦、州和地方），這些利益團體除了表達立場之外，也幫助大眾和立法者了解問題的本質。

圖8-1　2010年3月21日眾院通過歐巴馬健保時，歐巴馬總統和拜登副總統在白宮鼓掌慶賀

資料來源：維基百科。

擁槍權

2019 年 5 月時在美國德州艾爾帕索（El Paso）與俄亥俄州岱頓（Dayton）發生了兩起駭人聽聞的隨機槍擊案，前者是發生在沃爾瑪賣場（Walmart），而後者是發生在一間酒吧的門口，各造成 23 人及 9 人的死亡。時任總統川普雖然對這兩起槍擊案都予以譴責，但主張槍枝管制的利益團體仍不買單，他們認為川普打從心裡就是站在擁槍派這邊的。而反對槍枝管制的團體如「全國來福槍協會」（National Rifle Association, NRA）也強調儘管這一類槍擊案層出不窮，但與美國憲法第 2 條所保障的擁槍權沒有任何關聯，他們認為槍不會殺人，人才會殺人（這也是雷根總統的說法）。由於擁槍權在美國是受到憲法保障的一個人民權利，因此要在美國禁槍幾乎是不可能的事情。不過對於擁槍者仍可以進行管制，尤其是針對他們的精神狀態進行鑑定後再給予擁槍執照的規範——即所謂的「背景查核」（background checks）。而這個查核時間需要有多長並且有多徹底，各州均有不同規定。當然，對於反對槍枝管制者來說，他們會反對過於苛刻的背景查核。另外一個能夠對於擁槍權進行制約的是所謂的「紅旗法」（red-flag laws），意即在發現危險人士之後公權力能夠依法暫時剝奪他們的槍枝擁有權並且代為保管。因此不管是背景查核或是紅旗法都是贊成與反對槍枝利益團體在聯邦與州層級立法角力上的焦點，而不同總統對這些立法的態度也備受矚目。

從這兩個例子來看，利益團體多少都有自己在政治議題上的主張，也可能傾向共和黨或民主黨，但事實上推出候選人參與選舉，並不是利益團體可以做的事情，或者說利益團體如果可以提名候選人，那麼它就不再是利益團體，因為那是政黨在做的事情。以下針對壓力團體、利益團體與政黨之間的區別一一說明。

第一節　利益團體的分類與運作

　　我們要問爲什麼民眾要加入利益團體呢？民眾加入利益團體除了與會員相濡以沫之外，是有可能面對到外界不同聲音因而產生人際間摩擦甚至是衝突。政治科學家發現有三種加入利益團體的動機，第一個是物質利益（material benefits），即加入利益團體有實質利益或者可以獲得差別待遇，例如有些年長者加入「美國退休者協會」（the American Association of Retired Persons, AARP）是因爲可以享有打折商品、超值人壽或者住宿卷等物質利益。有時候物質利益也不一定是「錢」，例如煤礦工人加入利益團體並訴求政府規範煤礦主提供工人採礦時所需的儀器設備。第二個是「團結利益」（solidary benefits），這種利益比較難以具象化，但它的確存在。例如中西部酪農與全國各地的同業會感到休戚與共，但加入替酪農爭取利益的團體又特別能夠彰顯這種休戚與共的感受。又好比喜歡打靶的同好會加入 NRA，NRA 不但會替擁槍者發聲，也常提出爲什麼在美國這個國家需要有槍的論述，藉由 NRA 的鮮明形象，擁槍者更可以強化其擁槍的價值觀。最後一種動機稱之爲「目的利益」（purposive benefits），如果物質利益與團結利益是爲己，那麼目的利益就是利他了，有目的利益的利益團體會讓利益團體看起來沒那麼利益，反而有點像 NPO，譬如公民行動組織（Common Cause），在 35 個州都有分會，他們關注政府的各種立法，關心公眾利益多於狹隘的成員利益。

壓力團體、利益團體與政黨的區別

　　在定義上，有些人弄不太清楚壓力團體、利益團體與政黨之間的區別，因此於此說明。所謂的壓力團體（pressure group），指對政府決策施加壓力使有利於己的團體，其意爲「其活動對國家的決策過程有重大影響力的非正式政治組織」。而利益團體指自願結社並且公開發聲以爭取自己團體利益的團體。當利益團體爲其特殊權益，企圖以各種管道向政府或政黨有所請求而施加壓力或影響法案的草擬和審議時，遂變成壓力團體。至於所謂的

政黨（party），則是以執政或促進和保障特定政治思想、政治利益為目標
的團體。那利益團體與政黨之間的差異在哪裡？一般而言，利益團體之數量
多於政黨。此外，政黨可以推出候選人與組織政府，利益團體則不行。又政
黨為最多數量的選民發聲（公益），利益團體則可能是代表特定利益的聲音
（私利）。政府本身可能是利益團體之創造者，政府各項立法、計畫可能促
成利益團體之產生，利益團體會反過來遊說政府以尋求更多資源與補助，與
政府產生共生關係。至於壓力團體與利益團體之區別，政治學家在使用壓力
團體和利益團體時，大致上是通用。但仔細而言，利益團體範圍廣，壓力團
體應包含於利益團體之中。利益團體中有一部分不與政治發生關聯，不打算
對政府施壓，是以兩者並不完全相同。

利益團體向誰遊說？

　　就利益團體的運作方式而言，遊說（lobby）是利益團體的主要任務。
而且投注在遊說活動上的金額不但驚人，更是逐年增加，從 1998 年的 14
億 4,000 萬美金到 2002 年的 35 億 3,000 萬美金（資料來自 OpenSecrets.
org）。所謂的遊說，乃針對政府官員或政治人物就利益團體想要達成的目
的進行說明與說服的動作。利益團體比較不會針對行政部門遊說，雖然對
於聯邦與州的公務員是行政運作的主體，但一方面這些公務員比較沒有選區
壓力，所以對於直接接觸外界興趣缺缺，二方面公部門的辦公環境也比較封
閉難以接近。此外，利益團體對於最高法院的遊說也沒這麼多，利益團體最
主要的遊說對象是立法部門。我們稍後會針對利益團體針對不同政府部門的
遊說方式說明。不管如何，這些遊說官員的活動統稱為「遊說官員接近權」
（access），而如果這個接近權可以進一步成為利益團體與政府部門的長期
溝通管道，並且達到雙方隨時可以接觸的共識，即形成「結構性聯繫管道」
（structured access），如此一來會讓利益團體的遊說效能事半功倍。事實
上，利益團體針對不同的對象都會有不同的策略運用，就這些策略可以分為
六大項。

1. **遊說立法者**。立法者包括聯邦參眾議員、州參眾議員，甚至到地方民選官員。利益團體針對立法者可以給予政治獻金，不過這要透過政治行動委員會（Political Action Committee, PAC）的形態，這部分比較複雜，稍後完整說明。或者也可以藉由提供資訊來引導立法者立法。從聯邦到州再到地方，立法者日理萬機，不是每一個立法議題都能熟悉，也不是每一個立法議題議員們都會認為有必要表態，因此利益團體所提供的資訊能夠降低立法者的資訊成本，如果不會悖離立法者的意識形態太遠的話，採納這些利益團體所提供的資訊成為自己的立場，甚至支持相關立法是常見的事。

2. **遊說行政部門**。在遊說行政部門的部分，雖然沒有遊說立法者來的頻繁，不過利益團體確實也會接觸公務機關與公務員（personal contact），有時會針對執行政策方向給予壓力，譬如支持市場機制的利益團體會針對稅務機關的執法力道施壓。此外，也和遊說立法者一樣，利益團體會研究議題並產生研究報告供公務機關參考（research），有時是委託專家學者進行調查研究，有時是利益團體內部研究人員所撰寫的報告。當然，利益團體不會總是以負面壓力來壓迫行政機關，也有可能藉由建立友誼的公共關係（public relations）來與公務機關交好，並循循善誘希望這些機關制定有利於利益團體的政策。美國有些人會質疑，既然利益團體可以捐款給候選人或者政黨，自然就有可能直接捐款給行政部門，但兩者一個很大的不同是，前者是合法的（藉由政治行動委員會）而後者是非法並會構成貪汙犯行。其實利益團體與聯邦行政部門之間的遊說行為，近幾十年來貪汙已經很少見，然而州與地方政府則不一定，還是有一些收受利益團體獻金而觸犯貪汙罪嫌的前例。這裡有兩個遊說行為是不是行賄的關鍵，第一個是「對價關係」，也就是利益團體不能給付公務機關的某個承辦人金錢進而換來特定政策的執行，如果有對價關係就是行賄。第二個是「遊說過程公開透明」，即這些針對政府的遊說都必須要受到媒體監督與政府記錄，政府記錄與政治行動委員會有關，容後說明。過去遊說行動容易淪為行賄事件主要是因為遊說在檯面下安靜地進行，除了有對價關係之外，也無法受到外界的監督。

BOX 美國近年來的企業行賄

　　儘管聯邦政府很少與企業行賄牽扯上關係，但美國企業近年來的確也發生過幾樁行賄外國政府的醜聞，並且也遭到美國監管單位的裁罰甚至是司法單位的起訴。2019年時跨國賣場沃爾瑪被美國司法單位控訴曾花費數億元美金行賄墨西哥政府，以較快獲得在該國的營業執照。另外，2011年時嬌生公司（Johnson & Johnson）願意繳交美國司法部門（Justice Department）針對嬌生的民事裁罰（civil and criminal fines）7,000萬元。主要是因為美國證券交易委員會（U.S. Securities and Exchange Commission）發現嬌生公司針對其藥品上市的許可分別行賄希臘、波蘭與羅馬尼亞政府，此舉違反美國「海外貪汙治罪條例」（Foreign Corrupt Practices, FCPA）。

嬌生公司行賄外國政府引起軒然大波

Johnson & Johnson fined for bribing doctors

US authorities fined cosmetics and drugs giant Johnson & Johnson $70 million on Friday for bribing doctors in Europe and paying kickbacks for contracts under a UN relief program in Iraq.

Johnson & Johnson

資料來源：Fashion Network。

3. **遊說最高法院**。這裡的遊說最高法院主要指聯邦最高法院，也就是那9位大法官。儘管遊說任一州最高法院也不是不可能，但由於利益團體的目標往往是影響法界對於國家層級政策的最終詮釋權，譬如安樂死是否合憲，因此聯邦最高法院是利益團體的主要目標。前面提到要行賄聯邦行政官員不容易，那麼要行賄德高望眾的聯邦最高法院法官更是一件困難的事，這些大法官的德性與判決都已經留名青史，如果真的要買得動他們，那該要花費多少天價呢？基本上利益團體有兩個主要途徑來影響最高法院。第一個是「集體訴訟」（class action），即由利益團體帶頭聘請律師團，針對所關心的議題提起訴訟，直白來說，就是直接告他們對

抗的團體或政府單位，利益團體往往希望這種訴訟能夠不斷上訴到大法官釋憲。歷史上最有名的莫過於「美國全國有色人種協進會」（National Association for the Advancement of Colored People, NAACP）於 1954 年時藉由不斷訴訟，最後促成聯邦最高法院做出劃時代廢除種族隔離政策的「布朗案」（*Brown v. Board of Education*）判決。NAACP 在 2018 年時也針對川普對於海地難民不友善的作為告過「美國國土安全部」（the U.S. Department of Homeland Security, DHS），認為川普政府違反憲法增修條文第 14 條。

利益團體的的另一項法寶是「法院之友」（amicus curiae），也就是作為旁觀的第三者，對於進行中的案件有關之疑難法律問題陳述意見，並善意提醒法院應注意事項與提供有用資訊。從 1981 到 2000 年，利益團體逐漸視法院之友為一個有利於影響法官判決的工具，政治學者也進一步發現法院之友在民權議題上比在商業議題上更能夠影響法官的心證。

4. **訴諸公眾**。利益團體直接對大眾傳播其所支持的立場，這裡有兩個意義，第一個是「製造輿論」，第二個是藉由帶輿論風向給立法者與政府單位壓力。後者尤其能夠讓立法者屈服，讓訴諸公眾成為遊說立法者的一種間接手段。研究利益團體的文獻發現，帶侵略性的利益團體會直接告訴國會議員或國會議員候選人：「我們可以直接訴諸公眾，並說明為什麼我們的立場比較有道理，如果你不聽，我們輕則訴求選民不要投給你，重則可以資助比你更優秀的候選人來跟你競選。」通常這樣的策略效果都還不錯，尤其是對於尋求連任的現任國會議員。在近代的訴諸公眾策略中，電視傳播是一個很直接的途徑，利益團體會提供許多新聞素材給媒體報導，如果需要更多科學證據來佐證其論點的話，利益團體也會資助有利於其立場的智庫研究，並對外公布研究報告，例如咖啡商相關的利益團體會資助「喝咖啡不會致癌」的智庫研究。過去中華民國政府也花了不少力氣與資源希望華府的利益團體能多為我國的主權與國際空間說話，也因此資助了不少能夠影響輿論的智庫會議。

5. **非暴力抗議**。非暴力抗議是利益團體所能採取比較激烈的手段了，雖然激烈但仍以和平方式爲之。而所謂的激烈，是因爲利益團體想要訴求的初衷（cause）無法獲得政府正面回應，所以訴諸非暴力抗議想要引起更多人的注意。儘管手段和平卻違反法律，但在利益團體眼中這些都是「惡法」，因此縱使違法而被逮捕也在所不惜。基本上非暴力抗議與暴力抗議都是非常手段，在美國歷史上幾乎都與民權運動有關，1950 與 1960 年代的 NAACP 號召南方自由派人士違反種族隔離法，造成許多非裔與白人被驅趕甚至逮捕。這裡有一個很重要的觀念是「公民不服從權」（civil disobedience），這一個概念源於亨利・大衛・梭羅（Henry David Thoreau）所撰寫的一本書，當時梭羅身爲一個自由派哲學家，認爲 1846 至 1848 年所發生的美墨戰爭，是南方蓄奴州爲了要擴張領土的作爲，同時梭羅也因爲拒繳投票稅（poll tax）而入獄，雖然只關了一天，但也啓動了和平非暴力抗爭在美國的應用。然而，非暴力抗議陳義很高，卻可能遭遇「集體問題的困境」（collective action problem），也就是旁觀者儘管原則上支持運動，但卻懶得付出時間精力來參與。

6. **暴力抗議**。在過去暴力抗議來自於非裔對於民權壓迫的抗議，但自從川普時期之後，保守派白人也開始有更爲具體對於自由派媒體與國會議員的暴力抗議了。2021 年當喬治・佛洛伊德（George Floyd）在明尼蘇達州遭暴警執法過當而喪命之後，「黑命貴」（Black Lives Matter, BLM）運動結合了群眾對於佛洛伊德事件的抗議，讓全美反對種族歧視者四處抗議，也因此與不認同這個運動的美國人發生衝突，甚至在不少城市都傳出黑命貴人士與極右翼團體 3K 黨互毆的暴力事件。美國警察對於非裔的槍擊與逮捕所導致非裔的暴力抗議已非新聞，這裡的重點是暴力抗議有沒有用？政治學的研究發現是有效的，暴力抗議會造成傷亡，就好比恐怖主義行動一樣，事實上恐怖主義行動常能有效地迫使當局修正政策路線，不過造成的傷亡卻是慘痛代價。

一個牽扯暴力抗議的利益團體例子是「善待動物組織」（People for the Ethical Treatment of Animals, PETA），PETA 主張最極端的「動物徹底解

放」，意即不食肉不喝乳製品，甚至反對任何囚禁動物或虐待動物的行為，PETA 反對動物園的設立，也反對釣魚、狩獵、皮毛或動物實驗。聯邦調查局（FBI）已經認證 PETA 與暴力組織「動物解放陣線」（Animal Liberation Front, ALF）有關，ALF 長期以來在葷食餐廳放鞭炮、搗毀豬肉攤與燒掉動物實驗室，PETA 是一個很鮮明牽扯暴力抗議的利益團體[1]。

　　至此我們了解利益團體有許多不同的定位，有與政治相關也有與政治不這麼相關的；有比較激進的也有相對溫和的。通常追求「單一議題立場」（single issue group）的利益團體會比較激進一些，尤其以為倫理性議題說話的利益團體論述都比較鮮明有利，這些不涉及物質性的議題，包括墮胎（abortion）、同性戀結婚（gay marriage）、公立學校禱告（prayer in public school）、槍枝管制（gun control）、安樂死（mercy killing）等。而非單一議題立場的利益團體則比較溫和，也因此能獲得較多人的加入，包

圖8-2　主張生命權團體在最高法院抗議

資料來源：Brendan Hoffman/Getty Images。

說明：2013年1月22日，主張生命權（反墮胎）的利益團體每年都會在1973年所判決的羅訴韋德案（*Roe vs. Wade*）的判決滿週年的那一天繞行最高法院陳情抗議。羅訴韋德案確認了女性有墮胎權。

1　資料來源為倡議者事實網站，https://www.activistfacts.com/organizations/peta-people-for-the-ethical-treatment-of-animals/。

括「美國勞工聯合會產業公會聯合會」（The American Federation of Labor and Congress of Industrial Organizations, AFL-CIO），他們關心勞權面；又如「美國製造業工業協會」（National Association of Manufacturers, NAM）關注多議題面向。至於美國人退休協會（AARP）規模之大，每 8 人就有 1 人入會，他們支持社會福利政策（Social Security）、老人保險（Medicare）與窮人保險（Medicaid）。

第二節　政治行動委員會與釋憲案

　　利益團體最厲害卻也最為人所詬病之處，在於它可以針對政治人物進行政治獻金，但不能夠直接這樣做，必須要透過一種叫政治行動委員（Political Action Committee, PAC）的平台來進行。PAC 有很多種，包括：1. **候選人設立**（candidate's authorized committee）；2. **政黨設立**（political party committee）；3. **由公司或工會資助設立**（separate segregated fund, SSF）。第三類也又稱為連結委員會（connected committee），建立他們的單位可以是企業、非營利組織、工會、貿易團體或者衛生團體。這些團體從有限的管道募款，包括企業經理人與股東，或非營利組織、工會與利益團體的會員。至 2009 年 1 月為止，全美有 1,598 個連結委員會，其中 272 個與工會有關，另外 995 個與貿易組織有關，另外 331 個分屬其他類。

　　在這三類之外又有一種叫做**非連結委員會**（nonconnected committee），具有意識形態較鮮明的特質，也通常是單一議題立場導向。國會議員或政治領袖可以設立這種委員會。非連結委員會可以接受來自於個人、連結委員會或民間組織的捐獻。至 2009 年為止全美共有 1,594 個非連結委員會，是所有政治行動委員會類別中成長最快的一類。

　　還有一種委員會成為**領導式委員會**（Leadership PACs），民選官員或者政黨不能夠捐獻超過聯邦所規範的政治獻金數額給所支持的候選人，但是他們可以設立領導式委員會並藉由此機制來進行「獨立支出」（independent expenditures）。由於這些給予候選人的支出不與其他候選人有關，因此獨

立支出不受到金額限制。在聯邦選舉委員會的定義裡，領導式委員會是非連結委員會中的一種。因此也可以接受來自於個人、連結委員會或民間組織的捐獻。由現任國會議員所設立的領導式委員會不能為自己的連任選舉募款，但他可以為同黨的其他候選人募款，也可以為該國會議員認同但卻不同黨的其他候選人募款。這暗示了來自主要政黨的現任者（通常是民主黨或共和黨），很容易藉由領導式委員會的捐贈收買到小黨或獨立候選人的心。這一類的捐款常給付其他候選人的行政費、諮詢費、民調費與非選務開銷。在2018年的期中選舉中，領導式委員會共捐出超過6,700萬美元的獻金。

再來的一類為**超級政治行動委員會**（Super Political Action Committee, Super PAC），英文全名是 independent expenditure-only political action committee。這一類特別重要，很多人聽過卻不知其所以然。Super PAC 的募款或政治獻金只能用在資助「表達意見」的政治活動，譬如支持某一議題立場的電視廣告。但 Super PAC 不能針對競選活動捐款，此外也不能捐款給政黨。Super PAC 的資助來源可以是個人、企業、工會或其他組織，而且所收受的捐款金額均無上限。

此外，就捐款給候選人、政黨或其他 PAC 的規範中，在每一場選舉中，PACs 可以捐款給特定候選人上限為 5,000 元；每年捐款給一個政黨上限為 1 萬 5,000 元；每年給其他任一 PAC，上限為 5,000 元。PACs 也可以從任何個人、政黨或者 PAC 接收每年上限 5,000 元的捐款。這些統稱為硬錢（hard money）。但在 2010 年兩個聯邦法院判決之後，PAC 如果只是捐助在「教育目的」與「議題」目的上，就成為了 Super PAC，則捐款或募款均無上限，這種統稱為軟錢（soft money）。儘管這是將針對政治議題的捐款視為是一種言論自由的表現，但其實這樣的認定仍舊產生一個漏洞，讓原本捐款給特定候選人的獻金金額需要受到限制的立意大打折扣。實際上這個情況如何發生呢？當捐錢給別人的 Super PAC 可以假借支持某一議題刊登電視廣告，來抨擊反對這則廣告的某位候選人，這樣繞了一下等於支持到這位候選人的對手。而這個對手正是這個 Super PAC 原本所設定要支持的對象。換言之，看似是軟錢的應用，其實仍然產生了硬錢的效果。

總之,所有的 PACs 大體可以分為連結式與非連結式兩種,再加上最後一種**混合式委員會**(Hybrids PACs),其概念與 Super PAC 相近,只是捐獻給競選活動的金額受限,同時只要是捐贈給議題式(意見表達)的政治活動則不受限。根據美國聯邦選舉委員會(Federal Election Commission, FEC)的規定,非連結委員會有三個特質:

第一,非連結委員會沒有特定公司或者工會資助,與連結委員會剛好相反。

第二,資助非連結委員會均受明確規範。捐贈給非連結委員會的金錢或有價物品(例如電話、辦公室)都必須受到聯邦選舉委員會每年在數額與申報上的規範限制。

第三,非連結委員會可以向外募款,但是連結委員會不行,這是一個滿重要的差異。連結委員會只能跟資助企業的股東、員工或者他們的家人募款。

BOX 麥凱恩—法因戈爾德法與其效應

2002年通過的「麥凱恩—法因戈爾德法」(McCain-Feingold Campaign Reform Act (2002))給予了軟錢合法的地位。所謂的軟錢指捐給不做「個人競選之用」而做「議題宣揚之用」的政黨與民間團體時,則軟錢捐獻的金額應該無上限。此法造成打擊金錢政治成效不彰。此外,硬錢的捐款上限還是很高,候選人仍能藉由硬錢拿到不少政治獻金,讓金錢政治的陰霾仍舊揮之不去。此外,近年來總統候選人不走公共競選募款,而繞道其他的方式,譬如從歐巴馬時代的網路集資,也讓硬錢規範難以明確限制。最後,Super PAC雖然不能直接資助所支持的候選人,但卻可以藉由刊登議題廣告,以迂迴的方式來幫助所支持的候選人。

近三十年來有關於政治獻金的釋憲案受到很大的關注。最早的釋憲案來自於「巴克利訴瓦萊奧案」(*Buckley vs. Valeo*),在此劃時代的判決中明確規範個人、公司與社團給予候選人的政治獻金可以受到合理限制(reasonable restriction),但對於競選活動的獻金數額則不能限制,否則違反憲法第一修正案所保障的言論自由。「巴克利訴瓦萊奧案」確立了政治

獻金是言論自由重要的一環。而在 1996 年的「科羅拉多州共和黨聯邦競選委員會訴中央選舉委員會案」中（*Colorado Republican Federal Campaign Committee v. Federal Election Commission*），聯邦最高法院認定只要政黨與所提名候選人獨自運作，則由政黨以候選人爲名所進行的政治獻金，其數額不能受到限制。至於 2003 年的「麥康納訴中央選舉委員會案」（*McConnell v. Federal Election Commission*）的判決則認定軟錢——捐款給政黨或委員會的政治獻金——應該受到限制，此立場與 2002 年 3 月 27 日由當時的參議員芬格爾德（Russ Feingold）與麥肯（John McCain）所提出並通過的「兩黨競選改革法」（Bipartisan Campagin Reform Act）的立場一致。換言之，就「麥康納訴中央選舉委員會案」與「兩黨競選改革法」而言，軟錢的數額需要受到限制。然而，2010 年「聯合公民訴聯邦選舉委員會案」（*Citizens United v. federal Election Commission*）推翻了軟錢的數額需受限的立場，認爲軟錢是意見表達自由的一種形式，應受到憲法保障。同年的「現在演講網站訴聯邦選舉委員會案」（*Speechnow.org vs. FEC*）也認爲只要不捐款給候選人、政黨或 PAC 的政治行動委員會，在募款與捐款上均不應該受到金額的限制，這才符合憲法保護言論自由的意旨。

贊成與反對利益團體

至此我們了解利益團體的存在優缺點並陳，一方面利益團體的發聲代表言論自由，而就算利益團體彼此之間以政治獻金的形態來進行角力，也是言論的表達方式之一，也應該受到憲法保障。另一方面利益團體代表了美國政治最爲人所詬病的金錢政治，如果政治都被有錢人在把持，並由利益團體居中操縱的話，則大部分窮苦無依與低教育程度者不就沒人替他們發聲，進而造成弱勢者更弱勢的惡性循環，果眞如此則結果就會是底層的市民起義與暴亂，像當年的法國大革命一般。事實上，非裔貧民窟或印地安人保留區底層的辛酸無處發洩的時候，犯罪率不但常飆升，抗議政府的暴力行動也不曾停過。

另一方面，有些學者喜歡用「多元主義」（pluralism）的觀點來支持利

益團體——這個美國頗為獨特的發明。早在麥迪遜的《聯邦黨人文集》第
10 號中，即提到要以派系對抗派系，才不會讓任何一方成為獨霸，《聯邦
黨人文集》第 10 號可以說是多元主義最早的濫觴。又雖然社會上有受到資
助的言論——譬如 Super PAC 資助在媒體播放的議題立場，但即使如此社會
仍是一個充滿各式言論的完整市場，言論之間必然互相抗衡，就算有極右的
言論出現，自然會有極左的言論出來抗衡，反之亦然。由於生態必然平衡，
所以毋須擔心只有一種觀點會獨占言論市場，為有錢人說話的聲音出現，就
必然會有替窮人說話的聲音跟著出現。也就是說，利益團體不應該成為被指
責的對象。

　　另外一個問題是太過強大的利益團體把持政府運作，也就是所謂的**鐵三**
角（Iron Triangle），包含利益團體、國會委員會與行政部門。這個觀念可
以遠溯至戈登・亞當斯（Gordon Adams）的學術著作，甚至更遠至 1956 年
就有鐵三角的說法出現。鐵三角的中心論述仍舊以服務選民為目的，但一般
選民可能由於人口組成太雜，同時平均教育程度也不夠高，因此政府單位難
以與其溝通。相反的，利益團體是由一群對特定議題有興趣也受過相關訓練
的人所組成，比較容易溝通也比較容易動員，因此政府單位會寧願直接接觸
利益團體而非一般選民。在鐵三角的關係中，利益團體遊說國會委員會以進
行立法，立法之後再交由行政部門執行，利益團體甚至可以就所代表的選民
直接傳達想法給行政部門，形成這種不是由草根民意為基礎，又帶點菁英味
道的官民互動。鐵三角不管在後來的政治學還是公共行政學的文獻中受到不
少批判，包括忽視弱勢民眾的聲音，也忽視了媒體所能扮演監督政府的角色
等，成為討論利益團體時都會提到的一個概念。

利益團體與主要政黨

　　在本章的最後一部分，我們來談談利益團體與共和黨與民主黨之間的關
係。既然利益團體的目標是影響資源分配與公眾的意識形態，則影響共和與
民主兩黨自然是一件很重要的事情。

圖8-3　不同行業別捐給民主黨與共和黨的政治獻金（2015-2016）

資料來源：Center for Responsive Politics。
說明：此圖顯示2015年至2016年各界捐贈給共和黨與民主黨的政治獻金金額，來源包括
　　　PACs、軟錢（包括直接從企業與工會捐贈）與個人。淺灰色代表給民主黨候選人，
　　　深灰色代表給共和黨候選人。這些資料被聯邦選舉委員會定期記錄且公布。

　　首先，圖 8-3 顯示 2015 至 2016 年這一段時間各種不同行業別對於共和黨與民主黨的捐款數目與比例。而這些捐款來自 PACs、軟錢（包括直接從企業與工會捐贈）與個人。軟錢的部分可以藉由資助議題來迂迴捐贈給共和黨或民主黨的聯邦選舉候選人。淺灰色代表給民主黨，深灰色代表給共和黨。我們可以發現捐贈企業別最多的是財經、保險與地產，有超過 1 億 4,000 萬美元。最少的為國防產業，約 990 萬美元。綜觀各類共和黨所收受的獻金平均起來高於民主黨，與商業有關的行業捐贈給共和黨的比例較多。包括來自「財經、保險與地產」行業別的獻金中，共和黨收到 66.6%，但民主黨僅收到 33.4%。同時包括國防、建築、交通、商業與能源，共和黨從這些行業所收受到的獻金都比民主黨多。甚至有關於意識形態或單一議題的利益團體，給共和黨的獻金都比給民主黨的獻金多了一些，前者有 52%，後

者約有 48%。雖然 2015 至 2016 年這段期間川普尙未當選，不過這些趨勢可能與川普在這段期間快速崛起有關，很多與商業或者能源有關的行業別選擇與保守的共和黨結盟，寄望在川普當選後能夠營造一個比較友善的企業空間。而民主黨比較顯著贏過共和黨的獻金來源，主要在勞工（79%）、通訊電子（58.7%）與律師與遊說業（61.5%），勞工本來就是民主黨的議題擅長，而通訊電子業與社群媒體、高科技等根基於矽谷的產業有關，這類企業的確比較偏向自由派，如臉書與推特。比較有趣的是律師與遊說業，雖然整體看起來民主黨收受的獻金沒有共和黨多，但民主黨候選人的金主有比較多是來自於這些與遊說有關的產業，也暗示了民主黨在形塑輿論方面的能力仍舊不可小覷。

總結

　　本章介紹了在美國蓬勃發展的利益團體，這種團體涉及到政治獻金，並希望以其作爲一個管道影響美國從地方、州到聯邦政府在資源分配與意識形態上的施政。如前述利益團體存在的好與壞端視從什麼角度來看，從言論自由或者從金錢政治的角度來看結論都不會一樣。但這裡需要提醒的是，縱使從金錢的觀點來看，利益團體的政治獻金只要遵循相關法律與聯邦選舉委員會的規範，就算是無上限天價的政治獻金（軟錢），也與行賄或貪汙無關。這些政治捐獻活動都是於法有據並且行之有年的。美國的政治獻金相關法規包括「聯邦選舉競選法」（Federal Election Campaign Act）與「兩黨競選改革法」（Bipartisan Campaign Reform Act）等，都成爲許多國家在制定與政治獻金有關的法律時的重要參考指標，一般都稱這類法案爲陽光法案體系。美國也不是在建國一開始就能徹底根絕政商勾結與貪汙舞弊之情事，整個 19 世紀可以看成是美國政黨政治相對骯髒的一百年，所幸在 20 世紀之後至少在聯邦政府層級這些檯面下的政商勾結幾乎都已絕跡，司法部門也扮演重要的獨立監督角色。有人說美國的確建構了一套針對硬錢與軟錢使用的完整規範，但這不過是讓私底下財閥與政治人物間的私相授受檯面化而已，這樣的說法當然有其道理，不過與其讓這些金流在外界無法監督的情況之下發

生，不如讓其檯面化，至少也比較好管理。至於合法的獻金讓美國政治總是
與金錢脫不了關係，事實上哪一國的政治不是如此？這當中真正值得省思的
是：弱勢人口在這些金錢政治的運作下是否變得更弱勢了？如果是的話，那
麼政治獻金的遊戲規則就必須要再不斷修改，避免公平與正義蕩然無存。

政治參與及選舉制度

　　民主一個很核心的特徵就是要讓公民能夠不受拘束的參與政治，從最基本的投票、接觸官員到上街陳情抗議。各種政治參與形態應該被視為是言論自由的一種，而這種言論自由受到憲法第一修正案的保障。當然，言論自由的運作不會只有一種標準答案，德國人因為有納粹屠殺猶太人的歷史經驗，因此民主德國約束任何與宣揚納粹思想有關的政治參與，所以德式的言論自由是有限度的言論自由。然而，與納粹相同宣揚種族優越的美國 3K 黨，卻能夠享有集會遊行權，並受到第一修正案的保障。在美國，毀損國幣可以被視為是言論表達的一種方式，甚至連焚燒國旗也是，這些行為都受到憲法保障，由此可知美國人愛自由甚於一切，哪怕這些行為可能牽扯到種族之間的仇恨，或者言論自由可能淪於攻擊他人的仇恨性言論（hate speech）。的確，美國有黑奴的歷史，非裔因此在開國之初不被認為是人。這些奴隸要如何漸漸的回到人的身分，並且獲得公民應有的政治參與權，在美國歷史上到現在都還是漫漫長路。

　　確立了公民可以不受拘束的參與之後，民主國家行使公民權利最直接的方式即為選賢與能：選舉。美國的民選官員種類相當多，從聯邦的總統、參眾議員，到州層級的州長、副州長（lieutenant governor）、州參眾議院、州務卿（secretary of state）、選舉委員會官員（election official），再到地方層級（local-level）的警長（sheriff）、法官（probate judge）、選舉註冊官（Board of Registrars，阿拉巴馬州）等都需要經過民選[1]，與台灣的選務人

---

[1] 詳細的州與地方的選舉職位，請參考州議會國家聯盟網站（National Conference of State Legislature），https://www.ncsl.org/research/elections-and-campaigns/election-administration-at-state-and-local-levels.aspx。

員與司法人員藉由國家考試拔擢很不同。在第九章中，我們從一個比較廣泛卻重要的角度切入，特別是在美國政治的背景之下，也就是美國政府對於特定族群參政所設下的限制開始談起，再漸次到總統與參眾議員選舉等比較具體且技術性的知識。

第一節　民權發展

　　能夠自由的投票，選舉才有意義，而且這個意義是主權在民，可以在兩方面討論：第一種是公民自由（civil liberties），主要內涵為限制政府侵犯個人自由。第二種是公民權利（civil rights），即政府保障人民參與公共事務的權利。而本章的選舉制度與第二種息息相關，也就是公民除了基本的吃飽穿暖，更進一步需要有「表意」的自由，而投票即為表意的方式之一。美國的民權奮鬥是一部血淚史，聯邦與州政府長期依據不同的種族、性別與宗教而給予不同待遇。在建國之初，國父們以務實為由，接受了黑奴制度，甚至將它寫進憲法當中，在憲法第 1 條第 2 節提到（Article I, Section 2）：基於代表性（representation）與徵稅（taxation）的目的，一個黑人等於五分之三個白人。所幸有識之士對於非裔民權的爭取從未停歇，也成為了 19 世紀中葉南北內戰爆發的導火線，最終在 1960 年代一連串的民權運動達到高潮，但種族裂痕與衝突卻從未停歇，讓種族問題連結民權運動，成為理解美國政治最核心的面向之一。事實上，不只是非裔，包括原住民、西班牙裔、亞裔等也都經歷了非裔所經歷過的種族歧視與隔閡，只是在程度上與方式上各有不同。

　　南北內戰之後，主張解放黑奴的北方軍勝利，國會通過法律解放南方黑奴，並給予黑奴訴訟、司法舉證、買賣與繼承財產的權利，也打算終止在蓄奴時期的種族隔離政策。就在戰後短暫十數年間就要看到非裔被完全解放之際，1876 年的總統大選抹去了這一絲希望，當時這場選舉由北方共和黨推出的海斯對上南方民主黨推出的蒂爾頓（Samuel J. Tilden）。當時南方民

主黨為了要換取海斯在當選後從南方撤軍的承諾，竟然罔顧自己的候選人轉而支持海斯。1877 年海斯當選也實踐了承諾，把北方主導的聯邦勢力從南方撤離。至此，南方的非裔又落入白人菁英的控制。很多的歧視措施因此繼續，尤其是「種族隔離政策」，而這種黑白之間有一道隱形之牆的政策，在公立學校教育、大眾交通與住宿各面向處處可見。漸漸地各州開始將種族隔離法制化。

此外，有些法律明文規定非裔只享有「打折投票」的權利，意即非裔仍然可以投票，但需有前提要件，包括要能繳的起 1 元投票稅（poll taxes）、非裔的祖父至少要有小學畢業或非裔選民有基本的識字能力（literacy test），而南方民主黨的初選也排除掉非裔的投票資格。到了 20 世紀前期，南方對於非裔的恐嚇、壓制、隔離與剝削已經根深蒂固，許多絕望的非裔開始離開南方往北方尋找新的居住地，位於伊利諾伊州的芝加哥市正是當時許多非裔從南方逃竄而來的聚集地。但北方城市也不是總是歡迎非裔到訪，人生地不熟的非裔，常常要面對白人異樣的眼光，甚至不受保守白人社區的歡迎，移入的非裔常被恐嚇甚至毆打。最後這些非裔遷徙者只能淪落到房租低廉、環境惡劣的貧民窟（ghetto），自成一個個非裔社區，形成與南方差不了多少的種族隔離區。當時非裔的知識分子對於南北方的不友善各有不同反應，華盛頓（Booker T. Washington）力促白人接納非裔，而杜波依斯（W. E. B. Du Bois）則與最具聲譽的白人教育學家杜威（John Dewey）與名律師丹諾（Clarence Darrow）創建了「美國全國有色人種協進會」（National Association for the Advancement of Colored People, NAACP）為非裔民權奔走。

但其實民間組織還不夠，最後的解方仍需回歸司法訴訟。由於南方甚至許多北方的白人菁英持續拒絕就非裔民權議題對話，因此 NAACP 只好改變策略訴諸司法，尤其是聲請大法官釋憲。最開始的釋憲勝利體現在「圭因訴美國案」（*Guinn v. United States*, 1915），此案中最高法院判定奧克拉荷馬州的「祖父條款」（grandfather clause）違憲而無效。祖父條款原先是為了幫助貧窮白人因為不識字而被禁止投票的規定所開的一扇方便之門，規定

只要貧窮白人在 1866 年之前是具有投票能力的（但當時因為不識字而被禁止），或者貧窮白人的祖先是在 1866 年之前具有投票能力的（但同樣因為不識字而被禁止），則這群白人可以免除識字測試（literacy test）而能享有投票權。祖父條款在實際的運作上，主要是要剝奪文盲非裔的投票權而非文盲白人的投票權。最終，最高法院宣判祖父條款違反憲法增修條文第 15 條「任何人都不應該因為其種族、膚色或其他先決條件而被禁止投票」。

在圭因訴美國案後三十年，NAACP 在民權訴訟上屢有斬獲。憲法增修條文第 14 條規定「不得拒絕給予任何人以平等法律保護」（any person within its jurisdiction the equal protection of the laws）。為了規避增修條文第 14 條，南方各州訂定專法確立「分開但平等」原則（separate but equal），認為黑白分開生活並沒有不公平的問題，因此也不違憲。事實上，南北內戰後最高法院在 1896 年的一樁判決「普萊西訴弗格森案」（*Plessy v. Ferguson*）認為「分開但平等」的確沒有違憲。為了扭轉此判決，NAACP 一開始的策略是希望就每一件上訴案來進行不同情況的個別辯護（case by case），NAACP 終於在 1938 年的「密蘇里州 Gaines 訴加拿大案」（*Missouri ex rel Gaines v. Canada*）中打贏第一仗。當時密蘇里大學拒絕一位已經考進法學院的非裔學生的入學資格，有趣的是，密蘇里大學願意給付該名非裔學生若能在其他願意接納其入學的州立大學的學費。最高法院不接受密蘇里大學的這項處置，認為雖然「分開但平等」沒有違憲，但應理解為「黑白可以分開生活，但黑白要平等（入學資格）」，也就是 separate but equal within the state。雖然分開但平等至此尚未被駁倒，但最高法院卻從此案開始越來越注意黑白間實質的平等。到了 1950 年代，NAACP 開始拋棄用 case by case 的訴訟策略，認為這種以個案挑戰「分開但平等」原則的戰術仍不夠全面，遂提出一種含括性更高的論述：即不同種族使用不同設施（學校、住宅、大眾交通）這件事情，本身就違反了增修條文第 14 條「平等保護權」。也許是已經醞釀了一段時間，這個策略終於奏效，最高法院在 1954 年產生了一項劃時代的判決「布朗訴教育局案」（*Brwon v. Board of Education*），首席大法官華倫（Earl Warren）宣判：

　　因種族而分別使用不同的教育設施隱含了不平等，雖然所有有形的學校特徵，包括教室、圖書館、課程、教師薪資、教師資格看似平等，但無形的學校特徵卻在不同的種族學校間產生了不平等。公立學校實施種族隔離，實質上就是剝奪了非裔學生受憲法平等保護的效力。將非裔孩子與年紀相仿、特徵相仿的白人孩子分開教導，會讓非裔孩子產生自己較為卑賤的感受，這種對於非裔小孩在身心靈上的傷害是無以復加的。

民權法案與投票法案

　　其實非裔民權運動也不是在一開始就很順利，聯邦層級的行政與立法部門一開始刻意忽視 NAACP 的各項主張。南方的參議員甚至杯葛「反凌遲法」（anti-lynching Act），而凌遲是當年南方人將黑奴吊死在樹上的一種虐待方式。同時 20 世紀前半葉的民主黨總統對於非裔的民權也興趣缺缺，廣受民眾愛戴的小羅斯福總統就是如此。美國總統不關心非裔民權的情況要一直到了二戰之後才有顯著改善，杜魯門總統首先以行政命令終止在軍隊與文官體系中的種族隔離措施，隨後的艾森豪總統加強了這方面的改革力道，進而終止了華府地區的種族隔離措施。1957 年所通過的「民權法案」（The Civil Rights Act）創立了「美國民權委員會」，這是從上世紀內戰以來第一條全面處理弱勢族群民權的法案，而且其影響不僅針對非裔的政治參與而已，對於拉丁裔與亞裔美國人等新移民的政治參與都影響深遠。到了1950 年代中期，聯邦司法與行政部門開始正視非裔民權低落的問題，並且進行大規模改革。同時非裔對於社會對他們長期打壓所累積下來的不滿情緒也瀕臨崩潰。1955 年 12 月一名阿拉巴馬州的裁縫師帕克（Rosa Park），在市區公車上因為拒絕移到屬於他的後座位置而遭到警方逮捕，此事件引起極大反彈，更讓非裔民權運動達到了一個高潮。在全國一波波的群眾抗議中，有一個令人側目的群眾領袖，年輕的非裔牧師馬丁‧路德‧金恩博士（Dr. Martin Luther King, Jr.）。金恩博士主張和平非暴力的抗爭，包括靜坐（sit-ins）與遊行示威，可以視為是公民不服從運動（civil disobedience）在美國

的落實。1963 年 8 月 28 日，所有在華府爲了黑人民權遊行示威的群眾停駐在林肯紀念碑，聆聽金恩博士發表名爲「我有一個夢」（I have a dream）的演說，金恩博士以具有說服力的口吻，希望看到未來白人與黑人之間能夠和平且平等的共存，演講中不斷使用「I have a dream」一詞。

到了 1960 年代中期，有些非裔認爲和平非暴力的手段，對改善民權進度太慢，於是他們主張暴力抗爭。1966 年的加州奧克蘭，包括許多加州柏克萊大學的高材生都認爲要改採暴力來對抗凌虐黑人的暴警。種族衝突於是在美國各大城蔓延開來，可以說整個 1960 年代是民權運動翻騰的十年，有色人種的民權在 1965 年的國會中所通過的「投票法案」獲得保障。儘管非裔至今仍爲自身的民權抗爭當中，非裔在參政天花板也未因歐巴馬總統當選而完全消失，但我們可以將 1960 年代視爲是非裔投票權獲得無條件解放的一座里程碑。同時我們回顧 1876 至 1965 年南方各州頑強抵抗廢奴潮流，對於非裔在南方的參政權仍給予各種刁難，我們通常以吉姆‧克勞法（Jim Crow laws）稱呼這個時期。然而縱使在 1960 年之後，黑人民權仍舊受到一些無形卻眞切存在的威脅，譬如政治學常提到的「傑利蠑螈」（Gerrymandering）或「選區劃分不公」，也就是政府以對弱勢族群候選人不公平的方式來重劃選區，可以就「當選數目不足」與「代表性遭稀釋」（packing and cracking）兩方面來談。就前者而言，就是讓弱勢候選人集中在少數選區中，在這些選區中，弱勢候選人可以領先白人候選人甚多而當選，但由於只有少數這樣的選區，因此選出來的弱勢候選人數目與他們所占人口中的比例不相當。另外一個是「代表性遭稀釋」，即有意願支持弱勢候選人的選民分布在因重劃後而四分五裂的不同選區當中，因此沒有一個選區可以選出一席弱勢候選人。傑利蠑螈的手段不僅用在全美各地不少黑人選區，甚至也用在亞裔選區，譬如把黑人較集中的貧民窟與華人較集中的中國城切成 2 或 3 個選區，讓貧民窟或中國城選不出屬於自己種族的代表。

圖9-1　金恩博士在華府林肯紀念碑演講「我有一個夢」

資料來源：維基百科。

平權行動

　　平權行動（Affirmative Action）主要是用來矯正過去歷史上對於有色人種與女性的不公平待遇所導致的不平等。支持此一政策的邏輯是要消除不平等，僅僅消除法制上的歧視（de jure discrimaiton）是不夠的，同時這些法制歧視往往體現在有形制度當中。但歧視所產生的效應遠遠超過這些有形制度所能影響的範圍，主要在於給予有色人種不平等的機會。正如詹森總統曾說：「你無法說幾句話就能抹去幾百年以來所造成的瘡疤，你無法說你現在自由了，你要去哪就去哪，要幹麼就幹麼，要選誰當你的領袖就選誰當你的領袖。我們要努力爭取的不只是自由（freedom），而且是機會（opportunities），不僅是法律平等而是人類能力的發揮，不僅是理論上的平等，而且也要是事實與結果上的平等。」換言之，對於弱勢族群，平權行動的目標是實踐積極意義上的機會均等，而非消極意義的法律平等。因此，平權行動包括高等教育給予有色人種的入學名額保障、就業權保障、救濟金等。反對平權行動的人則會認為，這種矯枉過正的做法其實是對於白人的逆向歧視（reverse discrimination）。

1978 年的「加州大學董事會訴巴基案」（*Regents of the University of California v. Bakke*）即針對平權行動所產生的釋憲案，巴基申請加州大學戴維斯分校醫學院被拒，但其成績優於所有因為平權行動所保障的有色人種入學生的成績。換言之，也就是種族配額（racial quota）導致巴基未被錄取。因此巴基一狀告上加州最高法院，加州最高法院判決認為加州大學的種族配額違反州憲法，並且阻礙了巴基身為白人學生的平等受教權。加州大學敗訴後繼續上訴聯邦最高法院，到了聯邦最高法院，9 位大法官意見分歧，但相對多數的法官認為平權行動合憲，也未違反 1964 年的「民權法案」，但是加州大學戴維斯分校醫學院每 100 位招生名額中要有 16 位少數族裔學生配額的規範卻已經過頭了，因此判決巴基勝訴。從這個判例以來，平權行動的合憲性在最高法院沒有一個定論，1979 年「美國鋼鐵工人聯合會訴韋伯案」（*United Steelworkers of America v. Weber*）傾向認可平權運動的憲法效力。但到了 1980 與 1990 年代，平權運動受到來自於各界的批評，認為違反了實力主義的原則。1995 年的「阿達蘭德建築商訴佩納案」（*Adrand Constructors, Inc. v. Pena*）即反對以平權行動為原則來處理政府招標案。1994 年的「霍普伍德訴德州案」（*Hopwood v. Texas*）更言明德州、路易斯安那州、密西西比州的公立學校禁止以平權運動作為招生時參考的標準之一。2003 年的「格魯特訴布林格案」（*Grutter v. Bollinger*）支持並維持了密西根大學法學院的平權行動招生標準，也維持了當年鮑威爾大法官對於巴基案的判決，即允許招生過程中考慮種族的因素，但禁止出現種族配額的制度。

西班牙裔與原住民的民權發展

從西語系國家移民美國的人一般都會稱為西班牙裔，這些人除了從西班牙移民過來，主要是從中南美洲移民過來。西班牙裔的英文為 Hispanics，但如果強調由拉丁美洲（中南美洲）移民過來，則用 Latinos 這個字。又拉丁裔當中以美國鄰國墨西哥為最大宗，而墨西哥裔又稱為 Mexican。西班牙裔是美國移民人口中成長最快的一支，2019 年時西班牙裔人口有 6,060 萬，

相較 2018 年就成長了 930 萬，占美國 3.3 億人口中約五分之一。

　　這裡以最具有代表性的西裔人口墨西哥裔為說明對象。美國在擴張過程中，可以說鯨吞蠶食不少原墨西哥帝國的土地。在 1848 年美墨戰爭後，墨西哥戰敗並依照《瓜達盧佩伊達戈條約》（Treaty of Guadalupe Hidalgo）割下現今美國西南方與西方土地給美國。戰後美國原本答應給予這塊土地上的墨西哥人公民權與一定程度的土地權與財產權，但在白人屯墾者以非法或合法方式占據這些土地之後，墨西哥人的土地與財產遭到白人沒入，這些白人屯墾者包括棉花農、牧牛羊者、採礦者與農夫。即使當時墨裔持武器還擊，但仍寡不敵眾，白墨分治區在南方許多州（譬如德州）甚至持續到了 20 世紀後還存在著。在經濟大蕭條的 1920 年代，政府把一些墨裔驅逐出境；二戰時聯邦政府又送了 100 萬墨裔上戰場，只要有墨裔為國捐軀，其故事就會被聯邦政府高度讚揚。戰後「美國軍人權利法案」（GI Bill）安置了包括這些墨裔的退伍軍人，許多人從中獲得好的工作機會與居住條件。更重要的是，許多墨裔拿著這筆錢受了大學教育，從此，墨裔啟蒙了。他們像非裔一樣拒絕自己是次等公民的定位，也開始了一波波為自己遊說的民權運動。儘管墨裔與非裔一樣，被有些反動人士認為生性懶散，或只適合勞力工作，但其實墨裔在其知識分子與民權鬥士的努力之下，各行各業都有出類拔萃的頂尖人士。

　　至於原住民（Native Americans），或者比較直白的說法：「美國印地安人」（American Indians），即在白人來到美國大陸之前就已經世世代代居住於此了。在許多學者眼中，當這些歐洲移民到美國之初，為了獲取土地與資源，用「大屠殺」（genocide）的方式來對待這些原住民。在電影《搜索者》中，約翰‧韋恩（John Wayne）主演牛仔，這群白人牛仔對抗與殺戮的正是原住民。在建國歷史中，原住民的社會常被聯邦政府視為擁有自己的政權，這當然與聯邦政府馴服他們不易有關。而在白人與原住民所訂定不計其數的契約當中，聯邦政府與原住民自治政府之間就是「國與國的關係」。即便如此，聯邦政府對待原住民的方式仍舊多次改變。在 19 世紀中，聯邦政府企圖摧毀原住民原有的傳統與生活方式；到了 20 世紀，原住民被認為

是次等公民，並且不具有投票權。此一投票權要一直到了 1924 年國會通過承認原住民為公民的法案後才得以實現。原住民與聯邦政府爭鋒相對，常源於土地所有權、狩獵與漁獵權的爭議。1960 年代開始隨著民權意識高漲，部分原住民菁英更懂得在主流社會的教育體制中汲取養分也獲得啟發，即使他們的同伴在數個州的印地安人保留區（Indian reservation）中為酒癮或毒癮所苦。然而，聯邦政府常常也想要和解，他們提供原住民居住補助、社會福利、學費減免、食物券與社群發展基金等。但多年來，原住民在堅持自己傳統與遭白人同化之間面臨了困難的抉擇與辛苦的拉扯，可以說原住民適應主流社會的問題不會比非裔更輕鬆。

亞裔的民權發展

　　亞裔人口約占總人口 5.6%。當中中國裔最多有 379 萬人，其次為菲律賓裔 341 萬人、印度裔 318 萬人、越南裔 173 萬人、韓國裔 170 萬人與日本裔 130 萬人。亞裔美國人來到美國的時間很早，以亞裔當中最大宗的華裔為例，華裔其實是美國最老的移民族群之一，他們來的時間，比新移民東歐／南歐裔（1890 年代）還早，跟舊移民愛爾蘭裔與德裔來的時間一樣（1840 年代末）。但很弔詭的是，在美國社會當中，只要是黑頭髮、黃皮膚與杏眼的美國人，儘管其美語是母語，祖母的語言說不了幾句，總會被問 Where are you from？儘管亞裔回答了是從美國某一州某一城某一鄉鎮來的，還是會被再三確認 Where are you really from？這個就是「永遠的外國人效應」（perpetual foriengers effect）。如果說非裔在美國的種族歷史中被定位成奴隸，墨裔被割地滅國，原住民遭到無情屠殺，亞裔的情形則更糟糕，就是在美國歷史中從不曾存在過。許多老一輩的亞裔回憶，他們就讀公立學校的過程中，當提到種族議題是美國最大挑戰時，亞裔美國人的歷史不是被一兩句簡單帶過，就是完全忽略不提。

　　然而，當亞裔被記起來的時候，主流社會對於亞裔會產生一種刻板印象：模範弱勢族群（model minority）。從統計資料來看的確如此，亞裔一直以來比起白人、非裔與西班牙裔都有更高比例的大學畢業生，大部分都能

在專業領域找到工作，甚至平均薪資比白人還要高。但其實這當中有兩個謬誤。

第一，亞裔由於母親或祖父母的母國均經歷亞洲各國的威權統治（韓國、台灣威權時期、中國共產統治、東南亞各國的低度民主），因此亞裔長輩普遍認為政治很黑暗，也對統治階層感到敬畏，不願亞裔孩子再接觸人文學科與社會科學，包括政治、社會、法律、歷史、人類學等。但這些學科是最受到語言訓練與政治啟蒙的。沒有了這些訓練，原本就已經很瑟縮的亞裔只會更陷在亞裔同溫層當中（中國城、韓國城、日本城），但長此以往亞裔的民權低落很難被正面提升。雖然很多亞裔當醫生、工程師、生物學家，薪水很不錯，但這些職業往往在安靜的實驗室、醫院中進行，讓亞裔淪為不吵不鬧的「沉默羔羊」，就像是亞裔在成長過程中，常是學校裡那幾個成績最好、安靜不涉入同學間紛爭的局外人。然而，越是這樣，我們越看不見活躍的亞裔律師、政治系教授、社會學家、參眾議員、NGO 志工在政府各層級穿梭來替亞裔說話。這已經是一種安靜無聲的惡性循環。

第二，「模範弱勢族群」一詞產生了很不健康的效應，它其實是白人拿來訓誡所謂「懶惰的非裔與拉丁裔」的一種藉口與手段。保守派白人會說：「你非裔、拉丁裔說社會歧視你，你要不要看看人家亞裔會比你好到哪裡去？但人家安分守己、認真打拼，一樣有不錯的日子過，都在這塊土地上實踐了美國夢。」事實上，保守派的雷根總統就是以「模範弱勢族群」讚揚亞裔的首位美國總統，1980 年代的各大主流媒體隨後以這個詞彙加碼討論亞裔美國人的勤奮特質。然而，如此說法產生對於亞裔很不利的後果，也就是平權政策的利多，由於亞裔自己把自己照顧得很好，因此亞裔很難享受到。在部分白人眼中，亞裔雖為有色人種但並不弱勢。總之，弱勢族群就是弱勢族群，並沒有哪一種弱勢族群比另一種弱勢族群更為模範的差別。

回顧亞裔的民權發展史，1960 與 1970 年代，亞裔的民權運動也隨著非裔民權運動而起，譬如在紐約中國城，1974 年亞裔群起抗爭「孔子大廈」（Confucius Plaza）的興建不僱用亞裔工人。1975 年 4 月，彼得·楊（Peter Yew）對於警察因為一樁交通違規事件暴力毆打 16 歲的孩子，楊要警方停

手，遂當場遭到警方痛毆，並帶回警局脫光衣服嚴刑拷打，警方控訴楊襲警
與拒捕。楊遭刑求的事件很快引起中國城的群情激憤，亞裔紛紛上街抗議。
亞裔的抗爭往往很難如同非裔的抗爭一樣串聯全國各地的相同族裔，不過楊
的事件在當年的確讓亞裔開始覺醒，開始檢視主流社會對於亞裔的忽視與歧
視。從歷史上來看，美國從來就沒有要讓亞裔成為公民的打算，以最為代表
性的「排華法案」（Chinese Exclusion Act）為例，國會於 1878 年起草，並
在 1882 年通過。該法案通過後，華人面臨要獨自留在美國，或回到中國與
家人團聚的選擇。1884 年的修正案更加限縮了華人的入境規定。這個法案
要到 1943 年二戰期間，美國與中國蔣介石結盟共同抗日，在蔣宋美齡赴美
國國會發表廣受好評的演說後數月，美國才通過「麥諾森法案」（Magnuson
Act）用以廢止「排華法案」，從此准許每年 105 名華人移民美國（但當時
卻准許每年 6 萬 6,000 名英國移民）。亞裔要能夠大規模移民美國，則一直
要到 1965 年之後，等於是同時間和非裔一同被解放，只是非裔是可以開始

圖9-2　1975年亞裔在紐約中國城抗議彼得‧楊遭到警方拷打刑求

資料來源：Corky Lee/Interference Archives/Zinn Education Project。

好好投票，而亞裔卻慢了一大步，才開始有了合法的公民權。

　　近二十年來，雖然亞裔在東西岸各州地方選舉與州議會選舉都有斐然成績，但在聯邦參眾議員的選舉仍有進步空間。至 2021 年 2 月為止，眾院共計有 15 名代表，參院則有 2 名參議員有亞裔血統，還是低於亞裔所占總人口比例，並且亞裔當選的州還是以移民較多的藍州為主，白人為主的紅州較少。2020 年亞裔企業家楊安澤角逐民主黨總統候選人位置，與外界預期他應該很快就被淘汰完全相反，楊安澤一直纏鬥到最後才退出初選，算是華裔參政的一個高峰。2020 年拜登當選之後，所提名的副手賀錦麗也有印度裔血統，可視為是亞裔攀上聯邦行政職位的高峰，距離總統只有一步之遙。不過就像歐巴馬當選美國總統並不代表非裔的參政之路從此通行無阻一樣，楊安澤與賀錦麗的成功都只是亞裔參政之路的開端而已。

圖9-3　2020年參選民主黨總統初選的楊安澤，讓亞裔的民權運動邁向一個高峰

資料來源：美國之音與路透社。

　　尤其從 2020 年 3 月新冠肺炎爆發以來，許多亞裔在美國遭受無端攻擊，一名 36 歲的亞裔男性走在中國城遭刺，另一位亞裔婦人也被白人男子敲破頭，2021 年 3 月亞特蘭大按摩店的槍擊案，罹難者中就有 6 名亞裔女性。從新冠肺炎爆發以來在美國收到近 3,800 份對亞裔的仇恨事件報告，對

比過去每年僅 100 件，就可以看出這次反亞裔風潮相當嚴峻。就在「黑命貴」或「黑人的命也是命」運動也在延燒的同時，2020 年至 2021 年可說是亞裔與非裔為自身安危發聲的一年，他們反暴警也要提防白人優越主義者。拜登總統甚至簽署了行政命令，譴責對於亞裔的施暴。隨著中國的崛起，在美國的亞裔可能常常成為代罪羔羊，這樣針對亞裔的敵意與暴力行動只會有增無減。從正面意義來看，亞裔也已經走上非裔「正面對決」種族歧視的老路子，至少亞裔不再是永遠的外國人，藉由這些攻擊亞裔事件，也喚醒美國社會亞裔是美國一分子的事實，亞裔過去所受到的歧視與不公都必須攤在法制面下與分配面下來談。

第二節　總統的選舉

　　談完了政治參與等大的概念，第二節與第三節來談談各種選舉中較為制度面與技術面的知識。首先是總統選舉。要成為美國總統的首要條件就是要在美國出生，這也就是為什麼 2008 年歐巴馬與希拉蕊皆欲代表民主黨參選總統，希拉蕊陣營質疑歐巴馬可能並非出生於美國的原因。當時外界還要求歐巴馬拿出出生證明（birth certificate）[2]。事實上，歐巴馬雖不是出生在美國本土（mainland），但他出生在美國的州之一——夏威夷州。不僅總統需要出生在美國境內，就連副總統也受此限制，同時擔任總統、副總統的年齡都需年滿 35 歲，並且需要在美國連續居住十四年以上。至於在連任限制的部分，由於小羅斯福打破過去近兩百年總統連任不超過兩任八年的慣例，而當了十二年的總統，於是 1951 年通過憲法第 22 條增修條文，限制不得擔任超過兩任八年的總統。

2　順帶一提，1952 年的移民與國籍法（The Immigration and Nationality Act）規定，若在波多黎各、關島與維京群島等地出生者即具公民身分，但在這三屬地無法進行選舉與被選舉權，主要是因為這三地無法推選民意代表。但只要這些公民進入到美國五十州的任何一州，即可如其他本土出生的公民一樣享有選舉與被選舉權。

美國總統常常被稱爲是地表上最有權力的男人（將來可能是女人），因此第一流的政治人物都想競逐這個位置，選上的機會自然異常困難。然而，一旦選上，連任成功的機會就會大很多。就現任總統的連任優勢而言，過去一百年，民主黨的部分只有卡特沒有連任成功，在共和黨的部分，則較多有 4 位未連任成功，包括有老布希、福特（水門案後接替尼克森）、胡佛與川普沒有連任成功。整體來說，只要選上總統，除非任內死亡（例如共和黨的哈定），否則幾乎都會連任成功。另一方面，在民主機制下，選出一位總統，也有讓這位總統犯嚴重錯誤時，不待下次大選即須面臨立即下台的可能，此機制稱爲「彈劾」。彈劾的對象不僅是總統與副總統，還包括聯邦高階文官、最高法院法官與聯邦官員。在憲法本文第 2 條規定，總統、副總統及高階文官被彈劾下台的原因爲「叛亂、貪汙及其他高階犯罪與微罪」，因此縱使當時柯林頓由於性緋聞案被提起彈劾，反對者認爲小題大作，但是支持者引用憲法本文第 2 條認爲縱然是微罪，總統的道德瑕疵仍應被仔細檢視，對總統提起彈劾有其根據。

關於彈劾總統程序的部分，本書中第五章「國會」中「次要功能」的部分有詳細介紹。第六章「最高法院」一開始也提到如果彈劾案在眾議院通過並送往參院審理，坐鎮參院主持的即爲聯邦最高法院的首席大法官。彈劾總統的制度過程於此不再重述。不過值得一提的是，川普總統在 2021 年初敗選後第二次被提起彈劾，並且在眾院通過，不過與第一次一樣，最後未在參院通過。在彈劾過程中由眾院通過起訴，並由參院負責審理。川普成爲美國總統史上唯一一位遭到眾院起訴兩次的總統。細部來說，眾院於 2021 年 1 月 13 日通過起訴川普，是在拜登於 2021 年 1 月 20 日就任前，同時也是川普卸任前，起訴的罪名爲「煽動叛國」（incitement of insurrection）；但參院審理結束是在拜登上任後的同年 2 月 13 日，也就是川普卸任後。在川普不可能連任下一屆總統的情況之下，再被彈劾的憲政意義令人玩味。美國憲法專家表示，如果川普當時第二次的彈劾案最後在參院通過審理，川普雖然沒台可下，但他將永世不得再參選任何美國公職（disqualification from holding public office）。

延伸閱讀：政黨初選

　　美國擁有世界上最堅實的兩黨制，因此多年來縱使有獨立候選人試圖推倒兩黨高牆，仍舊曇花一現，要選上總統難如登天。有志於大位者勢必要通過民主、共和黨黨內的提名，才有機會在大選中獲勝。縱使我行我素者如川普，仍舊需要先尋求共和黨提名才能成就後續的崛起。事實上，政黨初選規則異常複雜，因此這部分可以作為如果想要針對總統大選初選規則想要有較深理解的讀者的延伸閱讀，在理解上有困難的讀者也可以略過不讀，無礙對於美國政治較大格局的理解。事實上，即使是美國民眾也不可能就這些複雜的初選選制有全盤了解。不過如果有耐心與時間細細品味這一塊，其實也能領略美國初選選制希望藉由繁複的過程，讓候選人盡可能經過一次又一次的民意洗禮。畢竟美國地大物博人口也雜，似乎也沒有其他可以讓政黨中有志於參選總統的候選人更能傾聽基層民意的方法了。從這個觀點來看，這些選制設計是有其道理的。總之，初選方式可分為**黨團會議**（caucus）與**直接初選**（primary）兩種：

1. 黨團會議：由州級地方黨部舉辦，並邀請黨員到教會、社區中心等私人聚會場所經由討論以決定所支持的人選。
2. 直接初選：由州政府辦理，像一般投票一樣至政府所設立的投開票所投票。

　　而黨團會議與直接初選又可以搭配比例代表制（proportional）、贏者全拿（winner take all）與混合制（mixed），因此產生數種規則。至於哪些地方的人可以參與初選呢？首先，兩黨除了在五十州舉辦政黨初選，在美國屬地包括波多黎各（Puerto Rico）、維京群島（Virgin Island）、薩摩亞（Samoa）、馬里亞納群島（Mariana）、關島（Guam）的美國公民同樣可以參與政黨初選。黨團會議在共和黨實行起來大部分以贏者全拿的方式進行，少部分配合比例代表制，但有些州採取混合制。民主黨則一律採取比例代表制。一般來說，贏者全拿會拉大領先者幅度，也會更早確立勝利者，這也就是為什麼共和黨總統參選人往往會比民主黨總統參選人更早勝出的原因。初選從大選當年 2 月 1 日起跑，至 6 月 7 日結束，隨著五十州與屬地陸

續舉行初選，各組候選人互有輸贏也時有拉鋸，比賽緊張刺激，所以一般也稱總統初選為「賽馬式選舉」（horse racing）。

表9-1 黨團會議與直接初選

	共和黨Republican （2,472票，需拿超過1,237票贏得初選）		民主黨Democrat （4,763票，需拿超過2,382票贏得初選）	
	黨團會議	直接初選	黨團會議	直接初選
比例代表制（或贏者全拿	·贏者全拿 ·比例代表制 ·混合	·贏者全拿 ·比例代表制 ·混合	比例代表制	比例代表制（從2006年開始）

　　而初選方式採間接選舉（indirect election），即黨員投票選出「黨代表」，是為黨代表票（delegate votes），並規定這些黨代表去支持黨員所決定支持的總統候選人。至於黨代表票數，以 2016 年總統大選為例，共和黨有 2,472 張黨代表票，民主黨則有 4,763 張黨代表票，不管在共和黨或在民主黨，都必須要贏得半數以上的黨代表票才能勝出，因此在共和黨要贏得 1,237 黨代表票，在民主黨要贏得 2,382 黨代表票。此外，民主黨黨代表票中有一個頗為獨特的黨代表種類，稱之為「超級黨代表票」（super delegates），亦即一群「未經許諾」（unpledged）的黨代表，他們可以自主決定支持哪一位候選人，超級黨代表由民選官員（elected officials）與黨工（party activists and officials）組成。但是一般黨代表為允諾黨代表（pledged delegates），必須依照每一場初選結果來支持特定候選人，不能有個人的意志。在民主黨黨內的超級黨代表票數，占所有 4,763 張黨代表票的 15% 以下，約略不能超過 712 張票。在共和黨初選中，也有少數初選有「非允諾黨代表」，與民主黨的超級黨代表可以自主投票一樣，例如在北科塔州有 28 張，美屬薩摩亞有 9 張，關島有 9 張，只是共和黨沒有一個超級黨代表的詞來統稱他們。

共和黨初選細部資訊

　　一般來說，共和黨初選較民主黨初選複雜，因此先就共和黨細部資訊一一解釋。不論民主黨或共和黨，前面提及三種初選分類：贏者全拿、比例代表制與混合制之外，共和黨則有另一種不同面向的分類是將黨代表票分為三種：

1. 國會選區選票（congressional district delegates）。
2. 不分區選票（at-large delegates）。
3. 州級黨中央票（Republican National Committee vote, RNC vote）[3]。

　　所謂的**國會選區選票**，即共和黨在一州裡的每一個眾議員選區（一選區選出一個，為單一選區）分配 3 張國會選區選票，一選區 3 張是固定的，不受該選區在過去總統大選中支持共和黨總統候選人的選民數多寡所影響，以 2016 年為例，全國像這樣的國會選區選票共有 1,305 張。由於部分共和黨初選和民主黨一樣，也採用比例代表制，也就是一州依照各候選人所獲直接初選或者黨團會議的票數比例來去分配該候選人所獲得的黨代表票。

　　至於**不分區選票**，每一州被分配到至少 10 席不分區黨代表票，如果某一州有：1. 共和黨州長；2. 共和黨聯邦參議員；3. 州議會多數黨為共和黨時，則可以再多獲得一點席次的不分區選票。或者，共和黨總統參選人在該州囊括前一次總統大選時的選舉人票，其不分區黨代表票也會增加。最後，華府特區、波多黎各等美國屬地都各有特定數目的不分區黨代表票。在 2016 年共和黨的總統初選當中，總共有 999 張的不分區黨代表票。

　　最後，所謂的**州級黨中央票**，意即共和黨每一場初選都保留 3 張的州級黨中央票，這種票包括在五十州、華盛頓特區、波多黎各與其他美國屬地總共有 168 張，這些票可能隨著初選結果以贏者全拿的邏輯分配給贏家，但也有可能不受贏家是誰影響而可以自主投票，等同於「未經許諾的黨代表票」。

---

[3]　https://ballotpedia.org/Republican_National_Convention,_2016.

比例代表制vs.贏者全拿vs.混合制的分類

　　採取比例代表制的州的初選通常辦在 3 月 1 日至 3 月 14 日之間，形式為直接初選或黨團會議，通常如果一個候選人能夠贏得一州或者一個國會選區票數的 50% 以上，則此候選人幾乎能夠贏得那一州或者那一個國會選區的所有黨代表票。

　　贏者全拿以兩種不同方式運作：

1. 所有「國會選區選票」與「不分選區選票」（黨代表票）全部分配給在黨團會議或者直接初選中獲得相對多數票數的候選人。

2. 任一國會選區的黨代表票全部分配給該選區中在黨團會議或者直接初選中獲得相對多數選票（plurality）的候選人；但是屬於全州（statewide）的黨代表票則分配給在全州獲得相對多數選票（黨團會議或者直接初選）的候選人。一般來說，3 月 14 日以後的州多採取贏者全拿制度。

　　介於贏者全拿與比例代表制的為**混合制**（a hybrid system），於此情形之下，一州可以採行直接初選，黨員投票給個別黨代表，但是這位黨代表可能會也可能不會聽從當時黨員投票的意向。完全沒有黨團會議的州常常會送未許諾的黨代表到初選結束時所舉辦的大會，這些未許諾的黨代表可以決定自己要投給誰。如下圖，在 2016 年共和黨初選中，40.4% 的黨代表票為贏者全拿，52.8% 為選區代表，6.8% 為州級黨中央票。

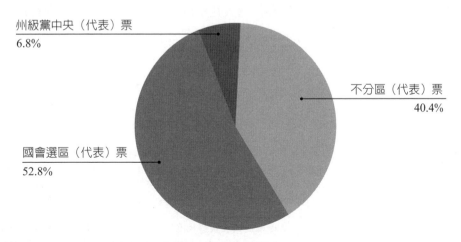

圖9-4　2016年共和黨全國黨代表大會組成比例

初選結果難產，怎麼辦？

如果共和黨到了初選最後一場，仍舊沒有任何候選人獲半數以上的黨代表票（包括許諾與非許諾），則就要訴諸「交易大會」（brokered convention）或者「僵局式黨代表大會」（contested convention），亦即所有的許諾黨代表從第一輪的支持對象中釋出，然後轉變成非許諾黨代表，可以自主選擇偏好的總統候選人，哪怕改變了第一輪擔任許諾黨代表時所支持的對象也沒有關係，直到任一位候選人獲得超過 50% 的黨代表票。若第二輪仍舊難產，則依此邏輯繼續推，直到有任一位候選人獲得 50% 以上的黨代表票順利勝出為止。

為了以實例說明，附錄三有 2016 年時共和黨總統大選初選的規則，包括舉辦日期、州（屬地）、選舉方式（election type）、開放或者封閉式（open or closed）、勝出者、允諾的（pledged）／非允諾的加總的黨代表票數、黨代表種類（delegate breakdown）、黨代表票數分配方式（allocation method）與最低計入黨代表票數的選票門檻（inclusion threshold）。以 2 月 1 日舉行的愛荷華黨團（Iowa caucuses）會議為例，此州是採取黨團會議，共有 30 張黨代表票，當中 12 張來自於國會選區（有 4 個選區，每選區 3 張票），15 張是不分區選票，與 3 張州級黨中央票。這場黨團會議採用只許共和黨黨員投票的封閉式選舉（closed），由於是比例代表制，因此這 30 張黨代表票要分給誰，則依照各候選人在整個愛荷華州不分選區所獲得的黨團會議得票率（all based on statewide vote）按比例分配[4]。這一場初選川普拿到 24% 的黨團會議票（45,429 張票），獲得 7 張黨代表票，克魯斯拿到 28% 的黨團會議票（51,666 張票），獲得 8 張黨代表票為最多，魯比歐拿到 23% 的黨團會議票（43,228 張票），因此獲得 7 張黨代表票，其他 4 位

---

[4] 在表中，票的分配方式一欄只要出現比例代表制，就不可能只搭配「by district」；通常是搭配「all based on statewide vote」或者「by district and statewide」。這是因為比例代表制僅能搭配不分區的各候選人得票率來分配。而贏者全拿則能搭配「by district」、「statewide」或者兩種同時出現。然後「inclusion threshold」這一欄則規定了拿到多少比例的初選票才能夠至少獲得 1 張黨代表票。另外，「allocation method」進一步說明再拿下多一點比例的選票（在 50% 以上），則可以由比例代表制轉換為贏者全拿，這種設計也被稱為門檻制（threshold）。https://www.270towin.com/content/republican-primary-and-caucus-delegate-allocation-methods.

候選人分別獲得 1 至 4 張不等的黨代表票。

再以附錄三表中 3 月 1 日的田納西州（Tennessee）的直接初選爲例，該州有 27 張國會選區票（9 個選區）、28 張不分區選票與 3 張州級黨中央票，共計 58 張選票，而此州的選舉方式是介於比例代表制與贏者全拿制之間，在選區或者在不分區都一樣，如果有任何候選人可以拿到超過 66% 的直接初選選票，則可以獲得全部黨代表票共 58 張，或者該選區內全部 3 張的國會選區票。如果任一候選人在任一選區中拿到介於 20% 至 66% 之間的直接初選選票，則他（她）分配到該選區總共 3 張黨代表票中的 2 張；在直接初選中獲第二高票者則獲得 1 張黨代表票，但如果第二高票者拿到少於20% 的選票，則最高票者直接拿走該選區中全部 3 張的黨代表票。如果在該選區中沒有候選人拿到超過 20% 的選票，則前三名的候選人各獲得 1 張黨代表票。這場初選結果是川普拿到 33 張黨代表票，克魯斯與魯比歐各拿到 16 張與 9 張黨代表票[5]。

民主黨初選細部資訊

在民主黨初選的部分，不論是黨團會議或者直接初選，一律採取比例代表制。而共和黨與民主黨都一樣，在每一次總統大選期間都會修改黨代表票數產生的方式，最近一次修改是在 2016 年。此外，因爲民主黨可能依照各地黨部法（bylaw），而拒絕承認當州當選的候選人，每一州都有代表遴選計畫（Delegation Selection Plan），此計畫建立計算每一個國會選區代表數目的規則，與選票如何從地方大會上轉到州與聯邦大會的方式。從 2012 年民主黨初選開始，依照兩個標準決定許諾黨代表被分配到五十州與華府特區的數目：

1. 前三場總統大選中每一州投給民主黨總統參選人的比例。
2. 每一州所擁有的選舉人團選票（Electoral College vote）。同樣的，如果有州願意晚一點舉辦初選，也可能獲得多一點黨代表票。

---

[5] https://en.wikipedia.org/wiki/Results_of_the_Republican_Party_presidential_primaries,_2016.

民主黨黨團會議的運作

　　民主黨直接初選的方式相對簡單，即黨員在初選日至州政府設立的投票匭去投票，最後再進行計票即可，因此容易理解。但黨團會議的運作就複雜許多，而且兩黨的黨團會議（Democratic or Republican Caucus）運作方式相近，這裡以民主黨黨團會議運作爲例進行解釋：

　　首先，註冊爲民主黨員的選民聚集在全國共 1,700 處的選區中心（precinct），然後於任一個選區中心裡，選民針對所支持的候選人開始說服其他選民，然後選民會與相同支持對象的其他選民結合成一群。而意向未決的選民這時候也會結成一群。爲了要讓某一群支持者超越基本人數門檻才能夠成立，因此在過程中還是會有不同支持者間相互說服與拉人的過程。而這個基本門檻比例乃依照這一區被分配到的政黨代表（delegates）來計算，如果在說服與人數整合的過程中仍然無法達到所需的人數，則此人群必須解散。

1. 如果此選區僅被分配到 1 張政黨代表票，則這時很簡單，支持特定候選人人數最多的那一群贏得這 1 張票。

    (1) 如果此選區被分配到 2 張政黨代表票，則任何一群人要存活（viable）下來，需要至少所有選民的 25% 的加入才行。

    (2) 如果此選區被分配到 3 張政黨代表票，則任何一群人要存活下來，需要至少所有選民的六分之一的加入才行。

    (3) 如果此選區被分配到 4 張甚至更多政黨代表票，則任何一群人要存活下來，需要至少所有選民的 15% 的加入才行。

2. 一旦所有可以存活的群體確立下來，由於每個群體都有明確的支持對象（候選人），因此接下來即要確定每一群贏得多少這個選區中的政黨代表票，也就是這一群所支持的候選人贏得了多少政黨代表票。

    (1) 其計算公式如下：

    （該群中選民數 × 此區被分配到的黨代表數）/ 來參與投票的總選民數

    (2) 美國媒體常常依照有多少比例的黨代表票流向哪一位候選人來判定贏家是誰，但其實這樣的說法在程序上並不完全正確，因爲是州大會（state convention）決定派哪一些黨代表去參加全國大會（national

convention），再於全國大會上由這些黨代表決定要支持哪一位候選人。但在實際運作上，通常在黨團會議之後整個州就已經會產生一個很明確的最後贏家了。

不管在民主黨還是在共和黨，這整個黨團系統的運作歷史可以回溯到美國政黨剛發源的 1796 年，而且現今的黨團會議運作方式幾乎從那時候開始到現在，並無太大改變。絕大部分的州已經以直接選舉來取代黨團會議，其原因除了因為黨團會議過於複雜之外，也有可能在不是祕密投票的情況下，產生一些舞弊的問題（political boss problem）。同時，改採直接初選也能納入更多的選民參與。

圖9-5 2016年1月26日共和黨總統參選人魯比歐在愛荷華黨團會議前舉辦的造勢演講

圖9-6 2012年於愛荷華州舉辦的共和黨黨團會議投票實況

　　最後，為了對比民主黨與共和黨各自初選競爭的狀況，圖 9-7 是 2016 年總統大選兩黨黨內初選剛起跑後沒多久的示意圖，在民主黨方面，當時兩名競爭者為希拉蕊‧柯林頓與柏尼‧桑達斯（Bernie Sanders），柯林頓獲得 32 張黨代表票與 451 張超級黨代表票，桑德斯則獲得 36 張黨代表票與 193 張超級黨代表票。在共和黨方面，共有 6 位候選人，川普獲得 17 張黨代表票，泰德‧克魯茲（Ted Cruz）獲得 11 張，馬可‧魯比歐（Marco Rubio）獲得 10 張，其他以此類推。

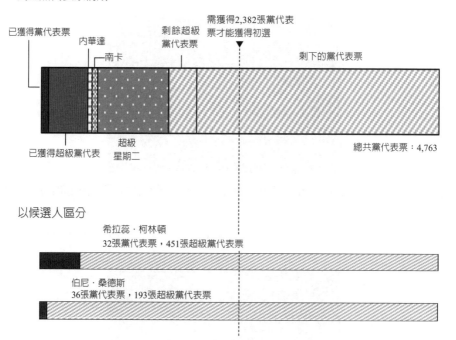

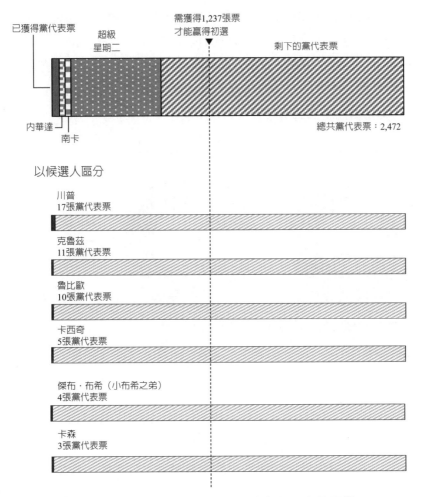

共和黨黨代表票構成

需獲得1,237張票
才能贏得初選

已獲得黨代表票 超級 星期二 剩下的黨代表票

內華達

南卡

總共黨代表票：2,472

以候選人區分

川普
17張黨代表票

克魯茲
11張黨代表票

魯比歐
10張黨代表票

卡西奇
5張黨代表票

傑布・布希（小布希之弟）
4張黨代表票

卡森
3張黨代表票

圖9-7 2016年總統大選初選初期民主黨與共和黨各候選人得票數

資料來源：美聯社。

超級星期二

就每場初選能夠決定有多少黨代表票投給特定候選人的時程上，如圖 9-8 所示，從 2 月 1 日最早的愛荷華州共和黨初選（黨團會議）開始，有數波初選日，如果是發生在星期二，就會被稱為是「超級星期二」（Super

Tuesday），例如 2016 年 3 月 1 日就是「超級星期二」。到了 2016 年的 6
月 7 日，即決定了兩個黨有超過半數的票流向哪些候選人？如果票數都穩定
地流向一位候選人，則他（她）就極有可能在 6 月 7 日後勝出。因此初選
的過程不用完全跑完，某一候選人即可能已經勝出，主因是其他落後的候選
人見大勢已去，或者後面翻盤無望，通常會自行宣布棄選（drop out of the
race），但這樣的賽馬式選舉至少有 3 項缺點。

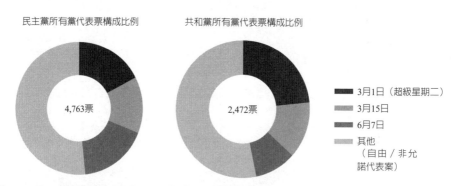

圖9-8　2016年總統大選共和黨與民主黨初選日期

資料來源：美聯社。

1. 兩黨初選尚未結束就已經有最後的贏家出線，違反當初的制度設計，也
   違反程序正義，例如 2008 年時共和黨候選人約翰‧麥肯（John McCain）
   在 3 月就因爲其他落後候選人的棄選而勝出。
2. 對於那一些初選舉辦在較後期州的黨員是很不公平的，畢竟他們都還沒
   有在初選中投票表達意見，領先者就可能已經藉由落後者的退選而勝
   出。即使初選辦在較後期州的黨員仍想支持這些在前期初選時落後的候
   選人，也無能爲力。也就是說這些黨員被剝奪支持其喜好對象的權利。
3. 在前期舉辦初選的州，會對後期舉辦初選的州產生示範效果（showcase
   effect 或 front loading），或者說在早期幾場初選勝出的候選人，由於樂
   隊花車效應（bandwagon），或者台灣人所說的「西瓜偎大邊」，可能吸
   引到後期初選更多黨員的支持。同時，愛荷華、新罕布夏州這些傳統上

都是把初選辦在 1 月底 2 月初的早期州，皆為人口較少的州，人口數較少的州去影響人口數較多的大州意向，也是不合理的一件事情。在 2012 年時，共和黨與民主黨在佛羅里達州的初選，都被前移至 1 月 31 日，這已經是近年來辦得最早的初選時間，其他州一看立馬跟進，並且堅持自己也應享有更大的初選影響力，但問題是這樣一來幾乎沒有州願意將初選辦在中期甚至晚期。由於兩黨在各州舉辦初選的時間由州議會決定，因此共和黨與民主黨黨中央只能想盡辦法阻止「早期初選」的舉辦，使用手段是藉由增加州初選的黨代表票數以鼓勵這些州將初選辦得晚一點。但仍有一些不願意聽從黨中央規勸的州，堅持早早辦初選，當然其代價就是在該初選中損失黨代表票數。

BOX 什麼是超級星期二

「超級星期二」的定義是指，美國兩大政黨民主黨、共和黨，在舉行黨內總統初選時會把日期訂在星期二，因為選在「超級星期二」辦初選的州很多，所以如果某候選人在該日大有斬獲的話，他就非常有可能出線代表這個政黨參選美國總統。以2020年為例有相當多的州是在星期二時舉辦初選：比如2020年3月3日這個禮拜二就有十六州（例如阿拉巴馬、阿肯色、加州、德州等）在該日進行初選；又或者有十一州（比如康乃狄克、達拉威爾、華盛頓特區、印地安納、南科塔等）選在6月2日舉辦民主黨黨內總統初選。

那「超級星期二」到底是怎麼來的？又是誰最先提出這種非正式想法？最早使用這個名詞的是《紐約時報》，1976年5月20日星期二，當時福特與雷根（時任加州州長）在共和黨初選競爭使用「超級星期二」這個詞；1980年3月11日阿拉巴馬、佛羅里達、喬治亞州都辦初選，當時「超級星期二」也是被用來形容舉辦初選，並被視為緣由；1984年民主黨用「front loading」這個詞來形容在阿拉巴馬、佛羅里達、喬治亞等數州所舉辦的超級星期二初選。

「front loading」一詞呈現的是一種賽馬式選舉，就像一場賽馬中，有些馬跑得快，有些跑得慢，在一路追逐的過程中，最快出線的那匹馬將成為勝者。在選舉過程中，若某參選人在前場初選贏得很多選票，就會導致落後的候選人萌生退意，甚至退出初選，這樣一路篩選的過程持續至7、8月全國黨代表大會時便會出線一名來代表黨參選美國總統。

這概念的邏輯是這樣：以2020年總統大選為例，第一場初選是愛荷華州的黨團會議，依照「越早選，越容易出線」的邏輯，後面舉辦初選的州的選民會

依據候選人在前幾場初選票數的多寡來決定是否對他支持，是種強者越強、弱者越弱的概念。但以民主意涵來說的確非常不公平，因為初選還沒辦完就已經有1、2位候選人出線，而獲得絕大部分的選票，形成所謂的樂隊花車效應，並且讓這些先期選舉的州享盡目光焦點，這對一開始落後但後面有機會把聲勢拉起來的候選人非常不公平，最公平的做法應該是各州初選辦完之後統一開票。

1988年，南方民主黨州長成立「南方州長協會」，他們為避免如同1972年與1984年因提名過於自由的總統候選人，而輸了49個州經驗再次發生，他們不要第二個如喬治‧麥戈文一樣過於自由支持墮胎與反越戰的人選來擔任民主黨提名的總統。麥戈文是1972年由民主黨提名的總統候選人，輸給當時尋求連任的共和黨尼克森總統。當時南方很保守，所以縱使是民主黨初選，南方民主黨州長們還是希望要保守、中道一點的人選，因此決定將南方的初選都辦在同一天，也就是星期二，並群聚成「超級星期二」。

另外，1988年時任民主黨維吉尼亞州的參議員查克‧羅伯（Chuck Robb），為了避免「愛荷華黨團會議初選誤導後續州舉辦初選的結果」，提出許多州在星期二一起辦初選的想法。換言之，即以「超級星期二」抗衡「預示效應」。1988年是個關鍵點，同時辦理初選的二十州之中有十二州為南方州（例如阿拉巴馬、阿肯色州等），傑克森（Jesse Jackson）與高爾（Al Gore）分了一半南方的票，反而因此導致中間派的麥可‧杜卡基斯（Michael Dukakis）出線擔任民主黨候選人。當時因為「超級星期二」的關係讓前面愛荷華州的結果無法影響後面的結果。

以下我們談談歷史上有哪些候選人，他們輸了愛荷華州初選卻贏了後面舉辦的初選。這些候選人之所以最後贏得初選，被提名競逐總統，主因在於他們贏了多場「超級星期二」。

首先，1980年雷根輸掉愛荷華初選，但在最終初選獲勝被提名，成功從現任的民主黨卡特總統手中贏下總統之位，且於1984年成功連任；1988年的「超級星期二」幫助老布希抵消杜爾贏得愛荷華初選所帶來的優勢，成功出線，得到黨提名並勝選總統。巧合的是，該年民主黨總統參選人杜卡基斯也是輸了愛荷華但贏了最終初選。1992年，柯林頓從一個南方的州長，藉由超級星期二初選脫穎而出，的確符合當時南方州長們避免選出過度自由的民主黨候選人，後來可以產生一個中道候選人（柯林頓）的邏輯，後來柯林頓打敗尋求連任的老布希；2000年，小布希也以「超級星期二」的勝利優勢橫掃十六州，直奔總統大位。

相反的，有些候選人贏了愛荷華初選，但後續因為輸掉太多場「超級星期二」，導致最終初選落敗。1988年後，候選人是否贏得愛荷華初選已經不是重點，重點在是否贏得「超級星期二」。

　　1972年，民主黨參議員馬斯基（Edmund Muskie）雖贏得愛荷華初選，但他在記者會上落淚的舉動，使其整體表現扣分，最後輸掉初選；1980年，共和黨的老布希雖然贏得愛荷華初選，但最後初選輸給雷根，無法成為黨提名人與民主黨卡特一較高下；1988年，共和黨杜爾贏下愛荷華，可惜在最後初選輸給老布希。同年民主黨陣營也發生相同的情形，吉法特（Dick Gephardt）也是贏了愛荷華初選卻輸了初選，由杜卡斯基代表民主黨參選總統；1992年，民主黨候選人之一，愛荷華州參議員哈金（Tom Harkin）贏得該州初選，只是最後初選敗給柯林頓無法出線。

　　自2008年起共和黨部分更是連三屆發生這種「愛荷華初選贏家和最終初選贏家非同一人」的現象：2008年，赫卡比（Mike Huckabee）拿下愛荷華，但代表共和黨角逐總統的是麥肯；2012年，共和黨愛荷華初選勝者是桑托勒姆（Rick Santorum），然而最終代表該黨挑戰歐巴馬連任的人是羅姆尼（Mitt Romney）；2016年，愛荷華勝選者克魯茲更是跌破眾人眼鏡，在初選最後輸給爭議不斷的黑馬川普，錯失和希拉蕊在總統大選一決雌雄的機會；2020年，民主黨布蒂吉格（Pete Buttigieg）在愛荷華初選贏過桑德斯，卻在初選結束之前中途退出。由此可知，**就算候選人贏得愛荷華初選，卻不見得能贏得最後的初選**。另一方面，**如果候選人在「超級星期二」沒辦法很快拉開優勢，可能就必需要在初選繼續纏鬥**。

　　如果各方人馬在「超級星期二」的表現不相上下，就容易拖延初選的總體時程，時間拖越久，對後面舉辦的初選越容易產生預示效果。這種各方鼎立的初選比如2008年，共和黨陣營麥肯在「超級星期二」中二十一州只贏五州，羅姆尼贏七州，阿肯色州州長麥克‧赫卡比贏五州，大家平分秋色所以持續纏鬥；2008年2月5日民主黨的「超級星期二」，希拉蕊贏十州，歐巴馬贏十三州，戰況膠著直到6月才有點眉目。2012年3月6日的「超級星期二」，在共和黨部分，羅姆尼十州贏六州，仍然拉不開與瑞克‧桑托榮（Richard John Santorum）、時任美國眾議院議長紐特‧金瑞契（Newt Gingrich）的差距。2016年時民主、共和兩黨都沒有候選人從「超級星期二」脫穎而出，是年兩黨初選都拖了許久：2016年3月1日，共和黨部分，川普贏七州、德州參議員克魯茲贏三州、佛羅里達州參議員魯比歐贏一州；民主黨希拉蕊贏八州、桑德斯贏四州。

　　而共和、民主兩黨都出現過候選人從愛荷華州初選、黨初選，到最後總統大選三場全勝的例子，但綜觀歷史這種案例非常之少。民主黨有2位：一位是1976年卡特總統，另一位是2008年歐巴馬，他們都是初選全勝並贏得總統大選；共和黨只有2000年小布希一人，他贏了愛荷華初選且贏下總初選一半的選票，最後出線黨代表並贏得總統。

　　當然，現實中也不乏從愛荷華初選、最終黨內初選雙雙告捷，但不幸止步於總統大選的惋惜之例。1976年，共和黨福特在愛荷華初選與黨內初選都獲勝，可惜在總統大選以些微之差輸給民主黨卡特；1980年，卡特雖然和1976年一樣，從愛荷華初選開始一路過關斬將而被提名，但其連任之路在總統大選葬送在共和黨的雷根手中；1984年，民主黨的蒙戴爾（Walter Modale）從愛荷華初選一路過關斬將取得提名，在總統大選一役仍不敵尋求連任的雷根總統；1996年時，共和黨的杜爾除了取得愛荷華外，也贏得非常競爭的「超級星期二」，成功壓下帕特・布坎南（Pat Buchanan）代表共和黨參選總統，仍無法阻斷柯林頓的連任之路。

　　2000年，民主黨籍的高爾和共和黨小布希都在各自的初選中，從愛荷華開始一路告捷，但勝者只能有一人，高爾在總統大選落敗，無法替民主黨三場全勝寫下第二筆紀錄；2004年，麻州民主黨參議員凱瑞（John Kerry）在「小超級星期二」除了奧克拉荷馬、在「大超級星期二」除了佛蒙特州之外，贏得全部的初選，最後獲得提名，仍在11月大選輸給現任總統小布希；2016年，希拉蕊以愛荷華初選、最終初選雙重勝利之姿獲得民主黨提名，可惜於總統大選時一役對上川普卻鎩羽而歸，無法成為美國史上第一位女性總統。

表9-2　共和、民主兩黨愛荷華初選、初選結果與大選結果綜覽

	共和黨			民主黨		
	贏得 愛荷華	贏得 初選	贏得 大選	贏得 愛荷華	贏得 初選	贏得 大選
1972				贏 艾德蒙・馬斯基	輸 在記者會上哭失分	
1976	贏 福特	贏	輸 輸卡特	贏 卡特	贏	贏
1980	贏 老布希	輸 輸雷根		贏 卡特	贏	輸 輸雷根
1984 分界 點				贏 沃爾特・蒙戴爾	贏	輸 輸雷根
1988	贏 鮑伯・杜爾	輸 輸老布希		贏 迪克・吉法特	輸 輸麥可・杜卡基斯	

表9-2 共和、民主兩黨愛荷華初選、初選結果與大選結果綜覽（續）

	共和黨			民主黨		
	贏得愛荷華	贏得初選	贏得大選	贏得愛荷華	贏得初選	贏得大選
1992				贏 湯姆·哈金 愛荷華參議員	輸 輸柯林頓	
1996	贏 鮑伯·杜爾	贏	輸 輸柯林頓			
2000	贏 小布希	贏	贏	贏 厄爾·高爾	贏	輸 輸小布希
2004				贏 約翰·凱瑞	贏	輸 輸小布希
2008	贏 麥克·赫卡比	輸 約翰·麥肯		贏 歐巴馬	贏	贏
2012	贏 里克·桑托勒姆	輸 輸米特·羅姆尼				
2016	贏 泰德·克魯茲	輸 輸川普		贏 希拉蕊·柯林頓	贏	輸 輸川普
2020				贏 彼特·布蒂吉格以0.1%險勝桑德斯	輸 退選	

資料來源：作者整理自製。

大選

在大選年的 6 月，此時經歷了半年複雜的兩黨黨內初選廝殺後，民主與共和兩黨正式提名了總統候選人，大選由兩黨競爭的態勢底定，正式進入大選階段（general election）。美國總統大選的投票日，一般是訂在大選年 11

月第一個星期一後的第一個星期二，例如在 2016 年這一次大選是落在 11 月 8 日，2020 年是訂在 11 月 3 日。由於美國採選舉人團（Electoral College）制度，除了內布拉斯加州與緬因州之外，各州均採用贏者全拿，也就是說兩黨候選人競爭之下，即便是普選票小贏對手幾萬票，則所有選舉人票都歸領先者所有，因此贏得大州格外重要，必要時小州是可以放棄的。這裡先來解釋什麼是大選階段的選舉人團制？稍早曾提及第三勢力的候選人很難從美國兩黨制系統中勝出，其中一個很關鍵的原因即為選舉人團制與其贏者全拿的運作效應讓小黨很難竄出頭。

圖 9-9 為全美選舉人團地圖，選舉人總數為 538 位，這個數字是有道理的，主要按照 435 位眾議員與 100 位參議員再加上 3 位代表華府特區人口數的選舉人加總而來。回憶前面憲法那一章，每州眾議員人數是按照各州人口數多寡來分配，大州會分配到較多眾議員數目，因此有利於大州。參議員數目則不論人口多寡，大、小州皆選出 2 名參議員，因此對小州有利。華府特區在美國參、眾兩院皆無議員代表，美國憲法規定華府由參、眾兩院共管，但在選舉人團中仍分給華府 3 票，加總起來 538 張票。換算下來，平均每一位選舉人代表 71 萬 1,000 名美國人，而且各州的選舉人數目，也會按照人口普查每十年做一次調整，上一次調整是在 2010 年，下一次為川普尋求連任但失利的 2020 年。

就人口數來說，選舉人票最少的州都只有 3 張，包括北科塔、蒙大拿與懷俄明州，人口數多的州如加州有 55 張、德州有 38 張、紐約州與佛羅里達州都有 29 張票。而所謂的贏者全拿，指在大選過程中，就算 A 候選人僅贏 B 候選人 1,000 張普選票，則當州的選舉人團票全部灌給 A。譬如在 2016 年總統大選時，川普在賓州的普選票拿了 2,970,733 張，希拉蕊也拿了 2,926,441 張，兩人僅相差不到 4 萬 5,000 票，但是在贏者全拿的規則下，賓州 20 張選舉人票全部被川普囊括。就選舉人的資格而言，根據憲法第 23 條增修條文，任何被任命或者是民選的聯邦官員皆不能擔任選舉人（elector），而且由聯邦登記處（Office of the Federal Register）負責招募與管理選舉人。

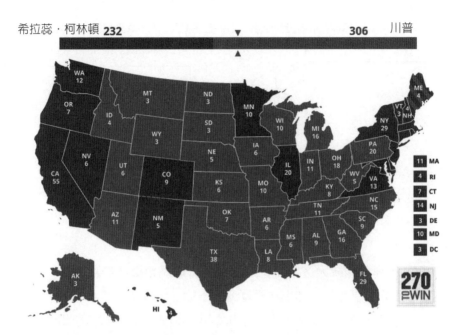

圖9-9　2016年大選選舉人團圖暨各州選舉人支持情形

資料來源：維基百科。

　　選舉人團也不是在 50 個州全依贏者全拿來進行，在 1913 年之前的加州，與現在的緬因州與內布拉斯加州（Nebraska）使用「國會選區法」（congressional district method），對於贏者全拿制度做了一些修正。在內布拉斯加州的部分，共分為 3 個選區，每一個選區代表 1 張選舉人票，所以這裡就有 3 張選舉人票，但選舉人團分給該州共 5 張票，因此還多出 2 張不分區的票。如圖 9-10，其計票方式如下：任一候選人在任一選區拿到相對多數票，則那一張選舉人票就歸他（她），以 2008 年民主黨歐巴馬對上共和黨麥肯為例，歐巴馬拿下第二選區，拿到 1 張選舉人票，麥肯則拿下第一與三選區，拿到 2 張票。那最後 2 張票如何處置呢？這時候就不論選區了，將整個州麥肯拿到的票數加總再對上歐巴馬拿到的票數加總，看誰的多，多的人就把剩下的 2 張選舉人票拿去。

歐巴馬於2008年時贏得內布拉斯加州第二選區的選票，因此拿到該州一張選舉人票

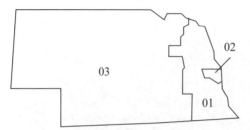

內布拉斯加州3個選區

Nebraska Electoral Vote

Obama	McCain

圖9-10　內布拉斯加州的選舉人方式

資料來源：作者自繪。

　　2008 年那場總統大選內布拉斯加州麥肯的總票數多於歐巴馬，因此麥肯再獲得不分區票 2 張，加上在兩區各贏下的 2 張選舉人票共有 4 張。至於歐巴馬在這保守的州也拿下 1 張，不無小補。但如果是按照其他州的贏者全拿方式，則歐巴馬是連拿到 1 張票的機會都沒有的。

　　同理，緬因州也被分配 4 張選舉人票，看哪位候選人在哪一個選區拿下較多票就獲得那一張選舉人票，當然如果有一位候選人可以連贏兩區則可以獲得兩個選區的 2 張票。而最後還剩下 2 張票，則將所有選區界線打破，看哪一位候選人在全州得票較多，就把最後的 2 張票也拿去。

　　由此可見選舉人團行使其實就是間接民主（indirect democracy），也可以看出是代議士政治的精神。在建國之初，開國元勳不信任一般百姓，希望由社會、經濟與教育地位較高的人來出任選舉人，以選舉總統與副總統。此外，1804 年修正通過的憲法第 12 條增修條文，規範在選舉人投出分開的 2 票，1 票投給總統，另 1 票投給副總統，是有可能產生總統與副總統不同黨的情況。只是隨著時代演變，選舉人團變成一項「儀式」，有點像人類的盲腸，儘管選舉人鮮少敢背叛當州選民的意志而跑票，但過去也的確發生過不少次小規模且不影響大選結局的選舉人跑票事件，最近一次較大規模跑票事件發生在 2016 年，共有 10 位選舉人跑票，7 張成功，3 張失敗。此外，政黨也習於推出以總統搭配副總統的一組候選人來參加大選，不再像開國之初

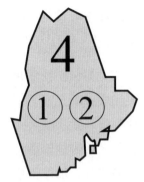

圖9-11 緬因州的選舉人方式

資料來源：作者自繪。

這樣有可能由兩位政敵同時選上總統與副總統。事實上，當代菲律賓憲法由美國協助起草，完全仿照美國憲法，其總統、副總統當選人常來自於不同政黨便是由於美國憲法的影響。

選舉人集會投票

接著我們依照總統大選投票日後每一個重要的環節一一說明，並且以2020年的總統大選為例來檢視這個過程。

1.2020 年 11 月 3 日：選舉日

根據《美國法典》（美國全部聯邦法律的官方彙編法典）第三卷第一章第1條規定，美國總統大選日訂在選舉年的11月的第一個星期一之後的星期二（例如2020選舉年即訂在11月3日）。選舉日當天，選民須投下其偏好之總統與副總統候選人聯合票，總統與副總統人選不得分開，選民以投票方式支持該組候選人。

2. 2020 年 11 月 4 日至 12 月 14 日：各州普選票計算作業和提交「投票結果確定證書」（Certificates of Ascertainment）

　　選舉日後各州根據各自的法定與程序要求開始對普選票結果進行計票和證明。當各州完成計票並確定州層級的官方結果後，《美國法典》第三卷第一章第 6 條要求各州州長盡快準備「投票結果確定證書」。該證書必須列出由選民選出的選舉人與普選結果，與輸掉普選的總統候選人姓名與他們獲得的普選票數。證書通常由州長簽署且須加蓋州章。證書簽署蓋章後將 1 份副本交給國家檔案管理員（the archivist），6 份副本在 12 月 14 日各州選舉人團會議投票前交給各選舉人。

3. 2020 年 12 月 8 日：「避風港」截止日（The "Safe Harbor" Deadline）

　　根據《美國法典》第三卷第一章第 5 條規定，若任何一州對選舉結果產生爭議且該州在選舉日前制定了解決選民和選票爭議的程序，且這些程序已經在選舉人團會議召開 6 天前處理完成並確定選舉結果，則這些結果被認為具有決定性。而選舉人團會議召開 6 天前的這一天即稱作「避風港」截止日。若有任何一州有選舉爭議，則該州州長於爭議解決後，必須盡快將投票結果確定證書於截止日前繳交給國家檔案管理員與該州各選舉人（《美國法典》第三卷第一章第 6 條規定）。

4. 2020 年 12 月 14 日：各州選舉人團投票日

　　根據《美國法典》第三卷第一章第 7 條規定，選舉人團投票日訂在選舉年 12 月第二個星期三之後的星期一（例如 2020 選舉年即訂在 12 月 14 日）。選舉人團在各州和華盛頓特區分別由該州議會指定的地點開會並進行投票，各州選舉人利用紙本選票進行投票：對正副總統各自投票一次。選舉人確認該州選舉結果，並簽署州長繳交的 6 份投票結果確定證書，在每份證書上附上 2 份名單，各自是正副總統選舉人票得票數，並包含該正副總統候

選人的姓名以及其在該州獲得的選舉人團票。依據《美國法典》第三卷第一章第 8 到 10 條，此 2 份名單稱作「選舉人團投票證書」（Certificates of the Vote），並要求選舉人簽署、蓋章以及認證，然後與 6 份投票結果確定書配對，依據《美國法典》第三卷第一章第 11 條，最後再將 6 份附上選舉人團投票證書的投票結果證明書掛號郵寄至以下四種人：(1) 1 份給參議院議長；(2) 2 份給選舉人所在州之州務卿；(3) 2 份給國家檔案管理員；(4) 1 份給先前與選舉人開會的選舉人所在州範圍之聯邦地區法院法官（例如科羅拉多州、堪薩斯州、新墨西哥州、奧克拉荷馬州、猶他州以及懷俄明州的選舉人團需寄送給位於科羅拉多州丹佛市的聯邦地區法院）。

BOX 選舉人票未過半的處理方式

在2016年共和黨總統初選時，川普有一度與緊追在後的克魯茲呈現拉鋸，當時有美國媒體預測川普有可能因此在共和黨最後的「僵局式黨代表大會」中被「搓掉」，最後由共和黨推出一個X候選人對戰民主黨的希拉蕊。但若此情形發生，川普一定不會善罷干休，會帶著憤怒的支持者出走並脫黨參選成為獨立參選人。如此一來就會產生三組候選人：民主黨希拉蕊、共和黨X候選人，與獨立候選人川普。

根據美國憲法第2條第1款、第12條與第20條修憲文規定，大選時如果沒有人贏得538張選舉人團票數的一半，也就是270張的話，則大選結果無效。此時需由聯邦眾議院就「大選前三名」的總統候選人中選出一名當總統，又當時眾院改選後仍舊可能由共和黨出任多數黨，因此在前三名候選人當中，共和黨占多數的眾院當然不可能支持希拉蕊，而川普太偏激也不可能，最後有可能選出共和黨候選人X擔任總統。

同時，在沒有任何一組總統候選人拿超過270張選舉人票情況下，則由聯邦參議院在前兩名總統候選人的副手之間挑一個，實際情況可能是希拉蕊與川普分居一、二名，因此其中一位副手會出線。此時，就會發生共和黨總統搭配一位民主黨或者無黨籍的副總統，造成美國當代憲政難題。事實上，美國開國之初第2任總統亞當斯（1797至1801年）與其副手傑佛遜就屬不同政黨，在1804年之前，選民擁有2張選票分投總統與副總統。菲律賓被美國殖民之後從1935年採用美國這一套，至今還是選總統和副總統分屬不同選票，導致菲律賓的政黨分際模糊。

選舉人團違反民主多數決原則

　　而當世人在討論選舉人團的贏者全拿制度時，最常被討論的問題為可能產生「違反多數決」的結果。也就是當選美國總統的候選人，其普選票輸給對手，但其選舉人票卻贏了對手，最終結果仍舊是勝選。**這種情形的發生，主要是由於贏家在選舉人票很多的大州（人口數多）僅險贏，選舉人票很少的州（人口數少）卻大輸，但是前者可以為贏家進帳大量的選舉人票（例如加州 55 張票，德州 38 張票），而後者雖然輸，卻也只是輸掉一點選舉人票（例如蒙大拿或懷俄明的 3 張票）。這樣一來一往，就會變成普選票數比對手少，但是選舉人票比對手多而當選的奇怪現象。**

　　2016 年，世人再一次地目睹在美國選舉人團制度下可能產生違反民主「多數決」原則的漏洞，前面已經發生過三次，分別在 1876、1888 與 2000 年。2016 年，最終普選結果是希拉蕊大幅領先川普 280 多萬票卻輸掉了大選。在 538 張選舉人票中，任一候選人要當選美國總統都必須要拿到 270 張的選舉人票，縱使只是拿到相對多數卻未達 270 張選票也是無效的。事實上，獲得相對多數票也獲得相對多數選舉人票卻沒有當選的例子應該回溯到 1824 年當傑克森獲得 41.4% 的普選票（選舉人票為 99 張），而對手亞當斯獲得 30.9% 的普選票（選舉人票為 84 張）。

　　1824 年最後由普選票與選舉人票都輸的輸家亞當斯擔任總統，因為眾院選擇了他。其他三次則是由普選票較少、選舉人團票較多的「輸家」拿下總統寶座。因此，1824、1876、1888、2000、2016 年這幾個年度值得我們玩味，前三次發生在 19 世紀，後兩次發生在 2000 年之後。1900 至 1999 年這一世紀美國都沒有發生過這種新任總統因違反多數決卻當選所導致的正當性危機。儘管 20 世紀打過兩次世界大戰，但對於美國來說都是偏安局面，二戰之後美國甚至變成超級強權，2003 年小布希總統也說美國具有同時打兩場戰爭的能力，這是貫穿美國未來國力五十年的強盛目標。但從 2000 與 2016 年光在十六年間就發生了兩次選舉人團制違反多數決的結果，是否暗示了這項制度逐漸無法適應當代極化政治所產生的矛盾現象，則仍待時間考驗。

開國之初特殊的大選方式

從 1790 年開國後至 1804 年，每位選舉人投兩票不分總統或是副總統。總統與副總統乃依所獲選舉人票多寡依序產生，因此就有可能產生總統與副總統黨籍不同的情形。例如在 1796 年的大選中亞當斯票拿最多，他隸屬於聯邦黨（Federalists）；但副總統由選舉人票拿第二多、來自民主共和黨（Democratic-Republican）的傑佛遜擔任。事實上，亞當斯與傑佛遜為宿敵。1800 年的大選傑佛遜再度挑戰亞當斯，這次選舉與 1796 年不同，政黨以一組兩人（ticket）為單位進行，但一組中仍不分誰是總統候選人、誰是副總統候選人。民主共和黨提名傑佛遜與柏爾（Aaron Burr），聯邦黨則提名亞當斯與平克尼（Charles Pinckney），這個情況下選舉人對於同黨較不支持的候選人要避免投他或者乾脆投廢票，以讓同黨中較喜歡的另一位候選人出線擔任總統。最後選舉結果是傑佛遜與柏爾同拿 73 張票，亞當斯 65 張票而平克尼拿 64 張票，因此根據憲法眾院必須召開緊急會議（contingent election）在傑佛遜與柏爾之間選一位擔任總統。最後傑佛遜勝出擔任美國第 3 任總統，伯爾擔任其副總統。1803 年憲法第 12 條增修條文通過，改掉原本選舉人一人投兩票獲最高票者擔任總統，獲第二高票者擔任副總統的規則，改為投兩票一票選總統但另一票選副總統，首先適用於 1804 年的選舉，1804 年傑佛遜總統連任成功，副總統為紐約州州長出身的喬治·柯林頓（George Clinton）。憲法增修條文第 12 條通過後並沒有辦法解決選出來的總統與副總統分屬不同政黨的問題，儘管傑佛遜與柯林頓同屬於民主共和黨。

1824 年是憲法增修條文第 12 條在 1804 年生效後第一次需要在總統、副總統候選人選舉人票數相同難產時介入的一場選舉。當時民主共和黨提名 4 位候選人：約翰·昆西·亞當斯（來自麻州）、傑克森（來自田納西）、克勞福德（William H. Crawford，來自喬治亞）與克萊（Henry Clay）。在副總統職位上，克勞福德贏得總共 261 選舉人票的一半以上篤定當選副總統，但沒有人以選舉人票一半以上的票數當選總統（需要 131 張票）。原本普選票與選舉人票拿最多的是傑克森，他拿了 41.4% 的普選票與 99 張的

選舉人票，但由於未過半所以等於無效。此時眾議院就需要介入選出總統，1824 年與 1800 年是歷史上兩場需要這麼做的大選。1824 年也是歷史上大選當選人並未拿到最多數普選票的五場選舉之一（1824、1876、1888、2000 與 2016 年）。因此在 1825 年 2 月 5 日眾院依憲法第 12 條規定挑選選舉人票得票前三高的候選人傑克森、亞當斯與克勞福德來進一步選擇，最後亞當斯獲得眾院最多選票共 13 票，打敗傑克森的 7 票與克勞福德的 4 票當選。1836 年發生過一次沒有任何一位副總統候選人得到超過一半選舉人票的情形，因此前兩名得票高的副總統候選人要送到參院再進行選擇，結果詹森（Richard M. Johnson）贏過格蘭傑（Francis Granger）成為美國第 9 任副總統。

　　像這樣總統、副總統分開選，並且由選舉人多少出於自由意志（大部分仍以所代表州的普選票為依歸，但有跑票空間）來選總統與副總統的運作，要一直持續到 19 世紀末才漸漸淪為「儀式性」措施。主要是因為大選後來演變成當州的普選票投給誰，該州選舉人就會乖乖地反映普選意向而將選舉人票全部投給他的一項制度，又加上各項選舉為單一選區制（single-member district）的美國選制導致了民主、共和兩黨制的產生，限縮了第三黨候選人發展的空間，因此在民主或共和黨推出自己一組候選人的同時，自然會有同黨候選人之一標記自己為總統候選人，另一人標記為副總統候選人，形成一種配對的默契。而每州選舉人以普選票票數誰多誰少為依歸，在兩黨各推自己的總統、副總統候選人也只有兩組的情況下，就自然就能產生一個明確的、獲得過半選舉人票數的贏家來擔任總統。因此這種總統或者副總統候選人在 3 位或 3 位以上候選人競爭時產生同票，進而必須由眾院或者參院來進一步投票選出的情況即不再復見。倒是選舉人制度仍舊有可能產生當選總統者普選票少但選舉人票多而贏得大選的機會（1876、1888、2000 與 2016 年）。

第三節　參眾議員選舉

　　看完了總統的選舉方式與歷史演變，我們接下來看聯邦參眾議員的選舉方式。由於聯邦參眾議員要在各選區中競爭，所以他們的提名方式也會比總統選舉的提名方式來得更在地化一點。憲法通常把選擇參眾議員候選人的權利下放給個別的州來處理，換言之，想要獲得政黨提名以參選參眾議員的候選人，都必須依循州法律的相關規定。

　　參眾議員候選人與總統候選人一樣，必須先經歷政黨初選這一關。只是參眾議員候選人與總統候選人的最大不同在於：總統候選人必須經歷 primary 或是 caucus 的競爭；但是參眾議員候選人只需要經歷 primary 的黨內初選形式，初選舉辦的時間大致落在選舉年的 3 到 10 月之間，同時各州的民主或共和黨初選舉辦方式與時間由各州法律規範，可以分成五大類[6]：**封閉式初選**（closed-primary）、**半封閉式初選**（semi-closed primary）、**開放式初選**（open primary）、**非政黨式綜合初選**（nonpartisan blanket primary）與**前兩名初選**（top-two primary or jungle primary）。所謂的封閉式初選，即註冊為一黨之初選選民才能在該初選投票；而所謂的開放式初選，則只要註冊為選民就能在共和黨或者民主黨初選之間擇一投票，不受黨籍限制。但不論是封閉式初選或是開放式初選，都只能選擇一場初選中投票，不能在一場以上的初選投票。由於初選還可以分為共和黨或者民主黨兩邊來談，我們這裡就不細分，不過整體而言，五十州有二十一州至少有一個政黨（共和黨或民主黨）採取**開放式初選**；十四州（另加華府特區）至少有一個政黨採取**封閉式初選**；十五州採**半封閉式初選**，這個類別也包括華盛頓州、加州、內布拉斯加州，同時這三州另加阿拉斯加州另成前兩名初選這一類。所謂的半封閉式初選規則很多元，以愛達荷州為例，原先有註冊的政黨選民即在該政黨初選投票，沒有註冊政黨的選民可以在投票當天註冊，以進

6　各州參眾議員初選暨大選規則與過程，請參考 Ballotpedia: https://ballotpedia.org/Primary_election_types_by_state#cite_note-fairvoteprimaries-3。

行投票。如果想要換黨投票的另一個政黨的註冊者，必須在欲轉換到的那個政黨初選的「十個星期五之前」完成換黨動作（no later than the tenth Friday preceding the primary election in order to affiliate with another party and vote in its primary）。

　　至於所謂的**非政黨式綜合初選**，指所有來自於不同政黨的候選人都在一張初選選票上面，假設共和黨有 3 位，民主黨有 2 位，某一小黨有 2 位，「各政黨中得票最多」的那位候選人自動晉級到最後的大選階段。以上面這個例子而言，在普選階段就會有共和黨候選人 1 位、民主黨候選人 1 位與小黨候選人 1 位共 3 位。從 1996 年開始，非政黨式綜合初選原本在加州、華盛頓州與阿拉斯加州開始實行，但加州的民主黨、共和黨、自由意志黨（Libertarian）與和平自由黨（Peace and Freedom）發動訴訟，認為沒有註冊任何黨籍的選民在這種初選中一樣可以投票，干預了政黨內部選舉候選人的獨立性。2000 年 6 月 26 日，最高法院以 7 票對 2 票認同此一主張，判定加州的非政黨式綜合初選違憲且失效，連帶華盛頓州與阿拉斯加州的相同制度也不得再使用。從那時開始這 3 個州必須另尋其他初選方式，也就是下面所提到的前兩名初選。但支持非政黨式綜合初選者更強調獨立選民不用綁政黨黨籍仍舊可以參與政黨初選選舉的重要性，持這類論述者通常對於美國兩黨政治的框架感到厭煩。

　　另外，在路易斯安那州所採取的初選制度也常被稱爲非政黨式綜合初選（blanket），儘管在運作上比較接近下面的「前兩名初選」，因爲在初選中不是各黨各取一名最高得票率者，而是取前兩名得票率最高者進入大選。詳細說明如下，該州將非政黨式綜合初選定位爲大選的一部分，如果有任何一個候選人可以在初選中拿下超過 50% 的選票即當選當州參議員或眾議員；如果沒有人拿到超過 50% 的選票，則取前兩名進第二輪大選以相對多數決取勝負。另外，在緬因州（Maine），2016 年與 2018 年兩項公投立法（initiatives）通過，選舉規則變成選民可以排序選擇（ranked-choice votinig），適用於該州所有的聯邦與州的初選與大選，選民可以提名與選擇不同的聯邦與州級官員。此外，阿拉斯加州在 2020 年 11 月採取了類似「非

政黨綜合式初選」的概念，並在初選中取前四名進入到大選，到了大選中再以緬因州的排序投票制來決定誰選上該州參議員或眾議員。

最後一種為**前兩名初選**，又稱叢林初選。目前有 4 個州（加州、阿拉斯加州、內布拉斯加州、華盛頓州）使用此方式，也就是將所有不同政黨的候選人全部羅列在一張選票上面，這種制度之下允許一個政黨的支持者去投票支持其他政黨的候選人來競選參議員或眾議員。在選票中，每一個政黨中得票數最多的那位候選人，能夠參與最後的大選。譬如民主黨有 3 位參加（A、B、C），共和黨有 2 位參加（D、E），最後可能是的 A 與 D 為兩個最高票晉級到大選；但也有可能是 A 與 B 最高票，這個時候就會發生大選中有兩個民主黨候選人相互廝殺的奇特景象。讀到這裡，細心的人會發現不管是「非政黨式綜合初選」或是「前兩名初選」，其實都是在程序上將初選綁大選，也就是只要第一輪沒有候選人拿到超過 50% 的選票，就取不管是 2 名或者 3 名以上的倖存者進到第二輪大選，直接產生最後參議員或眾議員大選的贏家。

最後，有一些州還是使用政黨集會（party convention）的方式來輔助提名參眾議員候選人，但是這些都是配套使用的，可以看作是 primary 的延伸。譬如在紐約州及康乃狄克州即以 primary 配套使用政黨集會來提名參眾議員候選人。如果有任何挑戰者（非現任參眾議員）的候選人拿到初選選票 25% 以上（紐約州）或者 20% 以上（康乃狄克州），則現任者與挑戰者就必須晉級到政黨集會決一勝負。此外，其他大約有 35% 的州，會要求得票最高的初選候選人若未拿到足夠的選票時，要求他（她）進入到政黨集會來去進行最後的決選。一般來說，政黨領袖比較喜歡封閉式初選，因為政黨在這種制度下能對選民施展較多的影響力。同時封閉式初選也能夠防止其他黨的支持者跨越政黨線來擾亂自己政黨參選人的選情。譬如如果我是共和黨員，在開放式初選當中，我可以跑到民主黨的初選當中投票支持我比較不討厭的民主黨候選人，以對抗我比較討厭的民主黨候選人。但其實我根本不關心民主黨的初選選情，我甚至希望不管他們誰出線到最後都是落選的，因為我的政黨傾向是共和黨。

　　最後再重整一遍，參、眾議員選舉可以分為初選與普選兩個階段。在五十州當中總共有四十五州共和黨與民主黨先各自舉辦初選（當中有些州也允許第三黨舉辦初選），辦完初選之後的幾個月再舉辦大選，大選則由兩黨被提名候選人參加，第三黨候選人一般很少能夠晉級到這個階段。在政黨初選階段，候選人只要獲得相對多數（plurality）就能獲得政黨提名在大選中角逐參眾議員，但有少數州要求政黨初選中的第一高票者的得票數要能過半（simple majority），否則第一高票與第二高票者要進入第二輪初選（primary runoff）[7]，在第二輪初選中由獲得相對多數票者獲勝代表政黨參選。到了大選階段，在兩黨對決的情況下則都以相對多數決來決定大選贏家，除了在喬治亞與路易斯安那這兩州，在這兩州的大選階段，如果選票領先者並沒有獲得 50% 以上的選票，則前兩名必須進入到第二輪大選，並由相對多數者當選。

聯邦參眾議員的出身與優勢

　　就參眾議員的出身背景而言，聯邦參議員候選人大部分都已經是聯邦眾議員或者是州參、眾議員的身分了，不過政治科學家似乎也發現，過去聯邦參眾議員由專職但較為低階的立法者晉升而來的狀態，似乎隨著 1990 末期的「素人參政」風潮而開始有不同的面貌，擔任參議員的前一份工作包括演員（Fred Thompson, Tennessee）、心臟外科醫師（William Frist of Tennessee）、太空人（John Glenn, Ohio）與 2 位成功的企業家（Chuck Hagel, Nebraska; Herb Kohn, Wisconsin）。聯邦眾議員的職位相形之下比較沒那麼崇高，儘管聯邦眾議員與州長都將聯邦參議員視為是在政治生涯中可以爬升的目標與位置，但反過來說參議員與州長對於擔任眾議員則興趣缺

---

[7]　例如在 2020 年時，民主黨的赫加（MJ Hegar）欲在聯邦參議員的選舉中挑戰共和黨的現任參議員康寧（John Cornyn），但赫加必須先經過民主黨初選洗禮，當時她雖然領先群雄，但她在第一輪初選的得票率僅有 22%，因此她與第二名得票率 14.5% 的魏斯特（Royce West）需要進到第二輪以相對多數決勝負，最後康寧在第二輪贏得了勝利，正式代表民主黨在大選中對抗康寧。最後康寧在大選中打敗赫加順利連任。

缺。通常參議員如果連任失利之後，他們不會「降格」回來再選眾議員，而是會參選州長或者入閣擔任閣員，不然至少也是進到企業界擔任高階主管。聯邦眾議員大部分都是由州議會代表選上來的，其他有些則是由地方的行政官員選上來。前眾院議長歐尼爾（Tip O'Neill）曾說過：所有的政治都是地方的（all politics is local）。在美國這種柔性黨紀並且以候選人為中心的國家，從政者必須要從基層的選民服務做起，選民才是王道，重要性甚至更勝所屬政黨。事實上，研究聯邦參眾議院的學者都會同意，參眾議員的連任成功機率常常達到九成以上，與台灣立法委員連任成功機率常常不到八成相比高出了許多，反映出聯邦參眾議員連任優勢通常很明顯。尤其當參眾議員能夠至少連任一屆，第二屆之後的連任優勢就會逐漸增加。而且這種現任者容易在選舉中勝出的基礎，就是經年累月的選民服務。並且任期僅有兩年的眾議員會比起任期長達六年的參議員更重視選民服務。總之，要了解五十州的政治生態，研究聯邦參眾議員乃至於州的參眾議員是一個好的開始。

結語

　　第九章在本書中是一個知識含量與密度都相對較高的一章。我們從民權運動切入，討論了弱勢族群在過去被剝奪的政治參與權利，與他們如何靠著和平不服從運動，有時也必須要與暴警正面衝突，來換取自由。從非裔到西班牙裔，再到原住民與亞裔都是如此。然後我們討論了美國政治當中最有特色的總統大選，從民主黨與共和黨的黨內初選階段開始談起，不論是primary 或者是 caucus 都有許多技術層次的邏輯與運作值得我們細細品味。到了大選階段的選舉人制度更是美式民主可能讓「選票輸家」變成「選舉贏家」的關鍵。最後我們討論到聯邦參眾議員的選舉，雖然較總統大選的規模小了許多，過程也簡單許多，但是仍有數種初選形態，有一些初選形態與大選連結在一起，又 50 個州都有各自不同的規定。讓這個看似複雜、多元、繽紛的美國選制卻又能夠分門別類，依照封閉／開放、單輪／兩輪、相對多數決／簡單多數的標準，來形成初選與大選的運作規則。莫怪乎研究公共行政的學者常稱呼這五十州的政治是「民主的實驗室」，每一州看似獨特，卻

又可以在五十州平等的地位上進行比較，再加上美國政治百年以上所累積下來的實際資料，尤其在國會與總統選舉方面，讓研究美國政治的學者可以很幸福的進行各種分析與歸納，成就了今日美政研究蓬勃發展的榮景。最後一章我們進到大眾媒體的部分，看看強韌的第四權與新時代的挑戰，作爲本書的結尾。

Chapter
10

大衆媒體

美國作為一個老牌民主國家，有很多的第一。他除了有第一部成文憲法之外，也有第一個司法審查制度。在憲政運作上美國也是第一個總統制的國家。本章談美國的大眾媒體，同樣也創造了許多的世界第一，包括憲法第一修正案確立了美國的言論自由與媒體監督政府的第四權，而且美國的言論自由可以說是所有民主國家中保障範圍最廣泛的，其言論不以刑法相繩，縱然是散播仇恨的言論也一樣。就這一點而言便與德式民主對於仇恨性言論的限制大不同，譬如在德國主張納粹思想、穿戴有關於納粹圖騰的衣服或者揮舞納粹旗幟都是違法的。而美國人對於言論自由的捍衛，則從另一個方向——監督政府——出發。早從第 3 任總統傑佛遜的口中就可以體會：

如要讓我決定，有政府而無報紙，或有報紙而無政府，我會毫不猶豫，選擇後者。

The basis of our governments being the opinion of the people, the very first object should be to keep that right; and were it left to me to decide whether we should have a government without newspapers or newspapers without a government, I should not hesitate a moment to prefer the latter. But I should mean that every man should receive those papers and be capable of reading them.

傑佛遜寫給卡林頓的信件，1787. ME 6: 57。

Thomas Jefferson to Edward Carrington, 1787. ME 6: 57.

　　一提到大眾媒體對於美國民主政治發展的重要性，第一個令人想到的就是 1780 年時，由漢彌爾頓、傑伊與麥迪遜與所撰寫並且流傳於十三州的《聯邦黨人文集》（*Federalist Paper*），他們以此作爲說帖欲說服十三州的政治菁英支持一部新的聯邦憲法。但傳播刊物可以拿來宣揚思想，卻也可以用來攻擊對手。1828 年傑克森與亞當斯的大選競爭，是史上最骯髒的一場媒體戰。當時支持亞當斯的報紙指控傑克森與他外遇而來的妻子唐納森（Rachel Donelson）兩人道德淪落，唐納森甚至因此抑鬱成疾在傑克森當選數天後死亡。此外，1901 年老羅斯福也善用媒體贏得選戰。更不用說 1933 年之後小羅斯福的「爐邊夜語」（Fireside chats）替他帶來多少民眾的支持。事實上廣播電台自 1920 年代起就成爲聽眾獲取新聞資訊與娛樂的重要管道。直至今日右翼狂人拉什‧林博（Rush Limbaugh）仍舊以廣播作爲他號召共和黨支持者與保守派選民的重要管道。自從 1939 年全世界第一部電視機在紐約誕生之後，這種單向傳播的方式可以在短時間內就接觸到數以萬計的觀眾。

　　1950 年代開始，看電視的觀眾多了，聽廣播的聽眾少了，因此著眼於選舉的政治人物便將資源與專注力都放在電視身上。到了西元 2000 年初期，美國社會因爲有了網際網路的普及，大眾媒體的形態由傳統的電視、報紙、雜誌轉爲線上媒體，傳播來源不僅有新聞組織，也有由公民自發性對外傳播的自媒體（個人媒體）。另外包括推特、臉書或其他社群媒體也大行其道，對於傳統媒體的衝擊甚鉅，這些傳統媒體被迫必須上線，另一些傳統媒體由於虧損連連而必須收掉紙本的發行。可以說大眾媒體在 21 世紀的今天已經變得更爲網路化、個人化與扁平化，過去由媒體從業人員掌控訊息內容與傳播方式的時代已經過去了，現在的閱聽眾已具有接收與拒絕特定新聞與訊息的主動權。

第一節 言論自由的內涵

要了解美國的大眾傳播媒體，就必須先了解支撐大眾傳播發展的言論自由的意旨。儘管憲法增修條文第 1 條給予保障言論自由的大方向，但在很多細部的認定上仍給予聯邦最高法院許多的挑戰。這裡的關鍵在於儘管大法官們均認為言論自由很重要，但仍需要平衡思考社會上的其他需求，例如國防安全或個人隱私。美國人以什麼角度看待言論自由，主要有以下兩個大的渠道，第一個是**一般性原則**，此原則中包含三種途徑，第一種為**絕對途徑**（absolutist approach），指開國元勳要美國人依照憲法第 1 條增修條文照章辦事，換言之，該條文規定「國會不應制定任何法律」（Congress shall make no law），直白來說就是政府不應該採取任何可能會違反言論自由的手段。但事實上這還是有困難，譬如布萊克（Hugo Black）是 20 世紀最主張絕對途徑的聯邦大法官，但在他的判決中他就不贊成「糾察」（picketing）式的罷工，意即以阻礙其他勞工進入辦公大樓上班的方式所進行的一種抗議。但糾察本身的確也是一種言論的表達。

第二種途徑為**自由優先途徑**（preferred freedoms doctrine approach），意即憲法第一修正案對於社會運作厥功至偉，因此大法官保障言論自由比保障其他權利都來的重要。也就是說法官應該勇於受理對於言論自由方面的釋憲案，並且勇於對此表態。持這類觀點的大法官有例如霍姆斯（Oliver Wendell Homes）。第三種途徑是**平衡測試途徑**（balancing test approach），意即大法官應該避免將言論自由的權利視為一種普世價值。每一案件的宣判都有不同的情況與需要同時衡量的價值來個別判斷，平衡測試途徑與另外兩種途徑不同，它不認為言論自由凌駕其他權利。持這類觀點的大法官例如弗蘭克福特（Felix Frankfurter）。

第二個思考言論自由的渠道是**特定性原則**。這一個原則是依據過去兩百多年來聯邦最高法院面臨言論自由判決時的處理經驗所歸納出來的思考框架，尤其是在哪些情況下言論自由不應受到保障。第一個是「清楚與立即危險測試」（the clear and present danger test），此測試由 1919 年的霍姆

斯大法官所提出，而且是從他的自由優先途徑所衍生出來的測試。當時霍姆斯審理一個社會主義者被控在一戰時散發反戰的文宣，此舉涉嫌間諜法（Espionage Act）。在此案中關鍵之處在於這名社會主義者反戰的舉動，是否對於社會產生了非常明確與極大的邪惡危害（substantive evils）？思考「清楚與立即危險測試」時，是政府要舉證被告的所做所為對社會造成邪惡危害，被告不用主動舉證他（她）沒有這個問題。因此，讓政府比較不容易認定被告的犯行成立，也就是被告於此情況下比較能夠受到言論自由的保護。

　　另外一個測試是「壞傾向規則」（the bad tendency rule），這個規則與前述的「清楚與立即危險測試」相左，也就是舉證被告對於社會有邪惡危害的責任不在原告身上（包括政府）。著名的例子是在 1951 年的「丹尼斯訴美國案」（Dennis v. United States），當時有一位共產主義者密謀推翻美國政府，聯邦大法官們認為這樣的犯行相當嚴重，不需要政府再去證明此犯行對社會造成極大的邪惡危害才能成罪。但反過來說，如果類似犯行情節不重大，例如只是特定言論造成地方治安混亂，則就必須要以「清楚與立即危險測試」來判定，也就是仍需由政府來舉證犯行對於社會的危害。儘管有這兩種途徑協助大法官來判決，但言論的複雜性仍遠超過特定性原則所能預測。譬如在 1989 年的「德州訴詹森案」中（Texas v. Johnson），儘管大法官們認定抗議者焚燒美國國旗是言論的一種表達方式，應受憲法保障，但同時許多愛國人士強力反對毀損國旗的舉措。這個判決甚至導致一波的修憲聲浪，希望仍能夠讓焚燒國旗的抗議者不再受到憲法保障，並應該為刑法所處罰，但這樣的修憲企圖最後以失敗作收。在這樣的情況下，不管是「清楚與立即危險測試」或者「壞傾向規則」都難以適用，仍舊需要大法官的自由心證來裁判。

　　此外，大法官對於不受憲法保障的言論行為有清楚的認定，第一個是**猥褻內容**（Obscenity）包括色情影片等。但在「具體定義」猥褻言論時，大法官們仍舊遇到很大的困難，身體要裸露到什麼程度與進行何種猥褻行為才算是猥褻？許多的裸體藝術家或者三點全露的電影可能只是藝術表現，這種情形屬於言論表達而應該受到保護。第二個是誹謗（Libel and Slander），

Libel 是書面誹謗,而 Slander 則是口頭誹謗。但這裡問題又來了,美國的報業發展的又早又好,批評政府的下場可能就是書面誹謗,認定上又落入要非常謹慎否則就有箝制言論之嫌。要符合書面誹謗要有 3 個要素:出版、對象與傷害。這裡的關鍵在於事實(truth),如果被控書面誹謗者所指控的是事實,則這個書面誹謗的指控就不成立。就新聞實務來說,媒體的天職就是監督政府,因此對於政府官員常有不假辭色的報導。但記者由於截稿時間緊迫,同時消息來源不見得都非常可靠,所以如果記者所報導出來的新聞不是真的,就很有可能讓他們吃上誹謗罪官司。1964 年的「紐約時報訴蘇利文案」(*New York Times Co. v. Sullivan*)是一個劃時代的判決,最高法院認定為了要能讓控訴紐約時報報導的誹謗罪成立,指控方除了需要證明該報導是錯誤的(false)與毀壞名譽的(defamatory)之外,還必須證明報導該新聞的記者有真實惡意(actual malice)。聯邦最高法院把誹謗罪成立的標準拉到如此嚴苛,其目的就是要保障媒體的報導自由,畢竟沒了媒體的監督,政府瀆職或貪腐的可能性就會驟升,即使這樣的保障可能必須以容忍錯誤報導作為代價。

第二節 媒體管理機構

美國的媒體管理機構可以回溯至 1912 年的「廣播法」(Radio Act)作為法源,並於 1926 年設立了「聯邦廣播委員會」(the Federal Radio Commission)。1934 年時通過了「傳播法」(the Communications Act),此法推波助瀾「聯邦通訊傳播委員會」(The Federal Communications Commission, FCC)的誕生。FCC 是一個獨立於聯邦政府的機構,並且直接對國會負責,其功能為管理廣播、電視、電訊、衛星與有線頻道等載具的傳播行為。FCC 希望確保網路接觸權、公平競爭、廣播頻道分配、媒體責任、公共安全與國土安全。後來 FCC 也從洲際商業委員會的手中接下了有線通訊(wired communication)的管轄業務,而有線通訊的業務包含了電話

網絡、有線電視、網際網路以及光纖通信。多年來 FCC 最大的貢獻就是打破媒體壟斷，最著名的例子就是防止國家廣播公司（National Broadcasting Company）的壟斷，而該公司成爲後來著名的美國廣播公司（American Broadcasting Company, ABC）。由於 FCC 獨立於行政部門運作，因此其運作所需的資金來源必須受到不受政治力影響的保障，主要是由保障獨立機關行使的規費（regulatory fees）來支應，例如在 2016 年時，FCC 就有 3 億 8,000 萬美元的預算可資運用。

　　就 FCC 成員的組成而言，領導團隊由 5 位委員組成，包含 1 位主席（acting chair）與 4 位專員（commissioner）。每一位委員由總統提名並須經過參議院同意，同意之後任期爲五年。2019 年時 FCC 下有 1,454 位員工。FCC 領導團隊及轄下的各種委員會設立的法源依據是「聯邦諮詢委員會法」（The Federal Advisory Committee Act, FACA），包含 FCC 在內的這些獨立委員會，肩負了針對特定議題召開公聽會廣納各界意見的責任，這些獨立委員會對總統與各聯邦單位都有定期提供諮詢的義務。就組織結構而言，目前有 10 個隸屬於 FCC 的常設次級委員會與 4 個非常設性的工作小組。

　　儘管言論自由是美國立國以來最重要的精神之一，但在美式民主的運作過程中仍有許多濫用民主之嫌的狀況存在，例如廣播節目因爲某些人的宗教信仰、種族背景或性傾向而進行嘲諷或批評，這種霸凌行爲統稱爲「仇恨性言論」，但站在 FCC 的立場，只要這些仇恨性言論不會對社會造成前述的「清楚與立即的危險」，則都是在言論自由的保障範疇之中。從多數美國人信奉的多元主義（pluralism）而言，極端言論不會是一個問題，因爲在擁有眾多不同言論的市場上（opinion market），有極右的言論自然就會產生極左的言論，因此政府是最不該介入去制止這些極端言論的一方。然而，FCC 也不是全然不對言論進行管制，除了對社會造成「清楚與立即的危險」的言論會受到 FCC 管制之外，不雅內容（indecent material）的傳播在特定時段同樣會受到 FCC 的限制，尤其從早上的 6 點到晚上的 10 點，這是因爲在這段時間內兒童可能看到這些不雅內容。不過至今法界對於什麼是猥褻內容的定義仍莫衷一是，整體而言就算是猥褻內容或不雅內容的傳播也都被大法官

視爲是言論表達的一種，不應該明文禁止。但 FCC 關注的是如何避免兒童受到猥藝物的不良影響。此外，FCC 多年來也做了許多爭議性的決定，並引起社會正反方極大的討論。

1. 電視台訊號衝突時 FCC 不發照

1948 年時 FCC 暫緩核發無線電視台的營業執照，這是因爲在該年之前申請設立電視台的頻道太多，進而導致訊號干擾。本來外界預期這項暫緩核發令只會持續數月之久，沒想到 FCC 要一直等到四年後的 1952 年才又開始核發執照，恐有箝制言論自由之嫌。

2. AT&T 的壟斷

AT&T 電信公司作爲一個壟斷性的產業曾遭到美國司法部門以強制手段分割爲數間小公司，在美國這種政府反壟斷的作爲很常見。1996 年通過的「電信法」（Telecommunications Act）旨在確保傳播市場上的自由競爭，該法明文規定巨型的電信公司必須允許新加入的電信公司就自己已有的電話線路來賣給顧客。過去這些新的或小的電信公司的電話線路往往還是在地理區位與涵蓋率上受制於大型電信公司。此規範一出馬上有效的打開了電信公司更大的市場，也讓新公司能參與競爭。

3. 珍妮·傑克遜裸露事件

搖滾樂天王麥可·傑克遜（Michael Jackson）的胞妹珍妮·傑克遜（Janet Jackson）於 2004 年 2 月在美式足球超級盃半場休息時演唱，當時她與另一位歌手賈斯汀·提姆布萊克（Justin Randall Timberlake）一同登台。當提姆布萊克唱到歌詞中「最後讓你脫光光」（gonna have you naked by the end of this song）時，他扯掉了傑克遜的上衣，傑克遜的右乳當場由衛星播出在全球 9,000 萬個觀眾前暴露了 0.8 秒。此一事件讓本來就想管制猥藝內涵的 FCC 採取大動作，對傑克遜裁罰 32 萬 5,000 美元的罰金，0.8

秒的裸露換來天價罰金，所費不貲。

4.網路共享

　　網路中立性（net neutrality）這個概念主要指的是在網路世界中，所有的內容、連結或者平台都應該享有同等的地位，而不是某一些內容、連結或平台比另一些更受到禮遇與更能被曝光。試想如果 2000 年時當 Netflix 與 YouTube 還在萌芽階段，就在網路不中立的環境下受到當時主要軟體或平台的排擠，也許二十年後的今天我們就享受不到這些平台蓬勃發展所帶來的便利性了。另外一個可以想像的例子是川普政府為了圍堵中國，因此對於源自於中國的軟體抖音（TikTok）發出禁令。當美國人可以用推特或臉書，但卻不能用抖音，此即違反網路中立性的具體例子。FCC 在 2000 年時原本是反對網路中立性的，不過在 2014 年之後 FCC 轉為支持網路中立性。但有些共和黨員不認同這個理念，也對 FCC 提出訴訟，這類案件有許多都還在審理中。

第三節　報紙、廣播與電視

報紙

　　在 1910 年時美國有 2,600 份每日出版的報紙，但到了今日一半以上的報社已經消失，傳統報業無法抵抗網路時代免費新聞唾手可得的潮流，以收益為考量的報社老闆逐步裁員甚至完全關掉報社。過去傳統報社的主要收益是業主刊登廣告，但近二十年來這些刊登在紙本報紙上的廣告也都轉刊在網路介面上了。在時代的浪潮下，能夠把紙本報業撐住的還是大財團。現存的紙本報紙有七成五都由跨國企業經營，由於這些大財團需要很高的付費閱報率，因此避免太偏鋒的報紙立場，讓大多數人都讀得下去是很重要的事情，這也有助於傳統報紙維持中立與溫和。而現在的報紙影響力也下降許多，1960 年代時 80% 的美國人每天閱報，現在不到 35% 的美國人這麼

做。人們主要的新聞來源是網路與電視，第三個才是報紙。尤其是年輕人不從紙本報紙獲取新聞資訊。儘管如此，菁英報紙如《紐約時報》（*The New York Times*）與《華爾街日報》（*The Wall Street Journal*）的民意論壇與社論對於政治人物與一般民眾仍具有影響力。就新聞通訊社而言（the news services），其主要功能為提供報社新聞素材，但大報常常看不起通訊社（wire-service 為通訊社較為老派的說法），認為應由自己的記者親自採訪與撰稿。但小規模報社會需要通訊社供稿。美聯社（Associated Press, AP）是世界上少數不受政府投資的通訊社，因此免於做政府傳聲筒。合眾國際社（United Press International, UPI）曾與美聯社不相上下，但後來被韓國統一教主文鮮明收購，繼而開始有了特定立場，文鮮明帝國有資產幾十億美元。然而。美聯社也有侷限，在於其新聞資訊更新太快流於膚淺，同時資訊來源也都從官方來，缺乏其他來源如反政府示威者的聲音。

廣播

　　廣播與報紙一樣，都逐漸在流失觀眾，能存活下來的廣播電台都由極大規模的商業集團在支應。目前 3 個最大規模的商業集團〔清晰頻道通信公司（iHeartMedia, Inc.）、積雲媒體（Cumulus Media, Inc.）與城鎮廣場傳媒（Townsquare）〕擁有全國半數以上的廣播電台。光是清晰頻道通信公司就擁有超過 1,200 個廣播電台。但這三大商業集團經營的電台內容均由位於總部的「中央廚房」錄音室統一供給內容，不但缺乏地方性，甚至連地方最關注的龍捲風警報（tornado warning）的服務都很少。兩次大戰之間，廣播廣受歡迎，小羅斯福總統的「爐邊夜語」成為風靡一時的政宣工具，而後卡特總統與雷根總統都有類似的廣播演講作為。儘管 1950 年代電視的興起讓廣播幾乎被取代。但廣播亦有其市場與特殊功能。例如開車或做家事時會選擇的媒體不會是電視而是廣播。右翼脫口秀（talk radio）主持人林博仍以廣播做為主要載具。其他左翼的節目還包括全國公共廣播電台（National Public Radio）的節目「全盤考量」（All Things Considered）等。

BOX 菁英媒體與調查性報導

　　菁英媒體（elite media）包括《紐約時報》與《華爾街日報》，決策者與意見領袖都讀這些報紙，並且也受這些報紙的社論／專論（editorial）所影響。同時報紙的讀者投書（op-ed, opposite the editorial）也能產生影響力。甚至這些菁英媒體都有出版「調查性報導」（investigative reports）的良好傳統，而且往往能夠善盡媒體監督政府之責。例如《紐約時報》在1971年發表了「五角大廈文件」（Pentagon Papers），揭發有關越戰的美國軍事秘辛。《華盛頓郵報》在1972年報導了水門案（Watergate），甚至導致了1974年尼克森總統的下台。在菁英雜誌的部分，保守雜誌包括《國家評論》（*National Review*），新保守觀點的雜誌則有《旗幟周刊》（*Weekly Standard*）。自由派觀點的雜誌有《美國觀點》（*American Prospect*），而《國家》（*Nation*）則持左翼觀點。

電視

　　電視是在第二次世界大戰之後才發明的新寵兒。在網路媒體已席捲全世界的今日，電視仍然在美國人心中占有重要地位，三分之二的美國人仍藉由電視獲得新聞資訊，十數年前這個數字是 90%。但現在下降了 25%，而且越年輕的人越會從網路與社群軟體而非電視來獲得新聞訊息。電視新聞的製作費與廣告費也比其他傳統媒體來的昂貴許多，並且都是以「秒」來計算。但也因為電視新聞或節目可以藉由片段的畫面與聲音產生鮮明的訊息印象，也因此在電視這個載具上很難完整地呈現政治論述與事件的全貌，難免讓政治事件或政治人物的談話在電視播出時變成零碎與容易被斷章取義的幾個畫面。這十年來電視的傳播由於與網路媒體一樣有畫面，有聲音也有文字，因此漸漸與網路融合在一起。傳統有線電視頻道在網路上透過臉書或YouTube 一樣能收看。因此電視內容對於政治的影響力不但沒有下降，甚至有加乘效果。美國的民選官員在選舉時廣告預算花費最多的就是在電視媒介之上，同時電視由於收視率考量，會特別喜歡拍攝已有全國知名度的政治人物，譬如現任總統、州長與參眾議員。也就是現任者享有優勢（incumbent advantage），新人要在電視上曝光比較困難。另外電視台對於報導總統的興趣，多於報導聯邦國會，也多於報導最高法院。儘管電視是一個重要的傳

播載具，但其效果並不全然是好的，以下我們接續來談。

第四節　電視與政治冷感

政治科學家普特南（Robert Putnam）認為，在二次世界大戰前出生的美國人較容易信任人，因為他們沒有接觸過電視。但二戰後電視大行其道，常常看電視的年輕人之社會信任（social trust）與團隊概念（group membership）遂變得較弱。同時，電視也降低了投票率，有些研究發現從 1960 年至今電視政治新聞的播出已讓投票率下降約 13%。尤其是負面廣告（negative ads），也就是在競選期間以負面內容攻擊對手的廣告，這類的廣告很常見，雖無法藉由製作與播放這類的廣告而讓候選人自己增加選票支持，但負面廣告的確有造成所攻擊對手原先支持選票流失的效果。例如在 2012 年共和黨推出大選的負面廣告，不但未使共和黨候選人羅姆尼（Mitt Romney）當選，反而造成選民全面放棄投票（abstain from voting），當年的投票率僅有 54.9%，比四年前降低了 4 個百分點，2012 年那場選舉最後還是由現任者民主黨的歐巴馬總統連任成功。附帶一提，2012 年那一場羅姆尼對上歐巴馬的負面選舉還透漏不少黑白之間的矛盾情結，譬如羅姆尼在一場針對捐款至少百萬美元起跳的政治獻金者的私下聚會裡談到：「不管怎樣就是有 47% 的美國選民會投給民主黨，這些民主黨支持者不但懶散，而且也總是伸手要政府幫助，好像花掉納稅義務人的血汗錢是應該的[1]。」當時很多媒體觀察羅姆尼似乎在暗指黑人，畢竟比例上他們多屬於這個類別，同時那時對手又是非裔的歐巴馬總統。此外，電視也常常產生人際之間的

---

[1] 羅姆尼當時講話原文：There are 47 percent of the people who will vote for the president no matter what. All right, there are 47 percent who are with him, who are dependent upon government, who believe that they are victims, who believe the government has a responsibility to care for them, who believe that they are entitled to health care, to food, to housing, to you-name-it. That's an entitlement. And the government should give it to them. And they will vote for this president no matter what ... These are people who pay no income tax. 見新聞連結：https://www.motherjones.com/politics/2012/09/secret-video-romney-private-fundraiser/。

交叉壓力（cross cut pressure），譬如保守派的選民看了自由派的電視台如 MSNBC，就會感覺到旁人與我的政治立場都不一樣；同樣的，自由派的選民看了保守派的電視台如福斯新聞台（Fox News），也會感到格格不入，這種格格不入的感覺，最終會降低觀眾參與各種社會與政治活動的意願，也會直接反映在投票意願低落的情況之上。

事實上，先不論負面競選廣告，正面宣揚候選人自己優點的競選廣告還是很有效果，過去的經驗顯示候選人越肯花錢在電視廣告上，當選機率越高。只是電視競選廣告相當昂貴，預算高達數十億美金，1 分鐘廣告就高達 10 萬元美金。因此不管從總統選舉到國會議員選舉，競選陣營藉由政治行動委員會（Political Action Committee）所募得的鉅款，都會花在電視競選廣告上面。電視競選廣告也讓政治顧問公司（political consulting）變得非常賺錢，而近年來這些鉅額的政治獻金有很大一部分移往網路新媒體，戰場已然從傳統電視進入到網路的世界當中。不管如何，從利益團體（interest group）與政治行動委員會可以替候選人募得大筆資金，似乎也逐漸取代了政黨原本就在幫候選人募款的功能，是否因此讓政黨對於候選人的影響力降低，也是值得討論的課題。

第五節　總統大選電視辯論會

既然電視這個載具如此重要，總統大選候選人自然不會錯過透過電視來宣傳自己的機會。在美國大選中，最經典的莫過於場場精彩的總統大選電視辯論會。1960 年 9 月 26 日，在 CBS 新聞網位於芝加哥的攝影棚，時任共和黨副總統的尼克森與民主黨參議員的甘迺迪，進行了美國有史以來首場總統大選電視辯論會。這場辯論會當時由三家電視網聯合播出，收看人數達 6,600 萬。彼時 43 歲的甘迺迪，年輕且陽光的形象，四平八穩的談論國防與經濟政策，贏得許多觀眾的青睞。然而，電視畫面上出現的尼克森，精神疲弱，服裝也黯淡無光，讓原本領先的尼克森失去了絕對優勢。事實上，

尼克森本來就不是那麼在乎外表，當時他有核心策士建議他，用日曬機曬個幾小時，可以讓容貌看起來更健康，但尼克森對此建議嗤之以鼻。辯論之後民調果然反轉，甘迺迪開始逆轉勝。當時已經擔任八年副總統的尼克森，怎麼也沒想到會在辯論表現上輸給這位後生新秀。之後美國三大電視網共舉辦了四場電視辯論會，但尼克森頹勢已定，最後甘迺迪以些微票數擊敗了他，選上美國總統。在辯論會上所吃的虧，著實帶給尼克森極大的陰霾。其在1968年及1972年再度參選，都不再參加辯論會，仍贏得了總統寶座。事實上，法律並沒有規定一定要辦總統電視辯論會，都是徵詢各候選人同意後舉辦的，因此直至尼克森1974年因「水門案」下台，都沒有再舉行過總統電視辯論會。

　　儘管在1960與1970年代總統大選電視辯論會對於影響選情可以產生不少影響。不過近年來有不少研究政治傳播的學者發現，電視辯論會的影響漸漸有限，頂多就是在辯論會後鞏固自己原本就有的票源，不太具有吸引新選票的功能。譬如2016年深陷桃色影片醜聞的總統參選人川普，在與希拉蕊的幾場辯論會中都被質疑有嚴重的「道德瑕疵」，甚至在其中一場辯論會

圖10-1　2016年10月20日川普與希拉蕊的電視競選辯論會，川普在希拉蕊背後刻意貼近並來回踱步（prowls）

資料來源：The Guardian。

中川普還刻意站在希拉蕊背後貼近她，被希拉蕊質疑有性騷擾的嫌疑。川普在電視辯論會中如此離經叛道的行爲，仍舊讓他當選了美國總統。儘管總統大選電視辯論會已無法顯著吸引新的選票，不過就總統候選人仍需要向選民交代政見，以及讓社會各界代表得以向他們提問的出發點而言，總統電視辯論會仍舊扮演重要的角色。

BOX **2016年美國總統大選首場辯論會**

　　美國總統大選電視辯論會至今已有超過六十年的歷史，總統候選人在言詞交鋒時出現令觀眾驚豔的表現時而有之，但也有候選人不是表現平庸就是令人反感。例如1980年時任總統卡特齜牙咧嘴的想將雷根描述成一位極右激進分子，當時雷根只像個失望的父親溫和地回了一句：「你又來了。」效果高下立判。1992年老布希和柯林頓與裴洛同台辯論，在接受提問時猛看錶，還有2000年時高爾被小布希激怒大聲地嘆氣，這些失格表現常出現在辯論一方。但像希拉蕊與川普的首場辯論會，兩造雙方同時乏善可陳的狀況，就比較少見了。

　　如果各用一個字來形容希拉蕊與川普傳達的訊息，前者就是「做」，後者就是「錢」。希拉蕊說我做過這個、做過那個，川普則不斷強調美國企業少賺多少錢、政府欠了多少錢、盟邦要付美國錢。「電視」辯論會多年來本來就是表演性質多於政策實質討論，但是像這場兩邊不斷加碼扒糞與潑糞的劇碼也是一絕。這些內容包括：

　　1. 希拉蕊指控：川普過去宣布破產6次、1973年因拒租房子給非裔被控種族歧視2次、川普請工人到旗下高爾夫球場修繕卻不付錢等，川普視女性如豬狗，並稱選美小姐爲「管家小姐」。

　　2. 川普反擊：希拉蕊沒資格說他歧視，連她自己都稱年輕黑人爲「超級掠食者」（super-predators），暗指重刑才能讓他們「乖乖就範」。歐巴馬不在美國出生這項指控，最早其實是從希拉蕊與歐巴馬在2008年初選時的攻擊而來，一張歐巴馬穿著穆斯林服裝的照片也是由希拉蕊踢爆與散播的。最後川普說希拉蕊沒做總統的「精力」（stamina），以性暗示暗指穿裙子的不適合當總統。

　　雖然雙方還是有提到政策，但大致都是因爲主持人刻意主導，而希拉蕊與川普回應時幾乎都敷衍又紊亂地帶過。譬如美國—北約—中東與反恐的策略、華爾街的改革、黑人犯罪率的具體政策。比較上來看，希拉蕊缺乏歐巴馬在2008年崛起時帶給美國「希望」與「改變」的口才與魅力，論述與肢體動作都讓人難以忘記她才得過肺炎與就要70歲的事實；而川普雖然比起初選時收斂許多，但仍舊維持一貫民粹與鄙俗的基調，儘管「讓美國再偉大一次」已成陳腔

濫調，但辯論時再喊個兩句主要就是要「保本用」。的確，許多研究發現：總統大選辯論會動搖不了心意已決選民的投票意向，甚至未決選民也影響不多。但重點在於電視辯論會能夠吸引原本已支持之選民，深化他們為鐵粉。這場辯論會唯一明確的訊息，就是「中國」已成希拉蕊與川普口中時時提醒的關鍵字，中國今日所扮演的角色，在美國人的心中已遠比歐巴馬、小布希與柯林頓時期都還重要許多。

第六節　媒體監督政府的天責

美國憲法第一修正案保障新聞自由是比很多民主國家的憲法都來的直接。譬如中華民國言論自由的憲法上根據是中華民國憲法第 11 條：「人民有言論、講學、著作及出版之自由。」當中並未寫到媒體自由，媒體自由是由「出版之自由」所衍伸出來的。但美國憲法第一修正案所保障的自由之一卻很明白地寫道：「要保障媒體自由（freedom of press）。」第一修正案的原文如下：

Congress shall make no law respecting an establishment of religion, or prohibiting the free exercise thereof; or abridging the freedom of speech, or of the press; or the right of the people peaceably to assemble, and to petition the Government for a redress of grievances.

當然，憲法第一修正案所要保障的自由，不僅有新聞自由，還有其他包括結社與請願等自由，但該修正案明示了媒體作為一個很特殊的角色並有神聖的功能，此功能即為監督政府。媒體報導公眾事務具有極高的公益性，縱有報導錯誤也不應受到法律的追訴。這後面的道理很簡單，因為法律可能代表政府，媒體在監督政府的天職之下，政府中的政治菁英有時可能為了要逃避公民透過媒體對他們的監督，進而調查記者甚至逮捕與起訴記者。媒體

與民選官員對立的故事有很多，但最經典的還是尼克森的「水門案」（The Watergate）。

　　1972年時一則新聞壓垮了整個尼克森政府。當時因為這個事件有部分的媒體將自己形塑為是「公共道德的捍衛者」，當時在水門大廈的民主黨競選辦公室發生了有小偷侵入竊盜與偷植電話竊聽器的事件，而這一個小偷可能與當時的白宮有關。兩位華盛頓郵報的年輕記者經過鍥而不捨的追查之後出版了一本書，叫做《總統的人馬》（All the President's Men），該書中揭發了由總統橢圓辦公室（oval office）所暗中策劃的一個行動。作為總統的尼克森，越是澄清自己與這件竊案毫無關係，看起來就越可疑。當時的眾院立即成立特別委員會，在調查全案之後即建議要推動彈劾案。尼克森在社會壓力之下終於在1974年辭職下台。如果當年尼克森厚著臉皮不下台，則眾院應該會通過起訴，而參院也有可能通過彈劾案。後來有些人回想這段歷史，如果當時沒有媒體的報導，尼克森最後是否還是會自行下台？事實上，當時媒體報導確保水門案的審理不受到政府部門的拖延，也的確導致尼克森下台。

　　另外一個尼克森與媒體的衝突來自於越戰，越戰可以說是帶來第一場電視戰爭。最著名的例子是1968年美軍在越南美萊林進行大屠殺（Mylai massacre），無差別殺害約500名手無寸鐵的南越百姓，不論男女老幼，甚至嬰兒，還有輪姦女性和肢解屍體等犯行，一開始美國陸軍還企圖封鎖消息，後來美國記者赫許（Seymour Myron Hersh）揭發這個暴行，並在1969年11月12日的《紐約客》雜誌刊出相關圖文，導致美國國內反戰情緒高漲，國際社會更是譁然，赫許也因為這個報導拿到了1970年的普立茲國際報導獎。爾後數十美軍被起訴，但全部無罪釋放。

　　而越戰從1955年11月1日持續到1975年的4月30日，同時尼克森的任期是從1969年1月20日到他辭職下台的1974年8月9日，嚴格來說對越南發動戰爭這件事情不應該算在尼克森頭上。當時有一份機密文件《1945至1967年的美越關係：國防報告》，簡稱五角大廈文件，是國防部對1945至1967年間美國在越南涉入政治與軍事的評估報告。1971年時受僱於蘭德公司的美國軍方分析師艾爾斯伯格（Daniel Ellsberg）將這份報告先後洩

圖10-2 尼克森辭職下台後隔日各大報頭條

資料來源：維基百科。

漏給《紐約時報》與《華盛頓郵報》，兩報在經過多次沙盤推演後於 1971 年 6 月 13 日陸續刊登出，立即引起美國國內與各國的高度矚目。多年後的 1996 年，《紐約時報》的一篇報導指出，五角大廈文件「說明當時的詹森政府系統性向大眾與國會撒謊」。

事實上，詹森政府總對外宣稱越戰進展順利，在那個通訊與交通都不是十分發達的年代，一開始媒體相信也接受了。但在幾次美軍傷亡之後，媒體開始找碴。1971 年 6 月紐時與華郵的記者開始以節錄的方式釋出五角大廈文件，其實一開始尼克森總統不是很在乎，因為該文件只是讓民主黨的前總統詹森與甘迺迪出糗罷了，與他自己無關。不過時任尼克森的國家安全事務顧問季辛吉（Henry Kissinger）卻認為兩大報洩漏國家機密文件如果不受

罰，後續將為政府帶來更大的麻煩。因此尼克森被說服了，先由當時的助理檢察官倫奎斯特（William Rehnquist，後來的聯邦最高法院的首席大法官）直接干預兩報不准再出版。被兩報拒絕之後，尼克森遂向聯邦地方法院申請假處分，下令停止出版有關於五角大廈文件的新聞。這件案子從一開始的聯邦地方法院一路上訴到聯邦最高法院，聯邦法官們都是站在兩報這邊的。最後，在 1971 年 6 月 30 日，聯邦最高法院做出舉世聞名的判決「紐約時報訴美國案」（*New York Times Co. v. United States*），以 6 比 3 票駁回尼克森的假處分要求，理由是政府缺乏證據證明假處分有其必要。當時的聯邦大法官布雷克（Hugo Black）寫下這段名言：

只有一個自由與不受羈束的媒體才能有效地揭露政府的謊言。任何自由媒體最重要的責任就是防止政府的任何部門欺騙人民，與防止政府讓人民置身於千里之外的國度並在槍林彈雨之中送死。

Only a free and unrestrained press can effectively expose deception in government. And paramount among the responsibilities of a free press is the duty to prevent any part of the government from deceiving the people and sending them off to distant lands to die of foreign fevers and foreign shot and shell.

Justice Black (1971)

在尼克森政府之前其實媒體與總統之間的關係還算和睦，但到了「五角大廈文件案」與「水門案」之後，媒體監督政府的力道大增，當然也就增加彼此之間的摩擦。

第七節　網際網路的嶄新時代

大眾媒體的運轉形態不斷在變化當中，十年前甚至是二十年前的教科書，在大眾媒體這一章不會把網際網路的言論自由與言論自律擺上來談。但

在 2020 年的今天，當各式各樣的網路媒體現象——社群媒體、公民記者與自媒體、網紅與名嘴、懶人包與直播等席捲而來，這些在 1990 年時還被認為是年輕人玩意兒的次媒體搖身一變成為了主流媒體。現在電視新聞更少人看了，報紙更少人讀了。精確來說，美國人不是不讀新聞了，只是換個介面來讀，他們上網讀、用平板電腦讀，更用手機讀。當資訊流通已經不只有爆炸可以形容其程度的時候，資訊開始立體化，從家用電腦到智慧型手機甚至整合到手錶裡頭。資訊也開始客製化，越來越多的 AI 人工管家每天為美國人起床之後報氣象與報合適的新聞。在這個時代，哪些新聞上頭條？哪些擺在頁際？不再以編輯室的判斷為依準，而是大數據演算法根據閱聽人的使用習慣，在個人頁面上浮現供使用者點選，人工智慧科技已經不是「媒體提供閱聽人資訊」或者「閱聽人向媒體索取資訊」那麼單向的供需了，它是閱聽人與媒體每天互動與磨合藉以建構屬於自己的資訊世界的過程。

臉書與政治

　　此外，當臉書（Facebook）逐漸翻譯成各種語言進入各國之時，社群媒體的傳播效能與渲染力對於各國政治產生了巨大影響。2010 年的阿拉伯之春由臉書而起，從突尼西亞開始，在封閉威權的回教國家捲起一波波的革命浪潮，由社群媒體帶動由下而上的草根行動本來可能為新一波的民主化帶來契機，但卻不幸造就了包括中東地區各國內戰，被反叛軍視為革命對象的敘利亞阿薩德政府，在俄羅斯的暗助之下對反叛軍與他們的村民進行了慘無人道的殺戮，社群媒體所促成的革命之果不知是幸還是不幸？

　　的確，水能載舟亦能覆舟，網路除了能乘載民主化的浪潮之外，當然也可以成為孳生仇恨與排他病毒的培養皿。至少從 2016 年開始，全球的民主國家都經歷了一波波的右翼風潮，從英國脫歐公投，到跌破所有專家眼鏡當選的黑天鵝川普總統，再到法國極右翼「國民陣線」及其領袖瑪琳‧勒朋（Marine Le Pen）與德國「另類選擇」（Alternative for Germany）的崛起，網際網路與社群媒體尤其臉書，皆淪為這些右翼勢力煽動草根民意的一大溫床。更有甚者，政治行銷公司「劍橋分析」（Cambridge Analytic）在臉書

知情並且授意之下，取得 1 億 5,000 萬美國臉友，每一位均含括 500 個資料點（data point）的個資，並且受僱爲川普陣營爲其助選與宣傳，該公司透過在臉書上所散布的個性測驗，以人格特質爲分析單位來收集臉友的個資，並據此精準地針對右翼支持者與中間選民進行廣告投放，企圖影響輿情。而當時這些臉書廣告投放總數高達 590 萬則，對比希拉蕊的臉書競選廣告投放僅有 6 萬 6,000 則，完全不成比例。同時劍橋分析也看準了希拉蕊外洩的電子郵件所可能導致的巨大醜聞效應，不斷在網路上追打與批判，所放出來的訊息有許多是不實謠言，或者誇大的說法，後來皆被美國各界認定爲希拉蕊在選舉人票中以些微差距敗給川普的關鍵原因。

假新聞

　　然而，成敗蕭何，當網路介面上的資訊服務看似恰如其分地服務人類同時，假訊息與假資訊也如新冠病毒一般地悄悄進入了美國人的生活當中。而談到社群媒體上的假新聞，幕後一直以來就有一個「影武者」：俄羅斯。正如俄羅斯操縱社群媒體來影響克里米亞與烏克蘭民心一樣，俄羅斯也以社群媒體來影響美國，希望能在美國政壇培養一個調查記者克林特·沃茨（Clint Watts）所稱的「有用的笨蛋」（useful fool），來迎合俄羅斯的利益，而這個有用的笨蛋即爲川普。因此在 2016 年的美國大選當中，俄羅斯疑似透過各種臉書帳號來釋放出對於希拉蕊不利的訊息。最顯著的例子就是在選前當川普年輕時「Grab 'em by the pussy」的性醜聞影帶被釋出的 1 小時內，臉書上隨即有希拉蕊的私人電子郵件流出，部分電郵顯示《華盛頓郵報》邀請希拉蕊演講，並給了鉅額酬金；此外，電子郵件也顯示當時舉辦總統大選辯論會的 CNN 電視台，透過 CNN 發言人布拉澤爾（Donna Brazile）將辯論題目事先洩漏給希拉蕊。天價的演講費讓希拉蕊與藍領選民之間的距離越拉越遠，偏偏藍領選民原本就是民主黨的票倉；同時 CNN 將電視辯論會的題目事先洩漏給希拉蕊，對許多選民來說是一項罪證確鑿的舞弊。

　　另一方面，對於川普來說，其豪放不羈或者蠻橫無理的形象早已深植人心，因此性醜聞影帶對其傷害有限，但是對於標榜道德高標準的希拉蕊

來說，這些流出的電子郵件太赤裸，也影響了最後的選情。而這些私密電子郵件的外洩，當中包含不少假消息，直接與間接都可能由俄羅斯主導。在直接的部分，洩漏郵件的維基解密與其創辦人朱利安‧亞桑傑（Julian Assange）與俄羅斯關係密切，俄羅斯甚至協助其逃亡，美國情報部門懷疑俄羅斯直接將希拉蕊的電郵洩漏給維基解密；在間接的部分，俄羅斯總統普丁也曾親口承認過：「儘管在美國大選期間攻擊美國的網路訊息，與俄羅斯駭客與政府無關，不過也不排除是部分愛國的（patriots）俄羅斯人所為。」

從川普的角度而言，川普任內批評過俄羅斯總統普丁的次數甚少，反而多次褒揚普丁，兩人甚至還在國際峰會上肩並肩召開記者會同聲否認俄羅斯介入美國總統大選。過去共和黨都比民主黨反共，這是因為共和黨為右傾政黨，而共產黨是左傾政黨。因此共和黨理論上應與俄共水火不容，但同樣是共和黨總統的川普，卻和普丁相對友善。事實上，一連串的「通俄門」疑雲，在川普陣營也有不少通俄的證據。例如川普前國安顧問弗林與俄羅斯外交官謝爾蓋‧基斯利亞克（Sergey Kislyak）有私下不當接觸；此外，喬治‧帕帕佐普洛斯（George Papadopoulos）於2016年擔任川普競選陣營的外交策士，在2017年1月接受司法部門調查時作了偽證，帕帕佐普洛斯曾經在選舉期間以電子郵件與一位俄國教授接觸，該教授洩漏當時民主黨候選人希拉蕊的「骯髒情報」（dirt）給帕帕佐普洛斯。但帕帕佐普洛斯隱匿這項事實，他最終認了通俄並因此遭到起訴，成為通俄門的首位被告。

本節中花了些許篇幅描述俄羅斯介入美國總統大選的背景，作為切入假新聞主題的起手式，主要是想表達理解假新聞／假消息孳生的脈絡是很重要的，美國的經驗顯示：內部的意識形態分歧（左右翼間的鬥爭）與外部勢力的介入（俄羅斯、中國甚至恐怖分子），如果剛好又遇上一個非典型的總統（川普）完全不忌諱與過去被共和、民主黨認為是敵人的俄羅斯交往，這個時候有心人士就容易透過社群媒體散布假消息，之後再被主流媒體設定為議題並廣泛報導，引發政治人物的大動作反應，再回饋到網路上成為網民話題。進而誘發更多的假消息釋放，最終網路讓美國內部歧見更深，兩派人更仇視彼此。一個理當成為公共論壇的社群媒體，與理當培養審議討論

（deliberative democracy）的網路載具，不但沒有達到如此目標，甚至反過來成爲分裂社會與國家動盪的根源，讓社會科學家與社會觀察家必須審慎檢視網際網路與社群媒體在人類文明中的負面影響。

　　此外，幽默感是美國文化的核心之一，反諷（sarcasm）又是美國媒體在評論政治時事時常用的方式之一，因此儘管像《洋蔥報》（*The Onion*）這種刊出虛構新聞的反諷網站應受新聞自由的保障，但也常發生這些搏君一笑的假新聞造成國外媒體的轉載而引發恐慌，因此作爲反諷的虛構新聞應受到新聞自由的保障要到什麼程度，也是一個需要反覆斟酌的議題。就法制面而言，任何民主國家如果要以公權力積極對抗假新聞／消息，甚至訴諸立法來恫嚇與懲罰散布者，不但可能墜入箝制言論自由的窘境，執政黨也可能以防範與打擊假新聞之名來整肅異己，不可不慎。而就算有幾條法律甚至整部法典規範假新聞／消息，檢察官在舉證假新聞／消息散布者具有「惡意心態」上困難度很高。遑論在美國這種言論自由至上的國家，縱使是惡意言論，包括仇恨性言論，是絕不可能由刑事相繩，而是由民事告訴來規範，但會針對犯罪行爲進行起訴與判刑。總之，美國法界普遍認爲仇恨性言論沒有確定的行爲後果，但仇恨性「犯罪」本身就已經是行爲後果了，因此只有後者能受刑事追訴，前者應受言論自由保障。美國的民主黨與共和黨看待假新聞／假消息的觀點與立場可能不同，民主黨認爲應該要有多一點政府管制，但共和黨乃至於主張全方位的無政府主義的「自由意志主義者」（libertarian），則緊緊踩在憲法第一修正案的宗旨之上，反對政府以任何形式介入假新聞／假消息的管制。

假新聞的定義

　　若要細究假新聞的定義，其實國際學界仍無共識，然而假新聞至始至終存在。在19世紀末就有所謂的「黃色新聞」（yellow journalism），可以說是假新聞的鼻祖，當時爲了刺激報紙銷量，推出粗淺、聳動與未經深思熟慮的新聞。20世紀後新聞專業興起與新聞教育的制度化，才讓這些傳統黃色新聞的問題獲得改善。在社群媒體時代，由於新聞守門員無法像傳統

媒體一樣審核絕大部分新聞發布，因此現代版的黃色新聞又開始猖獗。楷書（Kai Shu）等人提出兩大標準協助判斷假新聞：真實性（authenticity）與意圖原則（intent），在此準則下，許多學者都提到了不實新聞假資訊（disinformation）與一時疏忽查證所導致的「不實新聞」（misinformation）的確不同，儘管兩者都有可能誤導大眾，但「假資訊」爲意圖散播錯誤資訊；「不實新聞」則爲非意圖所造成的疏忽，所以不應該被認爲是假新聞。此外，臉書在 2017 年所發布的報告對假新聞給予清楚定義：即「刻意」散布不實資訊爲假新聞，非刻意散布的不實資訊並非假新聞。

同時，針對「虛假新聞」（false news）臉書也提出定義，即「聲稱是真實的，但包含刻意爲之的錯誤陳述，其目的是挑動情緒、吸引目光或欺騙」，並將「資訊操作」（information operations）定義爲：「有組織的行爲者（可能是政府或非政府的代理人）所採取的行動，其目標是要扭曲輿情，經常是爲了達成某種策略性的結果。」簡言之，資訊操作有三種目的：宣揚或詆毀某個特定議題、營造對政治制度／機構的不信任感，與故意混淆視聽。學者羅世宏引用新聞查核組織 First Draft 對於社群媒體假新聞，提出以下七種樣態：

1. 脈絡錯誤的真實材料：例如川普的第一則競選廣告，影片中所謂的墨西哥跨國邊界移民的畫面，後來被踢爆其實非墨西哥移民，而是北非摩洛哥非法移民湧進西班牙的畫面。

2. 冒充新聞媒體的新聞網站：美國廣播公司 ABC、《紐約時報》、《每日郵報》等媒體都遭蓄意冒用並發布「假新聞」。

3. 假新聞網站：爲了點閱率與廣告收入刻意在網際間與臉書專頁捏造假新聞，這些網站的月收入都能輕易破 100 萬新臺幣，所謂教宗支持川普的假新聞即出自這類網站。

4. 刻意捏造的虛假資訊：社群媒體大量流通這些包含虛假資訊的文字，網路使用者在沒有查證能力之下也不易對這些資訊保持懷疑。

5. 刻意操弄的內容：第四點關於文字，第五點則爲刻意變造的圖片或者影片，以混淆視聽。

6. 惡搞或嘲諷的內容（satire）：這類內容無意造成群眾混淆，但的確有此效果，不過德國學者施達妮（Daniela Stockmann）並不認為此類是假新聞，甚至應該受到言論自由的保障，譬如網路惡搞（political hoaxes）、政治模仿劇等。

7. 錯誤連結的內容：標題或圖片的說明文字與實際內容不相符，能夠騙取點擊率。

另一方面，清楚條列說明什麼「不是假新聞」也十分重要，以下為不是假新聞的種類：

1. 疏忽的錯誤報導（unintentional reporting mistakes），例如最近有報導指出川普已經移除白宮內馬丁路德・金恩博士的頭像雕刻。

2. 不是從某一篇新聞報導延伸出來的謠言，譬如憑空出現外星人占領某電台的一則網路消息，頂多是荒誕說法。

3. 陰謀論（conspiracy theories），這種是很主觀的認定，無法證明對或錯，譬如某新聞認為美國副總統有意願參選 2024 年的美國總統。

4. 諷刺也不算假新聞，包括許多的政治諷刺劇或者脫口秀的製作內容，例如由全美家喻戶曉的喜劇中心（Comedy Central）頻道所製播的節目。

5. 政治人物的錯誤發言（false statement by politicians），這個算失言而非假新聞。

6. 偏頗（slanted）或者誤導（misleading）的報導，但此報導並非全盤皆錯也的確有所根據。同時，施達妮也提到假新聞與仇恨性言論不同，儘管兩者互相聯繫，但仇恨性言論仍舊出自於發言者的心理話，並未意圖使閱聽者陷於錯誤。這個理解十分重要，他給我們的啟示是：政治偏頗或者激進的言論並不是假新聞。

BOX 恐怖主義與假新聞

　　不管民主國家還是威權國家均受網路假新聞問題所苦。威權國家如中國也有不少「宣稱」自己遭遇到假新聞的經歷。例如在2020年的香港反送中抗爭中，中南海宣稱由英國路透社放出香港特首林鄭月娥在一個「私人場合」用英語講話的錄音訊息是假新聞。儘管如此，威權國家可以藉由嚴厲的言論箝制與罔顧人權的政治偵辦來壓制假新聞的流竄（弔詭的是，就算有的假新聞可能是真新聞）。然而在民主國家，由於社會自由開放，多元言論並陳，從兩黨制到多數黨國家，只要有政黨競爭就有網路攻訐，更別說屆臨大選之際，這種政黨支持者間的口舌更加密集猛烈，有許多攻訐可能並非事實，在這種情況之下社群媒體自然成為孳生假新聞的溫床。

　　美國堪稱世界政治、經濟與科技的中心，在東西文明長期衝突的情況下，蘇聯瓦解之後美國遂成為回教基本主義派的攻擊目標。自從2001年911恐怖攻擊以來，不管民主黨或共和黨當政，回教恐怖分子都是美國的頭號敵人。從早期的蓋達組織（al Qaeda）與其首腦賓拉登（Osama bin Laden，於2011被美海豹部隊狙殺），到2006年之後的ISI、ISIS、ISIL與2014年後的伊斯蘭國IS，不斷運用各種方式——綁架、劫機、自殺攻擊——騷擾西方社會與美國。這裡的重點是，在賓拉登時代，網路攻擊還不是一個選項，但到了伊斯蘭國這些新一代的恐怖分子，開始有了網路恐怖主義的概念與行動。

　　在舊恐怖主義演變為新恐怖主義的過程中，也包括了賓拉登與新一代恐怖分子之間的代溝與鬥爭，主要是蓋達組織原先在敘利亞的分支「征服沙姆陣線」（Jabhat al-Nusra），是由蓋達組織派幹部從伊拉克到敘利亞所設立的。「征服沙姆陣線」的總司令為阿布‧穆罕默德‧約拉尼（Abu Mohammad al-Julani，1981年生，遜尼派），而約拉尼與在伊拉克巴格達的「伊斯蘭國」的「哈里發」巴格達迪（Abu Bakr al-Baghdadi，1971年生，遜尼派）內鬨，因為約拉尼想向巴基斯坦的蓋達首領艾曼‧查瓦希里（Ayman al-Zawahiri，1951年生，遜尼派）直接負責，不想向在巴格達的中間幹部負責；因此巴格達迪與約拉尼鬧翻，巴格達迪趁勢宣布在伊拉克成立ISIS，終結蓋達組織時代。查瓦希里對於巴格達迪獨立出去的動作勃然大怒，希望能夠回到之前以他為主的激進勢力秩序。這一波騷動在推特上頭恐怖分子之間的留言、轉推間蔓延開來。

　　從最早期完全不上網的賓拉登勢力，到巴格達迪與更為年輕的約拉尼，顯示出社群媒體已經逐漸受到恐怖分子重視，他們跨越地域在網路上集結、炫耀與宣揚理念，更嚴峻的影響是西方自由社會有不少年輕人因為網路宣傳而離開民主的母國加入恐怖組織。

網路假新聞防治與憲法第一修正案的保障

　　網路假新聞或假訊息對於社會顯然有危害，但在其傳遞的訊息當中的確有言論的存在，因此是否應該以保障言論自由的出發點來保障網路假新聞的言論自由，遂成重要課題。德州農工大學聖安東尼奧分校犯罪學學者布萊頓（Claire Braaten）以臉書上常見的假新聞或假訊息為例，提出美國法界的幾個觀點：

1. 憲法第一修正案規範的是政府而非私人企業，因為在民主國家當中，憲法是用來限制政府的，不是用來限制民眾的。因此臉書帳號上的資訊流通如果定位為是私人企業的論壇，則無法受到政府規範。反過來說，如果臉書的定位是對外開放的「公共」論壇，則具有公共性，這個時候勢必就要接受政府的規範，因為它是政府意志的呈現與延伸。因此政府是否應該取締臉書上的假新聞或假訊息，端視於是否將臉書視為是公共論壇。

2. 就算臉書轉型為開放的公共論壇，政府對其的管制也只能停留在載具上的管理，這個道理就有點像政府沒有資格批准或者管理集會遊行的訴求，但是可以就行政面上進行管理，譬如路權申請、交通路線、行人安全等。換言之，如果臉書成為公共論壇的話，政府即使可以管制，也無法直接針對使用者的貼文內容進行審查；也就是說就算貼文是假新聞，也無法受到行政部門的調查與司法部門的追訴。

3. 在某些情況之下，有一些言論是不受憲法第一修正案保障的，而這些犯法的情況包含了恐嚇、誹謗、妨礙名譽等，但這在美國都是屬於民事上的損害賠償，不由檢察官提起公訴，而是由侵權與受到侵權的兩造提起訴訟。總之，就防治假新聞法制面的對策而言，布萊頓建議應該從假新聞的效應著手，也就是所謂的行為後果。譬如網路上針對有色人種所發出的「仇恨性言論」，進而激發種族主義者隨機槍殺賣場內的非裔或者亞裔顧客。槍擊案本身不是言論，而是行為後果，並且是犯罪行為後果。在美國，有些州對於仇恨性言論所導致的仇恨性犯行是會加重其刑的（例如德州），但在另一些州則不考慮仇恨性言論的部分，僅就仇恨性犯行來進行起訴與審判。

布萊頓建議政府不應該在管理與懲罰假新聞內涵上動腦筋，因為這不是民主國家該做的事情。就算可以針對假新聞進行刑事追訴，檢察官又要如何判斷假新聞貼文者背後的動機為何？散播假新聞的動機是否有可能只是因為無知或誤解？換言之，分享假新聞的動機可能是無辜的，要去證明惡意動機向來是刑事偵查中最難的一個部分，而且在技術層次上也很難證明假新聞的惡意動機。

最後，儘管在美國各種言論受到保障，但嚴格來說也不是沒有界線的。美國人最喜歡提到的例子，就是在漆黑的戲院裡面大喊失火，這種行為是以自己的自由來踐踏他人的生命財產安全，它會直接造成民眾恐慌甚至踩踏而造成傷亡，此時這種言論即不受憲法第一修正案的保障。此外，美國對於言論自由的界線，最著名的即為判別淫穢內容的「米勒測試」（Miller test），如果有任何出版物通過米勒測試，即可被定義為「淫穢」（obscenity），則無法受到憲法第一修正案的保障。因此，假新聞是否有可能同樣受到米勒測試的檢驗，並且因此而不再受到第一修正案的保障，這在美國法界引起許多討論。布萊頓建議，如果網路上出現「淫穢的言論」可能引起「性犯罪」，此時這個言論本身就不受第一修正案的保障。

BOX 誹謗罪與假新聞

誹謗罪（Defamation），又分為書面誹謗（libel）與口頭誹謗（slander）兩種。與台灣以刑法相繩誹謗罪（刑法第310條）、公然侮辱罪（刑法第309條）不同的是，美國的誹謗罪都只在民事訴訟層次規範，用刑事犯罪來追訴這些行為是美國仍在英國殖民地時期的事情。但是從美國建國以來，對於「除罪化」誹謗罪都做的相當徹底，主要關鍵是1964年的「紐約時報訴蘇利文案」（New York Times Co. v. Sullivan），這個最高法院的判例源於1960年時《紐約時報》發表了一篇全版廣告，這廣告的標題為當時的民權鬥士馬丁路德博士辯護（Martin Luther King Jr.）。這則廣告很詳細地說明了當時南方的黑人學生如何受到阿拉巴馬州的「蒙哥馬利郡」暴警的鎮壓，但其實在這則廣告中有兩段文字傳達了許多事實錯誤，包括提到了馬丁路德博士被逮捕了7次，但事實上他只被逮捕4次。

更重要的是，雖然蘇利文（L. B. Sullivan）的名字沒有直接在文章中被提

及，但當時蘇利文是負責警局工作的郡委員，相當於警局局長的位置。因此蘇利文就對《紐時》提起民事訴訟。蘇利文先是要求《紐時》撤回這則廣告，但《紐時》拒絕。因此蘇利文就告《紐時》以及該則廣告的撰稿人，這個案子送到了阿拉巴馬州的法院，州法院判蘇利文勝訴，《紐時》必須要賠償蘇利文50萬美金。《紐時》不服，上訴到聯邦最高法院。最高法院經過了充分的辯論之後，判決完全被逆轉，法官認為阿拉巴馬州法院的判決無法在憲法層次站得住腳，因為該判決無法提供言論自由者一個充分保障，尤其當媒體需要就公眾事務來報導甚至評論的時候，縱使這些媒體可能因此產生錯誤的事實，仍應該受到憲法修正案第1及14條的保障。這是美國司法史最高法院上首次表示「書面誹謗縱使所陳述的意見並非事實，都應該受到憲法第一修正案的保障」。

從這個標準來看，誹謗罪與假新聞有異曲同工之妙，可能都傳達錯誤的資訊，但因為假新聞也屬於一種言論，因此受到憲法保障。再者，因為誹謗罪在美國仍能以民事訴訟進行，但就算是這樣民事告訴要成立的機會也很小。需要詳細說明的是，如果A是公眾人物，並且被媒體或者被外界誹謗，由於A的所作所為與形象與公眾利益有關，因此就算A提起誹謗告訴，成立的機率就非常低。但是如果今天B只是一個平凡人，別人誹謗B，此時B提起民事告訴成立的機會高很多。A如果提起誹謗告訴並且要成立的話，就必須要證明誹謗的內容與「公共性」無關，同時誹謗對象也有惡意意圖（所謂的「真實惡意」原則）。但如果是B被誹謗的話，B其實不用去證明真實惡意，B只要能夠證明對方是應注意而未注意（疏忽）所導致的誹謗行為，則這個時候誹謗告訴就容易成立。

結論

本章從第 3 任總統傑佛遜寧願選擇報紙而非政府開始談起，談到憲法第一修正案中對於言論自由與媒體自由的保障作為美國民主的基石。當然，言論的開放自由一方面彰顯這個國家對於多元言論市場的寬容大度；但另一方面，由於美國種族之間的矛盾與衝突，近代歧視有色人種與移民的「仇恨性言論」仍在各種媒體當中。即使如此，美國憲法保障仇恨性言論的自由。有些人會以德國法律為納粹言論畫下紅線來相比，但在美國這個連焚燒自家國旗與毀壞國幣都可以被視為是言論自由而受到保障的國家，與在這個寧願個人自由也不要政府出面處罰「口出惡言者」的文化當中，以刑法相繩仇恨性

言論是最不可能的事。

　　此外，本章也提到廣播與電視的發明爲政壇帶來了爆炸性的改變，儘管有些政治人物如尼克森，對於在鏡頭前曝光感到不自在，但藐視媒體第四權的政治人物通常下場都不好。尼克森的「水門案」是一例，就連在扣押五角大廈文件報導這件事情上，聯邦法官從地方法院到最高法院全部一面倒的挺媒體，也確立了開國元勳對於言論自由的堅持歷久彌新，報紙或政府，美國人寧願選擇報紙。

　　此外，本章特殊之處，在於專題式的討論網路時代的嚴峻課題：假新聞。假新聞的防治不僅在美國，在各民主國家都是亟欲處理的首要課題。但在防範與打擊假新聞的同時，擁護言論自由的知識分子都會害怕他們不再能自由說話，尤其是說的話「不容當道」。或者因粗心而散播的假新聞是否也可能被政府視爲是犯罪行爲而偵辦呢？因此，先釐清什麼是假新聞與什麼不是假新聞是很重要的第一步。而由外國勢力如俄羅斯所發動的假新聞與假訊息攻擊，固然置美國於危殆之境，但要全面圍堵甚至以刑事偵查手段來揪出這些鍵盤後的藏鏡人似乎也有困難。本章根據專家訪談給的建議：讓眞實與虛假資訊能藉由第三方平台曝光給網路使用者知道，同時更爲廣泛的建立事實查核網站，也能抑制假新聞與假訊息的孳生。

　　當然，培養耳聰目明與具有高度辨別力的公民也許才是最契合美國文化的一種解決方式。比較新的現象是假新聞、假訊息與恐怖分子之間的牽連，長年來美國爲了對抗這些來自於中東國家的恐怖行動，往往忽略了要在言論層次去洞悉與瓦解這些屬於年輕世代的網際恐怖主義行動。最後，對外國人如你我而言，新媒體是外國人能夠接觸到美國社會、政治、經濟、軍事等資訊的方便渠道，網路時代讓我們不用飛到美國，就能很快速的進入美國文化的情境當中。當然，如果能夠深度閱讀英文而不用透過翻譯，更能使人身歷其境。

一、川普政府時期台美在政治與經濟上的交流

　　美台關係到了川普時代可以說到達一個前所未見的高峰，其任內國會所通過的法案大多都是具有強制力的法律案，而非只是過去常見的宣示案。就算川普下台之後，這些法律會永久生效，對美台關係影響深遠，因此主題一做一個詳實記錄。以下資料蒐集截至 2020 年 9 月 17 日，獲應允後節錄自鄭凱恩 2020 年的大專生科技部計畫結案報告，惟後續法案進度可能有變動。另外，主題一也記錄在川普執政時期官方的交流，很多都突破了以往美國對美台高層互訪的限制與框架。主題二的部分就川普時期美台之間的經濟交流做一個記錄。

主題一、政治牌（時間均為美國時間）

（一）友台法案：

1. 「2018 年國防授權法案」（National Defense Authorization Act for Fiscal Year 2018）：要求國防部長在 2018 年 9 月 1 日前提交評估**美國海軍軍艦停靠台灣港**口的可能性報告，以及美國在夏威夷、關島或者其他適當地點接受台灣軍艦進港要求的可能性，並將雷根政府時期的美方對台「六項保證」（**Six Assurances**）寫入其中→**通過**

   2017 年 6 月 7 日提案 introduced by Mac Thornberry (Rep.)（H.R. 2810）。

   2017 年 7 月 10 日提案 introduced by John McCain (Rep.)（S. 1519），並未獲得委員會表決胎死腹中。

   2017 年 7 月 14 日眾議院通過（H.R. 2810）。

   2017 年 9 月 18 日參議院通過（經修改）（H.R. 2810）。

2017 年 11 月 14 日國會兩院經開會（committee）協商後，眾議院同意最終共識版本。

2017 年 11 月 16 日參議院同意通過最終共識版本（agree to conference report）。

2017 年 12 月 12 日總統簽署生效。

2. 「台灣旅行法案」（Taiwan Travel Act）→**通過**

2017 年 1 月 13 日提案 introduced by Steve Chabot (Rep.)（H.R. 535）。

2017 年 5 月 4 日提案 introduced by Marco Rubio (Rep.)（S. 1051），併入 H.R. 535。

2018 年 1 月 9 日眾議院通過（H.R. 535）。

2018 年 2 月 28 日參議院通過（H.R. 535）。

2018 年 3 月 16 日總統簽署生效。

3. 「支持台灣參與世界衛生大會（回歸大會觀察員身分）法案」（第一次）（To direct the Secretary of State to develop a strategy to regain observer status for Taiwan in the World Health Organization, and for other purposes）→**眾議院通過，在參議院院會未獲得討論機會**

2017 年 7 月 19 日提案 introduced by Ted Yoho (Rep.)（H.R. 3320）。

2017 年 9 月 28 日眾議院通過。

4. 「台灣安全法案」（Taiwan Security Act of 2017）→**未通過**

2017 年 7 月 24 日提案 introduced by Tom Cotton (Rep.) and Cory Gardner (Rep.)（S. 1620）。

2017 年 11 月 7 日提案 introduced by Michael McCaul (Rep.) and Robert Pittenger (Rep.)（H.R. 4288）。

並未獲得委員會表決而胎死腹中

5. 「2019 年國防授權法案」（John S. McCain National Defense Authorization Act for Fiscal Year 2019）：對台加強軍事協助、「中國威脅論」寫入法案→**通過**

2018 年 4 月 13 日提案 introduced by Mac Thornberry (Rep.)（H.R.

5515）。

2018 年 5 月 24 日眾議院通過（H.R. 5515）。

2018 年 6 月 5 日提案 introduced by James Inhofe (Rep.)（S. 2987），並未獲得委員會表決胎死腹中。

2018 年 6 月 18 日參議院通過（經修改）（H.R. 5515）。

2018 年 7 月 26 日國會兩院經開會協商後，眾議院同意最終共識版本。

2018 年 8 月 1 日參議院同意通過最終共識版本。

2018 年 8 月 13 日總統簽署生效。

6. 「2018 年亞洲再保證倡議法案」（Asia Reassurance Initiative Act of 2018）：將台灣納入美國應肯定的夥伴交往之列，亦即**納入印太戰略地區一環→通過**

2018 年 4 月 24 日提案 introduced by Cory Gardner (Rep.)（S. 2736）。

2018 年 9 月 25 日提案 introduced by Kevin McCarthy (Rep.)（S. 6888），併入 S. 2736。

2018 年 12 月 4 日參議院通過（S. 2736）。

2018 年 12 月 12 日眾議院通過（經修改）（S. 2736）。

2018 年 12 月 19 日參議院同意眾議院修改版本。

2018 年 12 月 31 日總統簽署生效。

7. 「台灣國防評估委員會法案」（Taiwan Defense Assessment Commission Act of 2018）**→未通過**

2018 年 5 月 7 日提案 introduced by Don Bacon (Rep.)（H.R. 5680）。

並未獲得委員會表決而胎死腹中。

8. 「2018 年台灣國際參與法案」（Taiwan International Participation Act of 2018）**→未通過**

2018 年 5 月 24 日提案 introduced by Cory Gardner (Rep.) and Edward Markey (Dem.)（S. 2962）。

並未獲得委員會表決而胎死腹中。

9. 「支持台灣參與世界衛生大會（回歸大會觀察員身分）法案」（第二

次）（To direct the Secretary of State to develop a strategy to regain observer status for Taiwan in the World Health Organization, and for other purposes）→**等待參議院討論結果**

2019 年 1 月 8 日提案 introduced by Ted Yoho (Rep.)（H.R. 535）。

2019 年 1 月 22 日眾議院通過。

10. 「台灣保證法案」（Taiwan Assurance Act of 2019）→**等待參議院提出（通過）其版本**

2019 年 3 月 26 日提案 introduced by Tom Cotton (Rep.)（S. 878）。

2019 年 4 月 1 日提案 introduced by Michael McCaul (Rep.)（H.R. 2002）。

2019 年 5 月 7 日眾議院通過（H.R. 2002）。

11. 「重新確認美國對台及對執行台灣關係法承諾決議案」（A concurrent resolution reaffirming the United States commitment to Taiwan and to the implementation of the Taiwan Relations Act）→**等待眾議院審查**

2019 年 4 月 4 日提案 introduced by Cory Gardner (Rep.)（S.Con.Res. 13）。

2019 年 4 月 30 日參議院通過。

12. 「2020 年國防授權法案」（National Defense Authorization Act for Fiscal Year 2020）：要求國家情報總監（DNI）在 2020 年台灣總統大選後 45 天內，應向國會相關委員會針對中國干預或破壞選舉而進行的行動以及美國為阻止此類行動所做的努力提交報告、成立高階、跨部會美台工作小組，以協調因應新興網路安全議題的可行性、討論美國國防部與台灣進行網路安全活動的現行與未來計畫、美台就網路安全建立、執行或實施協議所遇到的障礙討論等→**通過**

2019 年 5 月 2 日提案 introduced by Adam Smith (Dem.)（H.R. 2500），併入 S. 1790。

2019 年 6 月 11 日提案 introduced by James Inhofe (Rep.)（S. 1790）。

2019 年 6 月 27 日參議院通過（S. 1790）。

2019 年 7 月 12 日眾議院通過（H.R. 2500）。

2019 年 9 月 17 日眾議院通過（S. 1790）。

2019 年 12 月 11 日國會兩院經開會協商後，眾議院同意最終共識版本。

2019 年 12 月 17 日參議院同意通過最終共識版本。

2019 年 12 月 20 日總統簽署生效。

13.「台北法案」（Taiwan Allies International Protection and Enhancement Initiative Act of 2019, TAIPEI Act）→**通過**

2019 年 5 月 23 日提案 introduced by Cory Gardner (Rep.)（S. 1678）。

2019 年 10 月 18 日提案 introduced by John Curtis (Rep.)（H.R. 4754），併入 S. 1678。

2019 年 10 月 29 日參議院通過（S. 1678）。

2020 年 3 月 4 日眾議院通過（經修改）（S. 1678）。

2020 年 3 月 11 日參議院同意眾院修改版本。

2020 年 3 月 26 日總統簽署生效。

14.「台灣特使法案」（Taiwan Envoy Act）：儘管有其他法律規定，美國總統應在參議院建議下任命 AIT 處長，任命案並須經參議院確認同意；除此之外，AIT 處長應享有相當於無任所大使的位階及地位→**等待委員會審查**

2019 年 12 月 23 日提案 introduced by Steve Chabot (Rep.) and Brad Sherman (Dem.)（H.R. 5535）。

15.「台灣主權象徵法案」（Taiwan Symbols of Sovereignty Act of 2020）→**兩者均等待委員會審查**

2020 年 2 月 13 日提案 introduced by Ted Cruz (Rep.), Tom Cotton (Rep.), Josh Hawley (Rep.), Todd Young (Rep.), Marco Rubio (Rep.), Rick Scott (Rep.), John Cornyn (Rep.), Ben Sasse (Rep.) and Marsha Blackburn (Rep.)（S. 3310）。

2020 年 3 月 13 日提案 introduced by John Curtis (Rep.), Mark Meadows (Rep.), James Sensenbrenner Jr. (Rep.), Albio Sires (Rep.), Brian

Fitzpatrick (Rep.), Ted Yoho (Rep.), Mike Gallagher (Rep.), Michael Waltz (Rep.), Jackie Speier (Dem.), Ruben Gallego (Dem.) and Dan Crenshaw (Rep.)（H.R. 6287）。

16.「台灣防衛法案」（Taiwan Defense Act）→**兩者均等待委員會審查**
2020 年 6 月 10 日提案 introduced by Joshua Hawley (Rep.)（S. 3936）。
2020 年 6 月 20 日提案 introduced by Mike Gallagher (Rep.)（H.R. 7423）。

17.「台灣獎學金法案」（Taiwan Fellowship Act）→**兩者均等待委員會審查**
2020 年 6 月 29 日提案 introduced by Ted Yoho (Rep.) and Ami Bera (Dem.)（H.R. 7414）。
2020 年 7 月 27 日提案 introduced by Edward Markey (Dem.) and Marco Rubio (Rep.)（S. 4327）。

18.「防止台灣遭侵略法案」（Taiwan Invasion Prevention Act）→**等待委員會審查**
2020 年 7 月 29 日提案 introduced by Ted Yoho (Rep.), Michael McCaul (Rep.), Steve Chabot (Rep.), Mike Gallagher (Rep.), Dan Crenshaw (Rep.), Troy Balderson (Rep.), Tim Burchett (Rep.), Scott Perry (Rep.), Bill Flores (Rep.), Ron Wright (Rep.), John Curtis (Rep.), Michael Guest (Rep.), Guy Reschenthaler (Rep.), David Rouzer (Rep.), Mario Díaz-Balart (Rep.), Michael Cloud (Rep.) and Michael Waltz (Rep.)（H.R. 7855）。

19.「2021 年國防授權法案」（National Defense Authorization Act for Fiscal Year 2021）：建議邀請台灣參加環太平洋軍事演習、美軍聯合訓練與雙邊軍演與訓練，擴大台灣軍人在美受訓可能→**兩者均等待經開會協商，達成最終共識版本**
2020 年 3 月 26 日提案 introduced by Adam Smith (Dem.)（H.R. 6395）（William M. (Mac) Thornberry National Defense Authorization Act for Fiscal Year 2021）。
2020 年 6 月 23 日提案 introduced by James Inhofe (Rep.)（S. 4049）。

2020 年 7 月 21 日眾議院通過（H.R. 6395）。

2020 年 7 月 23 日參議院通過（S. 4049）。

（二）2016 年 12 月 2 日川蔡通話。

（三）2017 年 11 月 4 日川普訪中。

（四）2017 年 4 月 6 日習近平訪美。

（五）美官員訪台（台灣時間）：

2017 年 1 月 20 日川普就任美國總統。

2017 年 4 月 23-29 日 AIT 主席 James Moriarty（第一次）。

2017 年 4 月 24-25 日商務部國際貿易署副助理部長 Holly Vineyard。

2017 年 8 月 30 日 -9 月 2 日眾議院外交委員會主席 Ed Royce (Rep.)（第一次）率領眾議員 Ted Yoho (Rep.)、Ami Bera (Dem.) 以及 Jenniffer Gonzalez-Colon (Rep.) 跨黨派國會代表團。

2017 年 8 月 25-26 日眾議院軍事委員會海權及兵力投射小組委員會主席 Robert Wittman (Rep.) 與眾議員 Madeleine Bordallo (Dem.) 國會代表團。

2017 年 10 月 11-12 日小型企業署投資與創新辦公室副助理署長 Michele Schimpp。

2017 年 10 月 23-28 日 AIT 執行理事 John Norris Jr.（第一次）

2017 年 11 月 13-18 日小型企業署主管國際貿易辦公室副助理署長 Eugene Cornelius Jr.。

2017 年 11 月 15-17 日消費品安全委員會代理主席 Ann Marie Buerkle。

2017 年 12 月 10-16 日 AIT 主席 James Moriarty（第二次）。

2018 年 2 月 20-22 日參議院「台灣連線」共同主席 James Inhofe (Rep.) 率領參、眾議員及其他幕僚共 19 人跨黨派國會代表團。

2018 年 3 月 12 日國務院亞太局副助理國務卿暨主管 APEC 資深官員 Matthew Matthews（第一次）。

2018 年 3 月 16 日「台灣旅行法案」簽署施行，茲法鼓勵台美雙方高

層官員互訪。

2018 年 3 月 20-22 日亞太事務副助理國務卿黃之瀚（Alex Wong）。

2018 年 3 月 22-27日商務部掌管製造業的副助理部長 Ian Steff（第一次）。

2018 年 3 月 26-28 日眾議院外交委員會主席 Ed Royce (Rep.) 國會代表團（第二次）。

2018 年 4 月 1-3 日眾議院外交委員會榮譽主席 Ileana Ros-Lehtinen (Rep.) 與眾議員 Claudia Tenney (Rep.) 國會代表團。

2018 年 6 月 1 日參議員 David Perdue (Rep.) 國會代表團。

2018 年 6 月 10-14 日國務院教育與文化事務助理國務卿 Marie Royce。

2018 年 6 月 10-16 日 AIT 主席 James Moriarty（第三次）。

2018 年 6 月 12 日國務院海外管理局代理局長 William Moser、AIT 執行理事 John Norris Jr.（第二次）。

2018 年 7 月 12 日環保署首席副助理署長 Jane Nishida（第一次）。

2018 年 9 月 12-18 日美國對華事務代理助理貿易代表 Terrence McCartin 代表團。

2018 年 9 月 25 日國務院亞太局副助理國務卿暨主管 APEC 資深官員 Matthew Matthews（第二次）。

2018 年 10 月 11-12 日環保署首席副助理署長 Jane Nishida（第二次）

2018 年 10 月 16-21 日國務院民主人權勞工局副助理國務卿 Scott Busby（第一次）

2018 年 11 月 4-10 日 AIT 主席 James Moriarty（第四次）。

2018 年 12 月 3-4 日商務部掌管製造業的副助理部長 Ian Steff（第二次）。

2019 年 3 月 10-13 日國務院國際宗教自由無任所大使 Sam Brownback。

2019 年 3 月 27-30 日國務院國際組織局副助理國務卿 Nerissa Cook。

2019 年 4 月 9-15 日國務院經濟與商業事務局貿易政策談判副助理國務卿 David Meale。

2019 年 4 月 22-25 日農業部海外服務署署長 Ken Isley 率領農產企業與農場組織代表團。

2019 年 5 日國務院主管北韓事務高層官員 Mark Lambert。

2019 年 6 月 10 日聯邦調查局助理副局長 Paul Abbate。

2019 年 7 月 17-18 日財政部國際市場事務代理助理部長 Mitchell Silk。

2019 年 9 月 12 日國務院民主人權勞工局副助理國務卿 Scott Busby（第二次）。

2019 年 10 月 7 日國務院亞太局主管澳紐暨太平洋事務副助卿 Sandra Oudkirk。

2019 年 10 月 10 日參議員 Ted Cruz (Rep.) 國會代表團。

2019 年 10 月 14-19 日 AIT 主席 James Moriarty（第五次）。

2019 年 12 月 9-11 日商務部主管全球市場助理部長兼美國和海外商務服務署署長 Ian Steff（第三次）。

2020 年 3 月 1-7 日 AIT 主席 James Moriarty（第六次）。

2020 年 8 月 9 日衛生部部長 Alex Azar。

2020 年 9 月 17 日國務院次卿柯拉克（Keith Krach）訪台，是 1979 年以來訪台層級最高的現任國務院官員。他與台灣討論強化經濟合作，訪團成員包括民主、人權暨勞工局助卿戴斯卓（Robert Destro）。兩人出席前總統李登輝的告別追思禮拜。

主題二、經濟牌（時間均為台灣時間）

（一）2017 年 1 月 20 日川普就任美國總統。

（二）2017 年 4 月 25 日商務部首席副助理部長 Holly Vineyard 率領「智慧技術商務代表團」訪台，透過國發會與 AIT 合辦研討會，邀請台美

公、私部門代表共同參與，希望能強化台美於智慧技術應用，尤其是
智慧城市及數位金融等議題的合作交流。

（三）2017 年 6 月 18-20 日我國國策顧問何美玥率領 140 位企業代表團
參加美國商務部主辦之第四屆「選擇美國投資峰會」（Select USA
Investment Summit），以了解美國各州對外企業的獎勵條件與投資環
境。

（四）2017 年 6 月 29 日川普政府第一次對台軍售，總價值約 14 億 2,000
萬美元（多數為武器）。

（五）2017 年 7 月 27 日川普與鴻海董事長郭台銘在白宮宣布富士康將在威
斯康辛州（Wisconsin）設立富士康 8K 液晶顯示器面板工廠，其投資
金額 100 億美元，將創造 3,000 個就業機會、未來帶動 1 萬 3,000 個
就業機會。

（六）2017 年 10 月 11-12 日小型企業署投資與創新辦公室副助理署長
Michele Schimpp 出席玉山論壇分享美國協助中小企業拓展海外市場
的經驗並與台灣官員、產業界代表會面，討論進一步的台美經濟合
作。

（七）2017 年 11 月 13-18 日小型企業署主管國際貿易辦公室副助理署長
Eugene Cornelius Jr. 參加台美透過「全球合作暨訓練架構」合辦的
「打造女性科技創業新未來工作坊」，並發表專題演講、出席「2017
Meet Taipei」創新創業嘉年華、拜會台灣政府相關部門及新創產業、
成功大學演講，以了解台美關係整體進展及台灣政經發展現況，並開
拓台美中小企業合作機會。

（八）2018 年 3 月 12 日國務院亞太局副助理國務卿暨主管 APEC 資深官員
Matthew Matthews 第一度訪台拜會台灣政府相關部會及商界人士，
就今年 APEC 優先事項和其他美台共同關切的經貿議題交換意見。

（九）2018 年 3 月 16 日「台灣旅行法案」簽署施行，該法鼓勵台美雙方高
層官員互訪。

（十）2018 年 3 月 22-27 日商務部掌管製造業的副助理部長 Ian Steff 第一

度訪台與資深的政界與商界人士會面，探索強化美台雙邊貿易、商務
以及投資關係的協作方式。

（十一）2018 年 6 月 22 日行政院政務委員鄧振中率領 112 人企業代表團參
加美國商務部主辦之第五屆「選擇美國投資峰會」，以了解美國各州
對外企業的獎勵條件與投資環境。

（十二）2018 年 6 月 28 日鴻海董事長郭台銘赴美參加威斯康辛州富士康 8K
液晶顯示器面板廠動工儀式。

（十三）2018 年 9 月 12-18 日對華事務代理助理貿易代表 Terrence McCartin
率領貿易代表署、國務院、商務部以及農業部官員代表團來台與台灣
相關貿易主管機關一起討論廣泛美台之間重要貿易以及投資議題，包
括農業、數位盜版、藥品、醫療器材、投資及技術性貿易障礙。

（十四）2018 年 9 月 24 日川普政府第二次對台軍售，總價值約 3.3 億美元
（多數爲軍機）。

（十五）2018 年 9 月 25 日國務院亞太局副助理國務卿暨主管 APEC 資深官
員 Matthew Matthews 第二度訪台，就今年 APEC 優先事項和其他美
台共同關切的經貿議題交換意見。

（十六）2018 年 10 月 2 日台灣大成鋼公司花費 3.5 億美元收購美國德州特
克薩卡納（Texarkana, Texas）之鋁板廠，在安裝新的生產線並雇用
160 名員工後，大成鋼於 2019 年 10 月開始全面進行生產。

（十七）2018 年 12 月 3-4 日商務部掌管製造業的副助理部長 Ian Steff 第二
度訪台與民間部門代表會面，討論包括「選擇美國投資高峰會」在內
的貿易與投資議題，提供機會以倡導關鍵市場准入，並促進台灣對美
投資。

（十八）2019 年 3 月 27-30 日國務院國際組織局副助理國務卿 Nerissa Cook
訪台，參加並討論國際經濟及發展議題，以促進美國與台灣及其他夥
伴在相關議題的合作。

（十九）2019 年 4 日 AIT 舉行「貿易與投資月」（Trade and Investment
Month）活動，以作爲慶祝美台四十年友誼與合作全年度活動的一

環，將進行一系列台美經貿官員互訪。

1. 4 月 9-15 日國務院經濟與商業事務局貿易政策談判副助理國務卿 David Meale 訪台，晉見總統討論經濟議題，也帶來代表團，交流智慧財產權保障的議題。

2. 4 月 16 日與我國經濟部合辦「女力經濟賦權高峰會」及「全球合作暨訓練架構」國際研習營，討論女性經濟賦權議題。

3. 4 月 22-25 日農業部海外服務署署長 Ken Isley 率領農產企業與農場組織代表團訪台，參與特定主題的企業對企業會議、深入詳盡的說明會及實地訪察，並推廣水果、堅果、零食、果汁和酒精飲料等預估在台銷售十二個月能夠創造 1,200 萬美元之消費性食品。

（二十）2019 年 4 月 15 日川普政府對台第三次軍售，總價值約 5 億美元（F-16 戰機飛行員訓練計畫及維護及後勤維護支援）。

（二十一）2019 年 6 月 10 日行政院政務委員鄧振中率領百人代表團參加美國商務部主辦之第六屆「選擇美國投資峰會」，其中台電董事長楊偉甫也隨團參加，代表台電與美國通用電氣（GE）洽簽天然氣發電機採購案，採購總價值 375 億新臺幣（大潭電廠 8 及 9 號燃氣機組購入）。

（二十二）2019 年 6 月 11 日商務部長 Wilbur Boss Jr. 於「選擇美國投資峰會」宣布台灣傑登生研公司將於愛達荷州南帕（Nampa, Idaho）設立中型奶粉加工廠，投資 200 萬美元，製造超過 25 個工作機會，預計每年將能處理 240 萬磅的奶粉。

（二十三）2019 年 7 月 8 日川普政府對台第四次軍售，總價值約 22 億 2,400 萬美元（戰車及武器等）。

（二十四）2019 年 7 月 17-18 日財政部國際市場事務代理助理部長 Mitchell Silk 訪台，提出發展國內和區域能源及基礎建設市場的想法，屬印太戰略願景中的一環，與台灣經濟、金融、能源及基礎建設有關當局，以及美國和台灣工業團體會面，討論債務市場發展、提高私部門計畫參與率，和推動競爭性採購等議題。

（二十五）2019 年 8 月 20 日川普政府對台第五次軍售，總價值約 80 億美元（戰機及發動機等）。

（二十六）2019 年 8 月 26 日 AIT 與我國政府部門宣布啓動「人才循環大聯盟計畫」（Talent Circulation Alliance）。透過公私部門的合作，推動台灣和全球及印太地區理念相近夥伴之間的人才流通，旨在培養一群有能力、與國際接軌，和精通數位科技的專業人才，確保美國和其他理念相近的經濟體之間能進行數位經濟的發展，並防止科技人才流失到中國。

（二十七）2019 年 9 月 18 日我國農委會副主委陳駿季率領農業採購團赴美國國會山莊與當地農產公司簽署總額 37 億美元的農產品備忘錄，購買美國生產的玉米、小麥、黃豆與肉製品。

（二十八）2019 年 11 月 4 日中華民國對外貿易發展協會（貿協）董事長黃志芳赴泰國參加東協峰會印太商業論壇（Info-Pacific Business Forum），與美國主管經濟成長、能源和環境的柯拉克、商務部代理次長 Diane Farrell 會面討論台美如何在印太市場合作，以及貿協宣布成立「台美經貿拓展辦公室」，並在 2020 年於美國投資成立「台灣產品展售中心」，協助台企在美建立行銷網路。

（二十九）2019 年 11 月 5 日 AIT、經濟部工業局和人才發展協會合辦「人才循環大聯盟高峰會」聚集公私部門的全球領袖一起討論如何在數位時代讓台灣的勞動力國際化。

（三十）2019 年 12 月 9-11 日商務部主管全球市場助理部長兼美國和海外商務服務署署長 Ian Steff 第三度訪台與私部門代表會面，討論「選擇美國投資高峰會」等貿易及投資議題，並接見總統討論台美雙方貿易議題，期盼簽署高標準的雙邊貿易協定。

（三十一）2019 年 12 月 19 日眾議院「台灣連線」4 位共同主席 Steve Chabot (Rep.)、Gerry Connolly (Dem.)、Mario Diaz-Balart (Rep.) 及 Albio Sires (Dem.) 向美國貿易代表 Robert Lighthizer 致函呼籲啓動美台雙邊貿易協定談判，爲美國創造就業機會，也闡明美國對台灣與區

域的持續承諾。此公開信獲 156 位眾議員連署。

（三十二）2020 年 3 月 26 日「台北法案」簽署施行，法案呼籲美國行政部門以簽訂經濟上互惠，並能保護美國勞工、有利美國出口商的自由貿易協定爲目標，與台灣展開雙邊貿易協商。

（三十三）2020 年 5 月 15 日台積電投資約 120 億美元，在亞利桑那州興建 5 奈米先進晶圓廠。

（三十四）2020 年 5 月 20 日川普政府對台第六次軍售，總價值約 1 億 8,000 萬美元（魚雷與其他相關設備及技術）。

（三十五）2020 年 7 月 9 日川普政府對台第七次軍售，總價值約 6 億 2,000 萬美元（愛國者三型飛彈與其他相關設備及技術）。

（三十六）2020 年 7 月 29 日參議院外交委員會亞太小組主席 Cory Gardner (Rep.) 致函美國貿易代表 Robert Lighthizer，美方應即刻與台灣展開有意義貿易協定磋商。

（三十七）2020 年 8 月 31 日我國經濟部部長王美花與美國國務院東亞暨太平洋事務助理國務卿 David Stilwell 視訊對談，通知我國政府已將美豬美牛進口限制取消。

（三十八）2020 年 9 月 1 日國務院東亞暨太平洋事務助理國務卿 David Stilwell 成立美台雙邊「經濟與商業對話」（Economic and Commercial Dialogue），由國務院主管經濟成長、能源和環境的次卿柯拉克主持，其擬於本月 17 至 19 日率團訪台，討論美台雙邊貿易協定議題，雙方簽訂的可行性及未來發展。

二、2016年11月8日總統大選前作者手札

以下爲作者於 2016 年總統大選前，赴美中一個川普小鎮所進行的實地訪察。同年 8 月川普在美國的聲勢並不高，卻在選戰後期引起全球矚目而當選美國總統，這一段手札遂成很寶貴的歷史資料。

【我與保守派白人之間的糾葛】(1)

今年 8 月去美國考察兼遊玩了一趟，回到那個很鄉下、很純樸、很白的中西部母校，同時有幸親身經歷 2016 年美國大選的發燒期，從德州一路向北到內布拉斯加州，剛好都是保守派與共和黨的大本營，或者說紅州（red states）。吃住都是在白人朋友家，提供我們舒適的床睡覺、在盛夏無時無刻開著大冷氣。在德州的時候，帶我們去只有當地人才知道的牛排店、回送我們禮物、帶我們去看南北內戰後懷念蓄奴的南方旗（Confederate flag，象徵種族歧視）。到了北方，北方的保守派朋友帶我們親自造訪印地安人保留區、帶我們去（假裝）買槍和開槍、帶我們認識鎮上的白人並發現他們無意識地都用 N Word 稱呼黑人、告訴我們印地安人多麼懶散多麼令人嫌惡……。

我雖然是一個受過美國高等教育的知識分子，心中對於非裔、回教徒、非法移民、槍枝的看法跟這些鄉下朋友都不一樣，但我從 2003 年第一天去美國讀書就跟他們玩在一起了。我們一起喝酒、一起打嘴砲、一起讀書、一起渡過不知多少個溽夏與嚴冬。我的這些心路歷程全部寫在一個已經死亡了的部落格裡頭，當時少數幾個筆友現在也是我的臉友。俗話說在家靠自己，出外靠朋友，我受到這些白人朋友照顧太多也太深，縱使他們當中相當多人在意識形態上非常保守，但仍舊是我的朋友。因此我這回在美國，尤其在北方小鎮上，對於支持川普的美國人，由於他們對我們真的很好，因此我們也不好多說什麼？尤其想到那是一個 8 月晚上可以降到攝氏 9 度的小鎮，我還蓋著他們給的被子，很舒適地繼續我們的美國考察。

但是，我很早就想寫這篇文了，是很 personal 的，但我很早就想寫了。而且，在大選前寫下這些字，算是一個里程碑，為自己的生命歷程留下一點紀錄。

我跟美國政治

我喜歡漫談與探索美國政治，其實與我個人實際著手發表的期刊文章沒有太直接的關聯性，我的領域主要是在國會研究（立法院）與政治心理學

（政治參與）。研究美國政治的學者在台灣常會被歸類爲國際關係的學者，但我不是國關學者。我喜歡談美政研究美政，只是因爲：她是我生命經驗的一部分，是我當年的美國夢。很多時候講到美國的一些現象，那個親切感是不會輸給談台灣政治的。很多中文政治學教科書裡所提到參眾議院、利益團體、槍枝、同性戀、反墮胎、印地安人保留區、亞裔美國人，我在美國的五年多期間（2003-2009）都親身經歷過，也積累很多的回憶，當然有好也有壞。

當時有些美國人的冷漠，我在當地工作也冷暖自知。我在碩士第二年就決定要把美政變成我的第一主修（第二主修公共政策），有亞洲學生勸阻我，認爲選這個將來要在美國找到教職會很艱難。但這都是 first sight 的，我也知道研究中國政治、國際關係會比較容易留下來，比較好讀成績也會比較好，同時談論這些領域也較具有本位優勢。但這些我都試過我眞的不喜歡，我第一次碰美政我就覺得這眞是太有趣的一個領域了，我要一直關注下去。

後來我這樣走下去，也這樣走了過來。

白人的僞善

當年我在林肯的生活方式不太容易跟台灣人接觸，也不太說中文。我的想法是：我是去美國學美語的，不是去那裡學中文／客家話／粵語。此外，每天我都想我不知道還能在美國留幾天？因此我要盡全力看、聽、學、談。第一學期的時候我先跟英文也不好的韓國人在一起；到了第二年，英語比較溜了，朋友圈就換成德國人、法國人、西班牙人、中東人。

到了博班，由於已經很適應語言文化各方面，我周邊的朋友九成幾乎都是美國人了。一開始我跟他們「交陪」的方式，就是經常的喝酒，清醒的時候大家語言都不太好溝通，喝得有點茫了，大家竟然都能溝通了。最後兩三年，參加 party 變成次要了，我開始能跟老美交心，我還彎開心能跟他們在一定的熟識程度之後，讓他們親口說出心中的黑暗面，他們會願意跟我講。由於我讀書的地方黑人非常少（但其實我很想交非裔的朋友），所以這些跟

我交心的幾乎都是美國白人（很多是保守派）。交心的程度是到我只要打個電話約個時間，我就可以買一張機票飛過去不用擔心睡的地方與食物。

因此，多年來，我深刻知道其實很多白人是很僞善的，僞善的程度完全不輸華人，他們會在別人背後說別人的壞話，也會搞小圈圈（他們稱 old boy network），也很八卦、也會講關係。我好朋友的爸爸（他是州政府檢察官）有一次知道我被開交通紅單，出於好心竟然幫我「抽單」變成免罰，跟早期落後的台灣其實差異不大。

只是這些白人玩的東西跟亞洲過去的第一代移民所在乎的點不一樣，所以亞洲人有時候才會有白人都「大而化之」或者「很慷慨」的錯覺。會有這樣錯覺的亞洲人或華人，事實上就永遠也打不進他們的核心圈子，這也就是爲什麼有一些非常優秀的台灣或者中國博士畢業後在美國當地找到教職或者矽谷的工作，到了年老之後還是想要回到母國。一方面是想家想落葉歸根，二方面主要還是因爲那個長期被冷落的失落感。

【我與保守派白人之間的糾葛】(2)

意識形態和友情

因此我跟保守派白人之間的關係是很微妙的，他們對我眞的很好，他們說 Albert 可以談 football、可以談宗教，然後也能講美式梗的垃圾話。最重要的是能陪我們喝到天亮（現在胃壞了無法了），聖誕節、萬聖節、感恩節都會帶我回家一起過。但是另一方面，他們知道我仍舊偏向自由派，讓他們有時跟我弄得不愉快。

但是，從 2000 年的前 10 年，但現在 2000 年將近第二個 10 年，我們都老了，原本 20 幾歲的我，現在都要 40 了。當時我交往的一些大學部的朋友，現在也都 30 出頭了。意識形態的歧異性會掩蓋超過十幾年的友情嗎？很不幸的，所有熟讀政治學的人都知道，意識形態是情感的，不是理性的，它只會越來越窠臼化，越強烈的意識形態，只會製造越多的隔閡與不信任。這個，就是美國社會現在最大的困境，嚴重程度一點都不輸給台灣的中國問題。

美國的滅亡：種族仇恨轉化為痛恨穆斯林

同時，意識形態強力發酵的後果，就是交自己政治立場相近的朋友，娶跟自己想法相近的老婆或老公，住在一個大家看起來都會跟你投一樣對象的小鎮裡頭，然後活在自己的舒適圈。美國實在是太舒適也太富庶了（美國人 10 盤食物有 8 盤是吃不完丟掉的），因此當個井底之蛙對他們來說不是太大的問題。這個其實就是美國在 20 世紀後門羅主義、孤立主義的根源。尤其跟歐洲人比，美國人只在乎自己跟自己的家庭，公眾事務懶得管，更不用提國際事務。

附帶一提，現在我觀察臉書上的發展，也是一塊一塊的，也常常可以用意識形態的類別來分類朋友圈，道不同是不相爲謀的。而美國的意識形態，主要體現在對於有色人種的態度上，2001 年 911 恐攻之後，就是體現在歧視回教徒的身上。美國的種族認同政治，一直是慢性病，最近川普崛起之後，開始轉爲急性。

所以我常說，美國要滅亡，其實與中國崛起關係不大，非常有可能是再打一場內戰分裂自己，最後耗弱而死。

種族問題是急症，經濟不好都還只是慢性病。

【我與保守派白人之間的糾葛】（完結篇）

假設川普當選，為什麼？

我今天寫長長一大串，拉拉喳喳，其實目的是想要梳理心境，也分享給我的朋友知道，如果川普眞的當選，這個原因是什麼？我們從台灣人看熱鬧的角度很難看出端倪？我們需要假裝自己是保守派的白人，假裝我們有他們的條件，假裝我們有他們的憂慮，我們也許就比較能夠理解爲什麼？

美國幾乎有一半的人是支持川普的，這些人全然是野蠻人嗎？這些人眞的如此反智嗎？支持川普眞的是一點道理都沒有嗎？我接下來用分點的方式來說明，讓大家了解這些支持者的心理狀態：

第一，先不談極端保守的白人（如公然宣揚歧視的 3K 黨），溫和保守

派的白人會告訴你，他們討厭墨西哥人、討厭印地安人、討厭黑人，不是沒有原因的，因為這些人懶惰、取巧、叫不動。白人社會不是沒有給這些弱勢族群機會，但是很顯然他們繼續死皮賴臉躲在「我受種族歧視」的藉口之下繼續酗酒、吸毒、失業然後繼續抱怨的惡性循環當中。

墨西哥人、印地安人、黑人賺不到錢，那難道低教育程度的白人就賺得到錢嗎？

我白人好友的老婆只有高中畢業，她很辛苦的在小鎮銀行當基層行員，一個月僅賺約新臺幣 5 萬元，她說她每個月會固定看到幾個印地安人婦女，手上牽一個，背上背一個，肚子裡又有一個，從印地安人保留區徒步20 公里而來。來到她的銀行，請領聯邦政府專給印地安人的補助金。每生一胎就補助新臺幣 4 萬元，一個月給一次。

她說：馬的，我辛苦工作，結果印地安女人什麼都不用做，只要認真生小孩就可以，她生兩胎每個月領新臺幣 8 萬元，馬上要變一個月 12 萬。

更扯的是，印地安女人一領到錢就在行員面前皺眉頭，抱怨「真少」。離開後第一件事情便是到鎮上的雜貨店買酒喝，然後小孩放給他餓肚子。

我另外一個在鎮上開餐館的白人朋友羅伯特說（39 歲、男性、人生勝利組有老婆有小孩有遊艇），他每次想要約聘徒步而來的墨裔美國人，工作是在後台洗碗，因為是時薪制的，所以羅伯特想要給他們高一點的時薪，但竟然都被回絕。原因是：墨裔人說政府有規定，他們的時薪累計起來若一個月超過新臺幣 3 萬 5,000 元，則失去領補助金的資格。所以他們都要跟老闆談，請老闆給薪到 3 萬 4,000 多元即可，這樣時薪再加上補助金，一個月賺的錢就可以到新臺幣 9 萬元，比起在鎮上只有高中畢業的白人廚師的薪水好上好幾萬。

請問：這樣子的差別待遇白人廚師心理會服氣嗎？

照片：內布拉斯州僅2,000人的小鎮情人（Valentine），鎮民幾乎都支持川普

資料來源：作者提供。

　　第二，然後溫和保守派會告訴你，我沒有國際觀嗎？我也會交外國朋友不是嗎？不然 Albert 我怎會跟你這麼好？然後有些保守派對於國際事務還是會好奇，對於亞洲尤其是。問出來的問題也許有點無知好笑，但我想美國人的素養還是有基本文明的，問的至少讓你感覺到舒服，也許是他們很會藏動機。

　　譬如我常被問：台灣是威權國家嗎？台灣被誤叫成泰國，但真相是他（她）根本就不知道台灣在哪裡。不過憑良心講，我們也不應太苛求，你去問台灣的大學生敘利亞在哪裡，大概一半以上會跟你說錯地方。畢竟台灣不像以色列與「全美」都關係密切，知名度小了許多。

　　第三，擁槍是美國人根深蒂固的文化。並且在美國憲法增修案第 2 條是明文保障擁槍權的，就算是自由派多少都會跟你提她小時候是玩槍長大的。希拉蕊在第一次辯論的時候，也提到她小時候在伊利諾伊州長大，家裡放幾

把槍都是很正常的。我也有很多美國朋友，一路以來都是投給民主黨的，也不反對憲法第二修正案。就這一點而言，全世界絕大部分禁槍的國家跟美國不同，會覺得美國很奇怪。只能說，就算是自由派還是擁槍，只是主張對於槍枝多一點管制而已。

如果是這樣，我們又怎麼能夠期望保守派對於槍枝管制有任何一點鬆動的可能？

我的經驗是，如果大家都有機會到鄉下一點的美國去看看，而不是在很多白人眼裡看起來不算是美國的紐約與洛杉磯（外來移民實在太多），你住在方圓2、30公里沒有一戶人家但只有鹿與美洲虎為伍的中西部或德州西邊，晚上你聽到的真的就只有風聲，如果有人要劫財劫色，你真的是一點辦法也沒有。報警的話大概也要20分鐘以上的時間警察才會到，這種情形擁有一枝槍會不會比較安全？但是，一般民眾是否有能力拿槍自保（有這訓練嗎）？與是否需要擁有多於自保能力的攻擊性武器？這又是另外一個議題了。

最後，我比較害怕的是，每次我坐我朋友的SUV，他上車第一件事情就是將槍枝上膛然後放在椅墊底下，我都很怕車子遇到窟窿跳起來槍枝走火開槍射穿我的蛋蛋，因此一路上都是淡淡的哀傷。

第四，保守派白人是不喜歡與他們所指控的弱勢族群對話的（亞裔人士除外，因為亞裔乖，不fight）。我的好朋友奈特，他口中的印地安人是完全不求上進的，不讀書也不賺錢，但事實上在奈特的鎮上大概90%以上的白人村民也沒有大學學歷。

8月有一天他開車載我們到內州一個全美聞名最危險也最絕望的印地安人保留區「白黏土」（Whiteclay, Nebraska，相關新聞見https://www.youtube.com/watch?v=q2BwAjKRX3I）。

那天奈特一樣槍枝上膛叫我們上了車，開了1小時到這個只有22個人的印地安人小鎮。

我承認當時的確嚇傻。

舉目望過去，大中午12點就有人醉倒在路中間，幾個中年女人骨瘦如

柴，幾乎不會輸給敘利亞難民。沒有提醒的話，你還會以為身在非洲或在中南美洲某個落後區域。在白黏土，全村只有 22 個人，但卻擁有 4 間的賣酒店，美國賣酒是要特許權的，賣酒店外用框條架起來怕失控想喝酒的村民變喪屍衝進去搶劫。這一個只有 22 個人的城鎮，去年一整年的犯罪案件竟然高達 1,300 件，22 個人可以製造一年 1,300 件的「犯罪業績」，實在驚人！而且全部與酗酒問題有關。

由於美國實行印地安人保留區的「國中之國」，因此一進保留區我們就不再受一般美國的法律限制，我們反而要遵守印地安法律。保留區有自己的警察、自己的警長、自己的教堂、自己的一切。在保留區內，白人反而是弱勢，印地安人是強勢，這種情況下白人駕駛人怎能不帶槍？白人有時候為了要做生意或者趕路都會經過保留區，通常都務必要求自己能在天黑之前趕緊通過以免遭遇不測。另外，我們在白黏土區域的時候，因為實在有太多人酒駕翻車壓死自己，不然就是撞死在路邊行走的婦孺與小孩，因此就會有許多在路邊的 sign，畫一個枯顱頭，告訴你這裡曾經因為酒駕死過多少人（甚至也打上數字），提醒想要酒駕的印地安人生命誠可貴。

然而，印地安人真的那麼落後與墮落嗎？我回到奈特家，開始做起了功課，我發現其實全美很多印地安人保留區，還是有不少的印地安人菁英跳出來幫助自己的部落，有些印地安人菁英甚至有博士學位，真的不像奈特所說的全村都是不讀書的。

透過印地安菁英，他們要告訴大拓荒時期屠殺過千千萬萬印地安人的白人說：如果你們的文明是要我們卑躬屈膝，那我就讓你們看見野蠻的驕傲。這些印地安社會的知識分子，接受 CNN 專訪，接受 MSNBC 採訪，他們要告訴白人社會，我們的族人酗酒並且導致犯罪我們也不願意見到，但他們有很多人真的是對於白人文明適應困難！我們需要的是協助與理解，不是責備。

我提這些印地安人菁英的說法，奈特非常不以為然，他說：他們當然願意接受採訪，因為只有這樣，他們才能騙到更多東岸那些自由派白人的心，然後爭取更多聯邦的補助，然後繼續把這些錢拿去買酒，再靠生小孩去賺

照片：內布拉斯加州印地安人保留區白黏土禁酒駕標誌

資料來源：作者提供。

照片：內布拉斯加州印地安人保留區白黏土斷垣殘壁

資料來源：作者提供。

錢。

最後，比較溫馨的一面是，縱然印地安人保留區附近與白人的關係一百多年來都是緊張的，但我也看到不少白人與印地安人結婚的例子。有幾對都說自己婚姻非常幸福，在這些白人太太／先生眼中，印地安人不但不懶散，肯工作養家，還會煮非常好吃的印地安家鄉菜，並且體力好，性生活美滿。

我所描述的這群人就是所謂的川普鐵票，這是他們的思維與他們世世代代的生活方式。弔詭的是，川普其實是紐約皇后區長大的有錢人家，他大概從來也沒想過自己在菁英、富庶、高不可攀的新英格蘭區平時脫口而出的髒話，竟然能夠讓全美這麼多更窮、更弱勢的鄉下白人如此的著迷！

我很深刻的理解川普的崛起，反映出保守派白人獸性的那一面，在這群白人眼中，黑人與印地安人卻同時也是獸性而無法馴化的。這就是美國幾百年來揮之不去的種族藩籬。11 月 8 日就要投票，天佑這個會影響到全世界的美國。

三、2016年共和黨黨團會議與直接初選規則

Date	State/territory	Election Type	Open or Closed	Winner	Pledged/Unpledged/Total Delegates	Delegate breakdown	Allocation method	Inclusion threshold
February 1	Iowa	Caucuses	Closed	Cruz	30/0/30	12 district 15 at-large 3 RNC	Proportional (all based on statewide vote)	none
February 9	New Hampshire	Primary	Mixed	Trump	23/0/23	6 district 14 at-large 3 RNC	Proportional (all based on statewide vote)	10%
February 20	South Carolina	Primary	Open	Trump	50/0/50	21 district 26 at-large 3 RNC	Winner-take-all (by district and statewide)	N/A
	Nevada	Caucuses	Closed	Trump	30/0/30	12 district 15 at-large 3 RNC	Proportional (all based on statewide vote)	none
	Alabama	Primary	Open		50/0/40	21 district 26 at-large 3 RNC	Proportional with 50% winner-take-all threshold (by district and statewide)	20%
	Alaska	Caucuses	Closed		28/0/28	3 district 22 at-large 3 RNC	Proportional (all based on statewide vote)	13none
February 23	Arkansas	Primary	Open		40/0/40	12 district 15 at-large 3 RNC	Propotional (by district and statewide) At-large delegates. All candidates who win at least 15% of the statewide vote are allocated one delegate. If one candidate wins more than 50% of the vote, he or she is awarded the remaining delegates. If no candidate wins more than 50% of the vote, the remaining delegates are allocated proportionally. District delegates: 50% winner-take-all threshold. Otherwise,	At-large 15% District none

Date	State/territory	Election Type	Open or Closed	Winner	Pledged/ Unpledged/ Total Delegates	Delegate breakdown	Allocation method	Inclusion threshold
							the highest vote-getter wins two of the district's delegates one delegate is awarded the second-place candidate.	
March 1 Super Tuesday	Georgia	Primary	Open		76/0/76	42 district 31 at-large 3 RNC	Proportional with 50% winner-take-all threshold (by district and statewide) If no candidate wins more than 50% of the vote in a district, the highest vote-getter wins two of the district's delegates, and one delegate is awaded the second-place candidate.	At-large 20% District none
	Massachusetts	Primary	Mixed		42/0/42	27 district 12 at-large 3 RNC	Proportional (all based on statewide vote)	5%
	Minnesota	Caucused	Open		38/0/38	24 district 11 at-large 3 RNC	Proportional with 85% winner-take-all threshold (by district and statewide)	10%
	Oklahoma	Primary	Closed		43/0/43	15 district 25 at-large 3 RNC	Proportional with 50% winner-take-all threshold (by district and statewide) If only one candidate in a district wins more than 15% of the vote, he or she is awarded all of the district's delegates. If two candidates win more than 15% in a district, the first-place finisher is awarded two of the district's delegates and the second-place finisher is awarded one. If there or more candidates receive more than 15% of the vote in a district, each of the top three candidates is awarded one delegate a piece. If one candidate receives more than 50% of the vote in a district, he or she is awarded all of the district's delegates.	15%

Date	State/territory	Election Type	Open or Closed	Winner	Pledged/Unpledged/Total Delegates	Delegate breakdown	Allocation method	Inclusion threshold
	Tennessee	Primary	Open		58/0/58	27 district / 28 at-large / 3 RNC	Proportional with 66% winner-take-all threshold (by district and statewide) If the winning candidate in a district receives between 20% and 66% of the vote in the district, he or she is awarded two of the district's three delegates. The second-place finisher is awarded one delegate (if the second-place finisher wins less than 20% of the vote, then the first-place finisher is awarded all of the district's delegates). If no candidate wins more than 20% of the vote, the top three finishers each are awarded one delegate.	20%
	Texas	Primary	Open		155/0/155	108 district / 44 at-large / 3 RNC	Proportional with 50% winner-take-all threshold (by district and statewide)	20%
	Vermont	Primary	Open		16/0/16	3 district / 10 at-large / 3 RNC	Proportional with 50% winner-take-all threshold (all based on statewide vote)	20%
	Virginia	Primary	Open		49/0/49	33 district / 13 at-large / 3 RNC	Proportional (all based on statewide vote)	none
	Wyoming	Caucused	Closed		26/3/29	3 district / 23 at-large / 3 RNC	No preference poll. Delegates are bound to a candidate for whom they declare themselves at state or district conventions.	N/A
March 5	Kansas	Caucused	Closed		40/0/40	12 district / 25 at-large / 3 RNC	Proportional (by district and statewide)	10%

Date	State/territory	Election Type	Open or Closed	Winner	Pledged/ Unpledged/ Total Delegates	Delegate breakdown	Allocation method	Inclusion threshold
	Kentucky	Caucused	Closed		45/0/45	18 district 24 at-large 3 RNC	Proportional (all based on statewide vote)	5%
	Louisiana	Primary	Closed		47/0/47	18 district 26 at-large 3 RNC	Proportional (by district and statewide)	At-large 20% District none
	Maine	Caucuses	Closed		23/0/23	6 district 14 at-large 3 RNC	Proportional with 50% winner-take-all threshold (all based on statewide vote)	10%
	Puerto Rico	Primary	Open		23/0/23	3 RNC 25 at-large	Proportional with 50% winner-take-all threshold (by district and statewide)	20%
March 6	Hawaii	Caucuses	Closed		19/0/19	6 district 10 at-large 3 RNC	Proportional (by district and statewide)	none
	Idaho	Primary	Closed		32/0/32	6 district 23 at-large 3 RNC	Proportional with 50% winner-take-all threshold (by district and statewide)	20%
	Michigan	Primary	Open		59/0/59	42 district 14 at-large 3 RNC	Proportional with 50% winner-take-all threshold (all based on statewide vote)	15%
March 8	Mississippi	Primary	Open		40/0/40	12 district 25 at-large 3 RNC	Proportional (by district and statewide) District delegates have a 50% winner-take-all threshold Otherwise, the candidate who wins the greatest number of votes in a district is awarded two of that district's delegates, and the second-place finisher receives one delegate.	At-large 15% District none
March 10	US Virgin Islands	Caucuses	Closed		9/0/9	3 RNC 6 at-large	Six (6) delegate candidates with highest popular vote.	N/A

Date	State/territory	Election Type	Open or Closed	Winner	Pledged/ Unpledged/ Total Delegates	Delegate breakdown	Allocation method	Inclusion threshold
March 12	Guam	Territorial convention	Closed		0/9/9	3 RNC / 6 at-large	No preference poll. Delegates are bound to a candidate for whom they declare themselves at state or district conventions.	N/A
	District of Columbia	Convention	Closed		19/0/19	3 RNC / 16 at-large	Proportional (by disITict and statewide)	15%
	Florida	Primary	Closed		99/0/99	81 district / 15 at-large / 3 RNC	Winner-take-all (all based on statewide vote)	N/A
	Illionis	Primary	Open		69/0/69	54 district / 12 at-large / 3 RNC	At-large delegates: Winner-take-all District delegates: Directly elected at the primary; distdct delegate are bound to a candidate for whom they declare themselves.	N/A
March 15	Missouri	Primary	Open		52/0/52	24 district / 25 at-large / 3 RNC	The winner candidate in each distdct is awarded five delegates (three district delegates and two at-large delegates). The remainir at-large delegates are awarded to the statewide winner. If a candidate receives more than 50% of the statewide vote, he or she is awarded all of the state's at-large and district delegates.	none
	North Carolina	Primary	Mixed		72/0/72	39 district / 30 at-large / 3 RNC	Proportional (all based on statewide vote)	none
	Marianas	Caususes	Closed		9/0/9	3 RNC / 6 at-large	Winner-take-all (by district and statewide)	N/A
	Ohio	Primary	Mixed		66/066	48 district / 15 at-large / 3 RNC	Winner-take-all (all based on statewide vote)	N/A

Date	State/territory	Election Type	Open or Closed	Winner	Pledged/ Unpledged/ Total Delegates	Delegate breakdown	Allocation method	Inclusion threshold
March 22	American Samoa	Territorial convention	Open		0/9/9	3 RNC 6 at-large	No preference poll. Delegates are bound to a candidate for when they declare themselves at state or district conventions.	N/A
	Arizona	Primary	Closed		58/0/58	27 district 28 at-large 3 RNC	Winner-take-all (all based on statewide vote)	N/A
	Utah	Caususes	Closed		40/0/40	12 district 25 at-large 3 RNC	Proportional with 50% winner-take-all threshold (all based on statewide vote)	N/A
April 1	Noth Dakota	Caususes	Closed		0/28/28	3 district 22 at-large 3 RNC	No preference poll. Delegates are bound to a candidate for whom they declare themselves at state or district conventions.	N/A
April 5	Wisconsin	Primary	Open		42/0/42	24 district 15 at-large 3 RNC	Winner-take-all (by district and statewide)	N/A
April 8	Colorado	Caususes	Closed		0/37/37	21 district 13 at-large 3 RNC	No preference poll. Delegates are bound to a candidate for whom they declare themselves at state or district conventions.	N/A
April 19	New York	Primary	Closed		95/0/95	81 district 11 at-large 3 RNC	Proportional with 50% winner-take-all threshold. If no candidate wins more than 50% of the vote in a district, the highest vote-getter in a district receives two of the district's three delegates, and the second-place finisher receives one delegate.	20%
April 26	Connecticut	Primary	Closed		28/0/28	15 district 10 at-large 3 RNC	At-large delegates: Proportional District delegates: Winner-take-all At-large and district delegates are allocated on a winner-take-all basis if a candidate wins more than 50% of the statewide vote.	At-large 20% District N/A

Date	State/territory	Election Type	Open or Closed	Winner	Pledged/ Unpledged/ Total Delegates	Delegate breakdown	Allocation method	Inclusion threshold
	Delaware	Primary	Closed		16/0/16	3 district / 10 at-large / 3 RNC	Winner-take-all (by district and statewide)	N/A
	Maryland	Primary	Closed		38/0/38	24 district / 11 at-large / 3 RNC	Winner-take-all (by district and statewide)	N/A
	Pennsylvania	Primary	Closed		17/54/71	54 district / 14 at-large / 3 RNC	At-large delegates: Winner-take-all / District delegates: Directly elected as unbound delegates	N/A
	Rhode Island	Primary	Mixed		19/0/19	6 district / 10 at-large / 3 RNC	Proportional / District delegates have a 67% winner-take-all threshold. Otherwise if three candidates each win more than 10% of the vote in a district each is awarded one of the district's three delegates.	10%
May 3	Indiana	Primary	Open		57/0/57	27 district / 27 at-large / 3 RNC	Winner-take-all (by district and sLatewide)	N/A
May 10	Nebraska	Primary	Closed		36/0/36	9 district / 24 at-large / 3 RNC	(all based on statewide vote) Winner-take-all	N/A
	West Virginia	Primary	Mixed		34/0/34	9 district / 22 at-large / 3 RNC	Direct election	N/A
May 17	Oregon	Primary	Closed		28/0/28	15 district / 10 at-large / 3 RNC	Proportional (all based on statewide vote)	none

Date	State/territory	Election Type	Open or Closed	Winner	Pledged/ Unpledged/ Total Delegates	Delegate breakdown	Allocation method	Inclusion threshold
May 24	Washington	Primary	Closed		44/0/44	30 district 11 at-large 3 RNC	Proportional District delegates: 50% winner-take-all threshold Also, if only one candidate wins more than 20% of the vote in a district, he or she is awarded all of the district's delegates.	20%
June7	California	Primary	Closed		172/0/172	159 district 10 at-large 3 RNC	Winner-take-all (by district and sLatewide)	N/A
	Montana	Primary	Open		27/0/27	3 district 21 at-large 3 RNC	Winner-take-all (all based on statewide vote)	N/A
	New Jersey	Primary	Mixed		51/0/51	36 district 12 at-large 3 RNC	Winner-take-all (all based on statewide vote)	N/A
	New Mexico	Primary	Closed		24/0/24	9 district 12 at-large 3 RNC	Winner-take-all (all based on statewide vote)	15%
	South Dakota	Primary	Closed		29/0/29	3 district 23 at-large 3 RNC	Winner-take-all (all based on statewide vote)	N/A

Concluded contests highlighted in this color.

參考書目

1. Adams, Gordon. 1981. *The Iron Triangle: The Politics of Defense Contracting*. New York: Council on Economic Priorities.
2. Beard, Charles A. 1910. *American Government and Politics*. New York: Macmillan.
3. Barber, James David. 1992. *The Presidential Character*. New York: Prentice Hall.
4. Bibby, John. 1996. *Politics, Parties and Elections in America*. 3rd ed. Chicago: Nelson-Hall.
5. Bartels, Brandon. 2015. The sources and consequences of polarization in the U.S. Supreme Court. In *American Gridlock: The Sources, Character, and Impact of Political Polarization*, ed. JA Thurber, A Yoshinaka, pp. 171-200. New York: Cambridge Univ. Press.
6. Bond, R. Jon, Richard A. Watson, and Kevin B. Smith. 2001. *Promise and Performance of American Democracy. F.E.* Peacock Publishers, Inc.
7. Cronin, Thomas E. 1975. *The State of the Presidency*. Boston: Little, Brown.
8. Chiu, Shihyi Albert. 2008. "Individualism and Civic Engagement." University of Nebraska-Lincoln. (本書作者的博士論文)
9. Clark, Tom S. 2009. "Measuring ideological polarization on the United States Supreme Court." *Political Science Quarterly* 62: 146-157.
10. Cornelius P. Cotter, James L. Gibson, John F. Bibby, Robert J. Huckshorn. 1989. *Party Organizations in American Politics*. Pittsburgh: Pittsburgh University Press.
11. De Tocqueville, Alexander. *Democracy in America*. Abridged, with Introduction, by Sanford Kessler, 2000. Translated and Annotated by Stephen D. Grant. Indianapolis: Hackett Publishing Company, Inc.
12. Epstein, Lee, and Jack Knight. 1998. *The Choices Justices Make*. Washington, DC: CQ Press.
13. Epstein, Lee, Andrew D. Martin, Jeffrey A. Segal, and Chad Westerland. 2007. "The Judicial Common Space." *Journal of Law, Economics & Organization* 23(2): 303-325.
14. Fiorina, Morris. 1981. *Retrospective Voting in American National Elections*. New Haven, CT: Yale University Press.
15. Gooch, Donald. 2015. "Ideological Polarization on the Supreme Court: Trends in the Court's Institutional Environment and Across Regimes, 1937-2008." *American Poli-*

tics Research 43(6): 999-1040.

16. Hamilton, Alexander. 1788. Federalist No. 68: "The Mode of Electing the President."

17. Hamilton, Alexander, James Madison, and John Jay. 1787-1788. *The Federalist Papers*. New York: Bantam. 1982, Print.

18. Huntington, Samuel P. 1997. *The Clash of Civilizations and the Remaking of World Order*. New York: Touchstone.

19. Hibbing, John R., and Elizabeth Theiss-Morse. 1995. *Congress as Public Enemy: Public Attitudes Toward American Political Institutions*. Cambridge: Cambridge University Press.

20. Hibbing, John R. and Elizabeth Theiss-Morse. 2002. *Stealth Democracy: Americans' Beliefs about How Government should Work*. New York: Cambridge University Press.

21. Jacobson, Gary. 1990. *The Electoral Origins of Divided Government: Competition in U.S. House Elections, 1946-1988*. Boulder, CO: Westview.

22. Kinder, Donald R., and David O. Sears. 1981. "Prejudice and Politics: Symbolic Racism versus Threats to the Good Life." *Journal of Personality and Social Psychology* 44: 414-431.

23. Kai Shu, Amy Sliva, Suhang Wang, Jiliang Tang, and Huan Liu. 2017. "Fake News Detection on Social Media: A Data Mining Perspective." *ACM SIGKDD Exploration Newsletter* 19(1): 22-36.

24. Key Jr., V.O. 1964. *Politics, Parties and Pressure Groups*. Cromwell Co., New York.

25. Madison, James. 1787-1788. Federalist No. 10 & No. 51: "The Same Subject Continued: The Union as a Safeguard Against Domestic Faction and Insurrection."

26. Mayhew, David R. 2005. *Divided We Govern: Party Control, Lawmaking, and Investigations, 1946-2002*, 2nd ed. New Haven, CT: Yale University Press.

27. Petrocik, John R. 1991. "Divided Government: Is It All in the Campaigns?" *The Politics of Divided Government*, ed. Gary W. Cox and Samuel Kernell. Boulder: Westview.

28. Putnam, Robert. 1995a. "Bowling Alone Revisited." *The Journal of Democracy* 6(1): 65.

29. Putnam, Robert. 1995b. "Tuning In, Tuning Out: The Strange Disappearance of Social Capital in America." *PS: Political Science & Politics* 27(4): 664-683.

30. Rousseau, Jean-Jacques, 1712-1778. *The Essential Rousseau: The Social Contract, Discourse on the Origin of Inequality, Discourse on the Arts and Sciences, The Creed of a Savoyard Priest*. New York: New American Library, 1974.

31. Robert E. Brown. 1965. *Charles Beard and the Constitution: A Critical Analysis of An Economic Interpretation of the Constitution*. New York: Norton.

32. Roksin, Michael G., Robert L. Cord, James A. Medeiros, and Walter S. Jones. 2017. *Political Science: An Introduction: Fourteenth Edition*. Pearson: New York.

33. Sniderman, Paul M., and Thomas Piazza. 1993. *The Scar of Race*. Cambridge: Harvard University Press.

34. Tocqueville. 1835. *Democracy in America*. Abridged, with Introduction, by Sanford Kessler. 2000. Translated and Annotated by Stephen D. Grant. Indianapolis: Hackett Publishing Company, Inc.

35. Theriault, Sean M. and David W. Rohde. 2011. "The Gingrich Senators and Party Polarization in the U.S. Senate." *The Journal of Politics* 73(4): 1011-1024.

36. 施達妮（Daniela Stockmann）著，顏好恬譯。2018。「數位時代的假新聞」，《漢學研究》，第37卷第3期，頁7-13。

37. 珊卓拉・歐康諾（Sandra Day O'Connor）著，陳森譯。2016。《最後的正義：美國聯邦最高法院的歷史》。商周出版：台北。

38. 海瑟・理察遜（Heather Cox Richardson）著，林添貴譯。《通往自由之路：美國共和黨的理想、墮落，及其如何被保守主義意識形態綁架？》。八旗文化：台北。

39. 鄭凱恩。2020。「美國總統外交決策與內政議題交互為用之分析：以川普政府為例」，109學年度補助執行大專生專題研究計畫，由邱師儀老師指導。

40. 羅世宏。2018。「關於假新聞的批判思考：老問題、新挑戰與可能的多重解方」，《資訊社會研究》，第37卷第3期，頁7-13。

本書受訪專家學者
In Houston and San Antonio

1. 翁履中（德州Sam Houston州立大學政治系助理教授）
2. 葉耀元（德州聖湯瑪斯大學國際研究中心助理教授）
3. Hans Stockton (Professor and Associate Dean, A&S Director, Center for international Studies Taiwan & East Asia Studies Program)
4. Danial Braaten (Associate Professor, Department of Political Science, Sociology, Geography at Texas Lutheran University)
5. Claire Braaten (Associate Professor, Criminology and Criminal Justice Program at Texas A&M-San Antonio)

6. TranStar officials in Harris County
   (1) Brian Murray, MPA
   (2) Elizabeth Campbell
   (3) Hallie Frazee
   (4) Rosio Torres
7. Kelly Waterman (U.S House of Representatives Congressman Brian Babin's district director)
8. Xavier Herrera (Communications office of the County Judge, Fort Bend County, the State of Texas)

In LA

1. Pam Thyret Andy (District 7 City District Liaison, CA)
2. Dr. RobertFarrar (Co-chair, History Department, Polytechnic School)
3. Mimi Chiu (Teacher, Chinese Department, Polytechnic School)
4. Cindy Chiang (Government lawyer)
5. Jason Tsai (Construction CEO)
6. Craig Johnson (the Director of the Commercial Resources Division at the State Land Office, New Mexico, by phone)
7. Felix Wu (Professor, Computer Science, University of California at Davis)
8. Colin Edwards (District Director, Office of Assemblyman Tyler Diep, 72nd District)

國家圖書館出版品預行編目資料

美國政府與政治：比較與批判的觀點／邱師儀
著. ──初版.──臺北市：五南圖書出版
股份有限公司，2021.12
面； 公分
ISBN 978-986-522-395-3（平裝）

1.美國政府　2.政治制度

574.52　　　　　　　　　109020647

1PFB

美國政府與政治：
比較與批判的觀點

作　　　者 ― 邱師儀（151.8）

發 行 人 ― 楊榮川

總 經 理 ― 楊士清

總 編 輯 ― 楊秀麗

副總編輯 ― 劉靜芬

責任編輯 ― 林佳瑩、王者香

封面設計 ― 王麗娟

出 版 者 ― 五南圖書出版股份有限公司

地　　　址：106台北市大安區和平東路二段339號4樓

電　　　話：(02)2705-5066　　傳　　真：(02)2706-6100

網　　　址：https://www.wunan.com.tw

電子郵件：wunan@wunan.com.tw

劃撥帳號：01068953

戶　　　名：五南圖書出版股份有限公司

法律顧問　林勝安律師事務所　林勝安律師

出版日期　2021年12月初版一刷

定　　　價　新臺幣450元

經典永恆·名著常在

五十週年的獻禮——經典名著文庫

五南，五十年了，半個世紀，人生旅程的一大半，走過來了。

思索著，邁向百年的未來歷程，能為知識界、文化學術界作些什麼？

在速食文化的生態下，有什麼值得讓人雋永品味的？

歷代經典·當今名著，經過時間的洗禮，千錘百鍊，流傳至今，光芒耀人；

不僅使我們能領悟前人的智慧，同時也增深加廣我們思考的深度與視野。

我們決心投入巨資，有計畫的系統梳選，成立「經典名著文庫」，

希望收入古今中外思想性的、充滿睿智與獨見的經典、名著。

這是一項理想性的、永續性的巨大出版工程。

不在意讀者的眾寡，只考慮它的學術價值，力求完整展現先哲思想的軌跡；

為知識界開啟一片智慧之窗，營造一座百花綻放的世界文明公園，

任君遨遊、取菁吸蜜、嘉惠學子！